知の探索
EXPLORATION

中小企業の両利きの経営

▲

知の深化
EXPLOITATION

Ambidexterity

事業承継支援コンサルティング研究会 ▪ 編

LOGICA
ロギカ書房

はじめに

　本書は、東京都中小企業診断士協会認定「事業承継支援コンサルティング研究会」における「第2回書籍出版プロジェクト」の成果物としてまとめられたものである。大企業を対象として実行される「両利きの経営」を中小企業において実行できないか、中小企業診断士が検討を行った。

　企業は、これまでの成功事業と、将来のための新規事業を併存させなければ、長期間の企業の存続はない。歴史を紐解いてみても、100年を超える企業が少ないのは、その企業の成功事業が、未来を築くべき新規事業を潰すケースが多く、それゆえ、次の時代に適合したチャレンジャー企業にその地位を奪われてしまっているからであろう。

　中小企業の場合、事業を長く存続するためには、1人の経営者の中に2つの座標軸が必要である。大企業に比べて経営資源の乏しい中小企業は、両利きの経営を行うことが難しいと言われる。しかし、両利きの経営を行うために経営者のリーダーシップを発揮することは、大企業より容易かもしれない。「君子は豹変できる」中小企業は、生き残る可能性が高いのである。

　本書のメンバーは事業承継支援に取り組む中小企業診断士である。事業承継問題が生じる中小企業は老舗企業であるため、古い事業から新しい事業への再構築が求められる。事業承継の局面に至ると、ほとんどの老舗企業には事業再構築が求められる。そこで、事業承継支援コンサルティング研究会に所属する中小企業診断士は、事業承継を単なる法務・税務、M&Aの問題と捉えず、企業経営の問題と捉える。その観点から、事業承継の早い段階から、両利きの経営に挑戦するように経営指導を行っているのである。

　最後に、本書を企画時から刊行まで担当していただいた株式会社ロギカ書房の橋詰氏には心より感謝を申し上げたい。

　令和4年2月

事業承継コンサルティング株式会社

中小企業診断士　村上　章

目 次

はじめに

第3部　実践編Ⅱ　外部連携・M&A

第 10 章　M&A で探索を加速させる　*244*

おわりに

序　章　中小企業の 「両利きの経営」

五藤　宏史

　この本を手に取られた皆様には、「両利きの経営」という言葉について、すでに理解されている方と、初めて接する方がおられると思う。言葉自体の意味合いは後ほど解説させていただくが、本書はそのいずれの方に対しても、厳しい時代を中小企業が生き抜くためのヒントを提供できると確信している。

　まずは、本章の前半で「両利きの経営」の概要、および「中小企業における『両利きの経営』はどのように取り組んでいくべきか」に関する基本的な考え方を述べる。後半では、本書構成と特徴である10の視点について、概要を説明する。

I　中小企業の「両利きの経営」

【1】「両利きの経営」とは

　　「人間は歴史から学ばない、ということを私たちは歴史から学ぶ」

　ドイツの哲学者ヘーゲルの言葉である。これは、政治、経済、社会など、さまざまな分野の歴史にあてはまるのであろうが、この言葉から連想するトピックスは、人それぞれと想像される。史実を思い出す人もいれば、特定の人物を思い出す人もいるかもしれない。

　ビジネスの歴史に目を向けたときには、何が思い浮かぶであろうか。一世を風靡した優良企業の衰退。これは、その1つに入ると推測する。

　優秀な人材、巨大な金融資本、戦略ビジョンなどを兼ね備えた優良企業が、イノベーションや業界の変化に対応できず、あっけなく窮地に陥っていく。そんな例は、枚挙にいとまがない。

　こういったストーリーが、なぜ世界規模で繰り返し発生するのか。そこには、何か本質的な原因があるはずである。

　「両利きの経営」は、2019年に日本で翻訳版が発行されベストセラーとなった（原著は2016年にアメリカにて発行）。

　「両利きの経営」とは、両手を巧みに使いこなすがごとく、知の探索（新規事業の発掘）と知の深化（既存事業の深堀り）の両方を進めていくことである。

　そもそも人間の認知には限界がある。このため、人間が思考をめぐらす範囲は、認知の範囲内に留まりやすく、通常はそこから抜け出せない傾向がある。一方で、イノベーションの多くは知と知の組合せによって創られるため、思考の範囲を拡げないと、革新的なものは生まれにくい。

　そこで、より良い選択肢を求めて、認知の範囲外を探る活動を「知の探索」という。外部環境の変化に対応して、既存の事業とは異なる新たな製品、技術、サービスなど、全く新しい価値を創造することは、「知の探索」に該当する。

　それに対して、「知の深化」とは探索などを通じて既に試したことの中から、成功しそうなものを見極めて、深掘りしていく活動のことである。既存の製品やサービスにおいて、品質や速度を高めたり、コストダウンを行ったりして収益を得ていく活動が、「知の深化」に該当する。

　21世紀に入って、技術革新や市場変化の加速度が増している。既存事業を深化させ更に発展させていくと同時に、既存事業で培った資産と組織能力を活かして新規事業を探索していくこと、すなわち「両利きの経営」の必要性が高まっていると言えよう。

　しかしながら、一般的に市場で成功している企業の活動は、「知の深化」に

偏る傾向がある。企業が短期的に収益を増やすためには、「知の深化」は「知の探索」に比較してはるかに効率的な方法だからである。探索は未知の領域において行われるため、手間やコストがかかる上に、収益につながるかどうかは不透明なケースが多い。「知の深化」では、従来製品やサービスの延長線上の改善であるため、リスクが低く、収益向上の確実性が高いのである。

　「知の深化」に偏る結果として、中長期的なイノベーションが枯渇していくことを、「サクセストラップ」と呼ぶ。一世を風靡した優良企業の衰退。少なからず、原因はここにありそうである。

　日本企業でよく見られる「新規事業開発部門」の立ち上げから縮小に至る顛末は、その実例であると言えよう。正に「知の探索が必要」との認識によって新規部門がつくられるのだが、いつの間にか規模が縮小されたり、廃止されたりといったことが往々にして起こる。最初の1～2年はしっかりした予算をつけてもらえても、それ以降に成果が出ないと、収益を上げる「深化」部門へ予算が回されてしまうのである。

　イノベーションの理論としては、従来、クレイトン・クリステンセンの「イノベーションのジレンマ」（巨大企業が新興企業の前に力を失う理由を説明した企業経営の理論）が有名であった。クリステンセンは、サクセストラップに関連して、「組織は破壊的変化に直面すると、探索と深化は同時にできないので、新規事業をスピンアウトさせ、既存組織と完全に分けて進めるべきだ」と主張した。ヒューレット・パッカード、ウォルマートなど、実際にそれを試みた優良企業が存在するが、多くは成功を手にすることができなかった。

　こうした場合、スピンアウトした新しい組織では、もともとの企業が保有する顧客基盤、情報、ブランドといった資産を活用することができず、スタートアップと同じ土俵で戦うことになってしまう。既存組織に活用すべき資産があったとしても、新規事業に利用できないのである。

　これに対して、「両利きの経営」では新規事業や組織が、もともと蓄積、保有してきた資産や組織能力を取り入れ、活用する方向でまとめている。組織上

の分離はある程度行った上で、それらにアクセスできる仕組みを作っていくのである。

　こうした仕組みを考える際に、あらかじめ頭に入れておかなくてはならない点がある。「知の探索」（新規事業）と「知の深化」（既存事業）では、成功要因やマネジメントのあり方が異なり、葛藤が生じやすい点である。

　既存事業においては、製品やサービスの品質や速度を高めたり、コストダウンを行ったりという漸進的な改善が中心となるため、組織には効率性（標準化を含む）、コントロール、確実性、などを重視したマネジメントが求められる。一方で新規事業においては、未知の領域で試行錯誤しながら進んでいくため、スピード、柔軟性、自発性などを重視したリーダーシップが求められる。2つの事業に求められる成功要因や組織特性は異なっており、それを踏まえた仕組みづくりや管理を行っていく必要がある。

　また収益面についても、両事業には差異がある。短期的には既存事業の方が圧倒的に効率的である一方、中長期的に新規事業が収益性を向上させた場合、カニバリゼーション（共食い）が生じて既存事業の脅威となり得る。2つの事業組織には、葛藤が生じる本質的なメカニズムが存在しているのである。

　このように、「知の探索」と「知の深化」の各組織には互いに矛盾があり、対立や葛藤が生じやすい。「両利きの経営」では、こうした点を踏まえたリーダーシップ発揮や組織づくりを行えるかどうかが、成功の鍵となる。

【2】中小企業における「両利きの経営」

　書籍「両利きの経営」において扱われている事例は、いずれも大企業のものであり、新規事業のために別組織を設ける前提で書かれている。既に「両利きの経営」を読んだ方の中には、「中小企業には現実的でない」と感じた方もおられるかもしれない。

　書籍「両利きの経営」では、両利きになるための4つの要素が挙げられている。それらの考え方をベースとした上で、ここでは、中小企業として取り組む

べき4つの項目について以下に説明する。

(1)　戦略の策定

　前述のように、深化と探索では求められる特性が異なる上に、収益面での矛盾も存在するため、両者の間に葛藤が生じやすい。

　両利きの経営を行うにあたっては、幹部メンバーや社員が取り組みの必要性について納得できる根拠を挙げ説明することが、経営者に求められる。

　そのためには、今後企業として競争優位性を維持していくための戦略を明確にする必要がある。具体的には、企業全体の戦略との整合性が取れているか、既存事業で得られた資産を活用して競争優位性を築くことができるか、といった点に着目して戦略策定を行い、しっかりと提示して理解を得ることである。資産の活用については、第4章で説明する「見えない資産」に着目することが1つの方法となる。

(2)　両利きの組織設計

　経営学において"両利き"という言葉が最初に使われたのは、1976年、ロバート・ダンカンの研究論文であり、当初は下記の「①連続的な両利きの経営」が想定されていた。以後、関連する多くの研究が行われてきており、「両利きの経営」の分類として下記の3つが存在する。

①　連続的両利きの経営

　　既存事業が軌道に乗った段階で、「深化」のモードから「探索」のモードへ連続的に切り替えていく方法である。この場合、通常の業務を営みながらイノベーションに同時並行で取り組むことになる。この方法は、比較的安定した業界や中小企業にマッチした手法と言われている。

②　構造的両利きの経営

　　サブ組織を設けて、「知の探索」と「知の深化」のそれぞれに適した経営資源（研究開発の部署やセンターなど）を配置する取り組みである。書籍「両利きの経営」では、この方法が前提となっていた。経営資源の限られた中小企業では、この取り組みはそれほど多くないと想定される。

③　文脈的両利きの経営

　個人に知の探索行動と深化行動を取る権限を与え、個人の裁量権に任せることで達成する取り組みである。グーグルの20％ルール、3Mの15％ルールはこれに該当する。中小企業では、連携ネットワークへの参加など、これと似た方法で実施されているケースが見られる。

　中小企業が両利きの経営における組織運営を考えるにあたっては、「②構造的両利きの経営」のような「別組織の設置」は困難なケースもあると想定される。

　よって、必ずしもそれにこだわる必要はなく、「①連続的両利きの経営」あるいは「③文脈的両利きの経営」の採用や、3つのうちの組み合わせで組織を設計することを含めて考えればよい。新規事業の計画目標や要員規模を考慮して、最適な方法を取り入れていくのがよいであろう。

　また、組織構成だけでなく、探索チーム（もしくは要員）と深化チーム（もしくは要員）の間で起こる対立や葛藤を前提として、それを管理する仕組みを考えておく必要がある。重要な点は、経営者がリーダーシップを発揮して、「探索と深化」両者の動きが滞らないような仕組みを作ることである。方法としては、それぞれのリーダーを含めた幹部チームとして一体で管理する方法、各チームを経営者からの別の指示・報告系統で管理する方法などがある。一般的な中小企業では、前者の一体的な管理運営が中心になると想定される。

(3)　経営者の支援・管理

　中小企業の両利きの経営における探索要員や組織の成り立ちは、少人数の組織、専任要員、既存事業との兼任など、様々なケースが想定される。しかしながら、探索と深化における矛盾や葛藤は、どういった人員構成を取ったとしても生じ得る。探索チームの成り立ちが、小組織や専任者の場合はもちろんのこと、兼任者の場合にも、深化メンバーの圧力によって探索の時間を削れ、時間を十分に確保できなくなるといったケースが容易に起こり得る。

　リーダーは、探索チーム、深化チームそれぞれと十分なコミュニケーション

を取って議論を行い、運営管理していく必要がある。そして、対立が生じた際には、それにしっかりと向き合い、葛藤から学びバランスを取っていくことが必要となる。特に圧力をかけられやすい探索チームを、しっかりと支援していくことが必要であろう。そうした中で、目標に向かって両チームが前向きな解決を図っていくように導いていくのである。

　マネジメントにおいては、「探索と深化では、成功要因も適切な管理手法も異なる」点に十分に留意する必要がある。揺らぐことなく、それぞれに適した管理方法を実践することが大切である。具体的には、効率性が重要な「深化チーム」には利益と規律を求めつつ、試行錯誤が必要な「探索チーム」には実験を奨励するといった具合である。

⑷　共通ビジョンの策定・浸透

　「探索チーム」が「深化チーム」と既存資源を共有して、効果的に両事業を展開していくためには、両者の間に共通のビジョンや目標があることが望ましい。両事業のメンバーが積極的に協力、前進するためには、頭で理解するだけでなく、各個人が熱意を持って行動することが重要である。社員の心に訴えるビジョンを策定、浸透させることは、中長期的に社員が一丸となって前進するのに有効である。

　全社員が共通ビジョンのもとで一丸となることは、企業の前向きな文化の醸成にも役立つはずである。

【3】　中小企業だからできること

　中小企業が「両利きの経営」に取り組むにあたっての最大の制約は、限られた経営資源であろう。「知の探索」（新規事業）に取り組むにあたって必要となるヒト・モノ・カネ、時間などをどう捻出するか。

　仮にそれをクリアできたとしても、新規事業の成功をつかむまでに、予測できない難関、リスクが立ち塞がる。実施にあたってのリスクをどのように捉え、どう向き合うか。

　リスクは、技術面、事業面の両方に存在する。例えば、製造業で新しい技術や製品の開発にチャレンジする場合、そもそも技術課題を解決できるかというリスクが存在する。仮に技術課題を乗り越えたとしても、今度は事業化のリスクが行く手を阻む。技術的に高い価値があるとしても、顧客にとって高い価値でない場合、ビジネスとして成立しない。言葉にしてみると当たり前に思えるが、これが原因で失敗するケースは、大企業を含めて枚挙にいとまがない。リスクへの対処としては、冷静な分析、思考と対応が必要であるが、新規事業の取り組みにおいては、果敢にチャレンジするマインドも重要な要素である。バランスの取れた対応を取りたいところである。

　一方で、中小企業ならではの強みも多く存在する。
　規模が小さいため、経営者は社員とコミュニケーションを取りやすく、リーダーシップを発揮しやすい。社内調整に時間がかかりにくく、企画から意思決定、実行までの時間は短くてすむ。身軽さゆえに小回りが利いて、機動力を発揮しやすいという点もメリットとなる。
　また、中小企業の経営者はオーナー、つまり株主であることが多く、経営者の在任期間が長く、長期にわたって一貫性のある意思決定を行うことができる。
　さらに、市場規模が小さくても事業継続が可能であるため、ニッチ分野でも参入しやすい。
　こうしたメリットは、いずれも新規事業にチャレンジする際に強みとなる内容である。ぜひ、こうしたメリットへ目を向け、新規事業への取り組みを前へ進めていきたいところである。

Ⅱ　未来を創る 10 の視点

　本書は、中小企業で「両利きの経営」に取り組もうとされている経営者、支援者、関係者の方々へ、中小企業の「両利きの経営」はどうあるべきかを多角的な視点から解説するものである。金融機関、メーカーでの勤務など、それぞ

れ異なるバックグラウンドを有する中小企業診断士、弁護士が、各得意分野において中小企業の「両利きの経営」に役立つ視点を提供する。

　本書は10章で構成されているが、各章は、基本的にそれぞれが独立して書かれている。このため、タイトルを見て、気になる章から読み始めてもらって構わない。ご自分の企業の課題にフィットする視点から読み始めることができる。ここで、各章単独での読みやすさを重視したため、章の間で若干の重なりが存在している点についてはご容赦願いたい。

　章の順番は、「両利きの経営」の基礎となる内容から、後半のより実践的な内容へ並べているので、「両利きの経営」に関するアプローチを一通り頭に入れたい方には、最初から順番に読んでいただくことをお薦めする。

　第1部（第1章〜第4章）基礎編は、中小企業の「両利きの経営」に関して土台となる考え方を示すものである。

　第1章では、成長戦略における「両利きの経営」の重要性について述べる。具体的には、成長戦略の必要性、要素について説明した後、アマゾンを取り上げる。1994年の創立以来、世界有数の巨大企業へと急成長を遂げたアマゾンであるが、そこには「両利きの経営」の考え方がふんだんにつまっている。「両利きの経営」の代表的事例として解説しながら、なぜ小さなベンチャー企業が短い期間に急成長できたかを示す。

　第2章では、中小企業の特性を踏まえた組織のあり方について説明する。経営者のリーダーシップと組織づくりは、「両利きの経営」成功の土台として重要であるが、新規事業への取り組みにおいては、批判的な勢力が現れることが多い。この章では、中小企業が「両利きの経営」を実現するために、「どのように従業員を巻き込み、共通目標へ向かって全員で邁進していくか」について、経営理念、従業員の経営マインドなどのポイントと合わせて解説していく。

　第3章では、中小企業ならではのイノベーションに関する方法論を展開する。新規事業成功のためには、「イノベーションをどう盛り込むか」がポイントとなる。商品やサービスに今までになかった考え方や仕組みをいかに取り入

れていくか、顧客にとっての新しい価値をどう創造するかについて示していく。

　第4章では、「目に見えない資産をどう活用・育成して、イノベーションや新規事業につなげていくか」に関する考え方を示す。中小企業の「両利きの経営」においては、「限られた経営資源の中で、探索活動（新事業の発掘）をどのように進めるか」が鍵となる。ここでは、見えない資産としての知的資産の活用、イノベーションへ向けた取り組み、新規事業領域の考え方について説明する。

　第2部（第5章〜第8章）実践編Ⅰでは、企業内部における、より実践的な取り組みについて4つの視点から述べる。

　第5章では、新規事業を立ち上げる上で経営者が実践すべき「6つのステップ」について紹介する。「6つのステップ」はすべて、実際にあった中小企業の成功事例から抽出されたもので、きわめて実践的な内容となっている。「実践時に気をつけるべきこと」も加えて紹介しており、明日からでも取り組めるものである。

　第6章では、新規事業開発のやり方、実施の際の外部連携、どのように事業再構築に結びつけるか、などについて説明する。新規事業開発と言っても、どこから手を付けたらよいかわからない、あるいは迷ってしまうという方も少なくないと思われる。具体的なアプローチ方法として、デザイン思考アプローチ、仮説検証アプローチなどについて紹介する。

　第7章では、第二創業における「両利きの経営」を説明する。第二創業とは、事業承継によって後継者を迎え入れるタイミングで行う新しい取り組みのことである。今や、事業承継は多くの中小企業で切実な問題となっているが、新規事業の観点からは、大きなチャンスとなり得る。企業が築いてきた資産や強みに対して、後継者による、今までになかった視点を融合させ、新規事業を実現していく方法について述べる。

　第8章では、中小企業におけるDX推進について紹介する。平成30年頃から経済産業省がDX（デジタルトランスフォーメーション）を頻繁に取り上

げ、推進を支援してきたが、令和2年12月現在90%超の企業は実施できていない。中小企業がDXに取り組む場合の対応策を具体的に説明する。

　第3部（第9章〜第10章）実践編Ⅱは、中小企業の「両利きの経営」における外部連携・M&Aに関する内容となっている。

　第9章では、「両利きの経営」における探索や新規事業の立ち上げを行うための方法として、フランチャイズの活用を提案する。具体的には、新規事業の成功の可能性を高めるために、フランチャイズ本部の構築ではなく、フランチャイズチェーンへの加盟という形で外部資源を活用することについて説明する。これは、「両利きの経営」の新規事業とすることができるし、また「両利きの経営」の資金獲得を目的として実施することもできる。

　第10章では、中小企業がM&Aを買い手として活用することで、外部の経営資源と連携し、探索を行っていく方法について述べる。近年、中小企業におけるM&Aが急増している。政府によるM&A政策の推進、M&Aに関する経営者意識の変化により、今後この傾向は加速すると予測される。このため「両利きの経営」の手段として、M&Aを検討することは有用と考えられる。

（参考文献）
・『両利きの経営「二兎を追う」戦略が未来を切り拓く』チャールズ・A・オライリー／マイケル・L・タッシュマン、監訳・入山章栄（東洋経済新報社　2019年）
・『小規模組織の特性を活かす イノベーションのマネジメント』水野由香里（碩学社（発行所）、中央経済社（発売元）　2015年）
・ダイヤモンド・オンライン・ホームページ「『深堀り』ばかりしていると自己破壊しかねない理由」入山章栄（2020年1月5日）
　https://diamond.jp/articles/-/224866?page=2
・CULTIBASEホームページ「両利きの経営（ambidexterity）」を推進する3つのアプローチ
　https://cultibase.jp/1143/

第1部　基本編

土台となる考え方

第1章 成長戦略としての「両利きの経営」

原田　豊

　本章では、成長戦略における「両利きの経営」の重要性について述べる。「両利きの経営」とは、既存事業の「深化」と新しい事業機会の「探索」を両立させる経営理論である。破壊的イノベーションの時代に生き残りを図るためには、企業は既存事業の「深化」を行いながら、同時に新しい事業機会の「探索」を継続的に行い、イノベーションのジレンマを乗り越えていく必要がある。イノベーションのジレンマとは、破壊的イノベーションに直面した大企業や優良企業が、経済合理性の観点からイノベーションよりも既存技術の向上を優先し、新興企業やベンチャー企業の技術革新を過小評価することにより、新規市場への参入が遅れてしまうことをいう。

　本章の Ⅰ では、企業にとっての成長戦略の必要性を、企業経営、ステークホルダー、マクロ経済の観点から説明する。続く Ⅱ では、成長戦略の要素を、ビジネスモデル、「両利きの経営」、M&A による外部資源の活用の3点から解説する。そして Ⅲ では、アマゾンを事例に、成長戦略のもっとも重要な要素としての「両利きの経営」をどのように実践してきたのか、具体例を交えて描写する。最後に、【コラム】として、2000年代に入り GAFA のような巨大 IT 企業が誕生した理由について、筆者の通信・IT 業界での経験を踏まえて紹介したい。

　本章を通じて、具体的な事例としては、アマゾンを取り上げている。アマゾンは巨大 IT 企業に成長したが、創業期においては、いつ淘汰されてもおかしくない小さな一ベンチャー企業だった。しかしながら、徹底した顧客第一主義とインターネットを活用したユニークなビジネスモデルをベースに、絶え間な

く「両利きの経営」を実践することによって、わずか 20 年で巨大 IT 企業へ
と駆けあがった。その成長の軌跡は、中小企業経営者、スタートアップ・ベン
チャー経営者にも参考になると思われる。

　そして、何よりもアマゾンを理解することは世界最先端の経営理論を理解す
ることにもなる。ビッグデータ、AI、クラウド・コンピューティングなど、
アマゾンの戦略には最新のテクノロジーとイノベーションの要素が包含されて
いる。大胆なビジョンを掲げ、高速で PDCA を回転させる企業文化は、スター
トアップ・ベンチャーの模範と言えるだろう。

I　成長戦略の必要性

　企業は成長しなければならない。このように言うと、「いや、成長しなくて
も現状で売上も利益も確保できているのだからそれで十分だ」、という経営者
の声も聞こえてきそうだ。しかしながら、破壊的イノベーションの時代、技術
革新やビジネスモデルの変革が著しい時代においては、現状維持をしていては
いずれ競合企業に追い付かれ追い抜かれることになる。企業にとって「成長」
は生き残りのためにも欠かせない。

　では、なぜ企業には成長戦略が求められるのか。その理由は次の 3 点に集約
される。

【1】経営の好循環の実現

　企業には持続的成長と中長期的な企業価値の向上が求められている。持続的
に成長することにより、企業にはヒト・モノ・カネ・情報という経営資源が集
まりやすくなる。成長することにより、優秀な人材の採用、新技術の導入、積
極的な設備投資が可能となり、規模拡大と生産性向上が実現できる。そこに
「経営の好循環」が生まれる。

　他方、売上や利益が減少する企業では、必要な経営資源が集まらないどころ
か、コスト削減や投資抑制が優先され、従業員の目も内向きになってしまう。

いったん衰退のサイクルに入ってしまうと抜け出すことは容易ではない。

　中小企業にとってもっとも重要な経営資源はヒトである。中小企業経営者にとって優秀な人材を集めることは最大の課題である。成長は人を惹きつける。成長する企業で働くことは自己の成長や人生の充実にもつながる。筆者は、比較的古い体質のレガシーな企業に入社したが、その後ベンチャー系企業との合併や再編を経験する中で、成長がいかに人を惹きつけるか身をもって体験した。

　3月期決算の企業であれば、毎年2月〜3月にかけて翌期の事業計画を策定する。中期経営計画も3〜5年周期で策定する企業が多い。計画策定において成長する絵を描けるか否かは経営者のリーダーシップに大きく依存する。経営者は、何としても成長する、増収増益にする、という強い意思を込めて事業計画の策定に取り組む必要がある。

【2】 ステークホルダーの利益拡大

　「会社は誰のものか」という議論は、1602年にオランダ東インド会社が設立され、株式会社制度が導入されて以降、永遠の課題として繰り返し議論されてきた。

　1980〜90年代の米国では、行き過ぎた株主至上主義が流行し、企業が短期的な利益を第1に経営することにより、中長期的な成長が阻害されるという局面もあった。ノーベル経済学賞を受賞したミルトン・フリードマンは、1962年に、当時ガバナンス上の課題とされていた「プリンシパル・エージェント問題」（株主と経営者間の情報非対称性と利害対立に関する問題）を解決するため、「ビジネスの唯一の目的は、ルールを守りながら利益を増やすことにある」（フリードマン・ドクトリン）と主張し、米国の「株主第一主義」への流れをつくった。

　しかしながら現在では、企業は株主のみならず、従業員、取引先、顧客、地域コミュニティなど、企業を取り囲むすべての利害関係者のために事業を運営すべきであるという「ステークホルダー資本主義」が主流となりつつある。

2019 年、米国の有力な経営者で組織する「ビジネスラウンドテーブル」が、株主第一主義を見直すとの声明文を発表した。格差拡大や環境に対する関心の高まりもあり、「株主第一主義」に基づく米国型経営が転機を迎えつつある。

　また、近時では ESG 投資も注目されている。従来のような財務情報だけでなく、環境（Environment）・社会（Social）・企業統治（Governance）の要素も考慮して企業に投資することを指している。特に、年金基金など大きな資産を超長期で運用する機関投資家を中心に、企業経営のサステナビリティを評価するという考え方が普及し、気候変動などを念頭においた長期的なリスクマネジメントや、企業の新たな収益創出の機会を評価するベンチマークとして注目されている。企業は、資本効率を高めて株主に対する責任を果たすと同時に、社会の一員として幅広いステークホルダーの利益を意識した経営が求められるようになっている。

　中小企業の場合、経営資源としてのヒトの重要性が高く、従業員への配慮が特に重要になるだろう。中小企業経営者には、企業を成長させて従業員の物心両面の幸福を実現することが求められる。ステークホルダーの中でも、従業員の優先度は高くなるだろう。

　企業は成長することにより、株主、従業員、取引先、顧客、地域コミュニティなどの幅広いステークホルダーへの富の配分を増やすことができる。また、企業活動の重要な目的の 1 つである社会課題の解決をより大きなスケールで実現することができ、投資家からの評価を高めることができる。社会課題を解決し、企業の存在意義を高める経営は、近年「パーパス経営」としても注目されている。

【3】日本経済の持続性確保

　わが国は人口減少、急速な高齢化に直面している。日本の総人口は、2010 年の 1 億 2,805 万人をピークに減少傾向に転じた。「日本の将来推計人口」（国立社会保障・人口問題研究所：平成 29 年推計）によれば、出生中位推計の結果に基づくと、日本の人口は 2053 年には 1 億人を割って 9,924 万人になり、

2065年には約8,808万人まで減少すると予想されている。また、同じく2065年には総人口の38.4%、2.6人に1人が65歳以上の高齢者になるとされている。こうした人口減少、急速な高齢化の中で、社会保障の持続性を確保し、現在のような豊かな社会を維持していくためには、550兆円に上るGDP（国内総生産）の維持・拡大が欠かせない。そのためにも日本経済を支える企業の成長が求められている。

　また、わが国において、中小企業は、企業数の99.7%、雇用者数の70%、付加価値額の53%を占めている（2021年版　中小企業白書）。このため中小企業の成長や生産性向上は特に重要な政策課題となっている。2020年度第三次補正予算で導入された「事業再構築補助金」においても、「中小企業卒業枠」や「グローバルV字回復枠」など、中小企業が中堅企業へ、さらに大企業、グローバル企業へと成長を目指すことへの支援策が盛り込まれている。さらに、経済産業省は「中小M&Aガイドライン」（2020年）や「中小M&A推進計画」（2021年）を発表するなど、中小企業の規模拡大や生産性向上に向けた政府の取り組みが進められている。

Ⅱ　成長戦略の要素

　戦略とは、企業が考える競争に勝つためのストーリーである。企業の成長戦略には多くの要素があるが、とりわけ重要なものを挙げれば以下の3点となる。

【1】ユニークなビジネスモデル

　ビジネスモデルとは、顧客価値を創造し、届け、その価値から収益を上げるためのセオリーであり、戦略のビッグピクチャーである。端的に言えば、「誰に」（ターゲット顧客）、「何を」（商品・サービス）、「どのように」（リアル・ネット）提供するか、ということに集約される。これらの要素において「ユニーク」であることが他社との差別化要因となり、企業の競争優位性の確立に

図表 1-1　アマゾンのバーチャス・サイクル

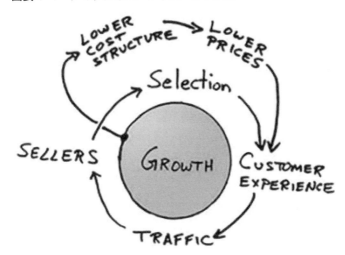

（出所：Amazon.com Inc. ウェブサイト https://www.amazon.jobs/jp/
landing-pages/about-amazon）

つながる。

　アマゾンには、有名な「バーチャス・サイクル（Virtuous Cycle）」と呼ば
れるビジネスモデルがある。これは、2000 年頃、ジェフ・ベゾスがレストラ
ンで投資家と食事をした際、「アマゾンのビジネスモデルを教えてくれない
か？」と聞かれ、ひざかけのナプキンに描いたものと言われている。この絵に
はアマゾンのビジネスのキーワードが落とし込まれている（**図表 1-1**）。

　アマゾンの成長の源泉は、「顧客満足度（Customer Experience）」の拡大で
ある。そのためには、「低価格（Lower Prices）」と「品揃え（Selection）」が
重要であり、低価格を実現するためには「低コスト（Lower Cost Structure）」
が、品揃えを豊富にするためには「売り手の数（Sellers）」が必要になる。そ
して、顧客満足度が高まれば、「来店者数（Traffic）」が増え、結果として「成
長（Growth）」が実現される。事業が「成長」することにより、さらに低コス
ト、低価格が可能となり、「顧客満足度」を一層高めることができる。この好
循環が回ることにより、加速度的な成長が実現できる。アマゾンが創業以来の

一貫した方針として「顧客第一主義」を堅持していることの意味はここにある。

ここでは「利益」や「売上」といった言葉が一切使われていない。目指すべき目的は「顧客第一主義」であり、「利益」や「売上」はあくまで結果だということになる。

このような経営の好循環を回すビジネスモデルは中小企業でも不可能ではない。中小企業の経営資源は限られているが、尖った技術や長年培ったノウハウをベースに、ニッチな市場でデファクトスタンダードを握り、競合企業と差別化できるポジションを築くことが重要になるだろう。

【2】両利きの経営

「両利きの経営」（ambidexterity）とは、既存事業の「深化」（exploit）と新しい事業機会の「探索」（explore）を両立させる経営のことを指している。スタンフォード大学経営大学院教授のチャールズ・A・オライリーとハーバード・ビジネススクール教授のマイケル・L・タッシュマンが1996年に発表した経営理論であり、論文発表以来、膨大な実証研究が積み上げられてきた。日本では2019年に翻訳刊行された書籍によって広く知られるようになった理論である。

一般的に、新しい事業機会の「探索」は既存事業の「深化」よりも不確実性が高くコストもかかるため、企業は効率的かつ短期的に収益を得られる既存事業の「深化」に傾き易い。企業が陥りやすいこうした現象は、「成功の罠」（サクセストラップ）と呼ばれている。しかしながら、破壊的イノベーションの時代（VUCA：Volatility 変動性、Uncertainty 不確実性、Complexity 複雑性、Ambiguity 曖昧性）に生き残りを図るためには、新しい事業機会の「探索」と既存事業の「深化」の双方を、バランスを取りながら、継続的に行っていく必要がある（**図表 1-2**）。

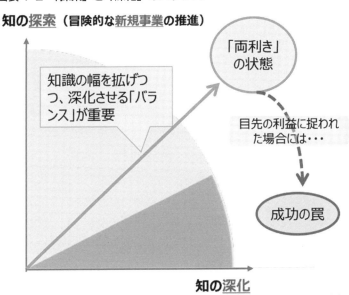

図表 1-2　「探索」と「深化」のバランス

（出所：早稲田大学ビジネススクール、入山章栄教授による）

　また、既存事業の「深化」と新規事業の「探索」とでは求められる組織能力が異なる。

　既存事業の「深化」では、継続的な改善やコスト削減が必要となり、厳密にPDCA を回しながら KPI の改善を図っていくという漸進的な取り組みが必要となる。

　他方、新規事業の「探索」には、既存事業とのカニバリゼーション（新しい商品やサービスを市場導入した結果、競合により既存の商品やサービスの売上や市場シェアが減少すること）を恐れずに、リスクを取って挑戦するという非連続的な成長が求められる。

　つまり、既存事業の「深化」では、「効率性・確実性・コントロール」が求められるのに対し、新規事業の「探索」では「スピード・自発性・適応力」が必要となる。この相反する 2 つの組織能力の間では葛藤やコンフリクトも起こる。

　ハーバード大学のクレイトン・クリステンセン教授が主張した「イノベーションのジレンマ」（1997年）を乗り越えていくために、企業は既存事業の「深化」と新規事業の「探索」を並行して行っていく必要があり、そのためには、同じ企業内に性質の異なる2つの組織能力を共存させていく経営者のリーダーシップが何よりも重要になる。

　相反する2つの組織能力を共存させていくためには、既存事業を「深化」する組織と新規事業を「探索」する組織は分離して運用することが望ましい。しかしながら、別々の組織で取り組むと、新規事業を「探索」する組織が得た知見を既存組織にフィードバックできない。また、新規事業を「探索」する組織が既存事業のリソースの恩恵を受けにくいといった問題も生じる。

　このため、既存事業と新規事業を組織的に分離しながらも、双方の強みをお互いに利用できるように、リーダーは異なる組織を長期的な視点から統合する戦略的意図を明示し、両方のユニットにまたがって共通のアイデンティティをもたらすビジョンや価値観の浸透に努力しなければならない。

　中小企業では、特にオーナー企業であれば、経営者は思い切った手を打ち、事業をシフトすることができる。中小企業は大企業ほど組織が硬直化しておらず、経営者のリーダーシップで動くことができるため、「両利きの経営」における「探索」も実行しやすいだろう。経営者が本気になって主導して取り組めば、そこで発生する葛藤やコンフリクトを乗り越えることは十分に可能であると思われる。

　アマゾンは、1994年の設立以来、まさにこの「両利きの経営」を執拗なまでに追求してきた。その詳細はⅢで紹介したい。

【3】M&A やアライアンスの有効活用（第10章参照）

　M&A は、①既存事業の成長に必要な経営資源を補完する、②新規事業への進出の足掛かりをつくる、③完成された事業を取り込むことにより時間を買う、などの観点から、有効な成長戦略のツールである。先入観を持たずに有効活用を考えるべきである。M&A のハードルが高い場合には、M&A の前段階

として、アライアンスを活用する方法もある。

　M&A は中小企業経営者にとってなじみが薄く、ネガティブなイメージを持たれることも多い。しかしながら、M&A は事業再構築の手段として捉えられるべきである。経営リソースが限られる中小企業だからこそ、成長のために積極的に社外リソースを求めるべきであろう。M&A による経営資源の統合は、規模の拡大を通じて生産性の向上にも寄与する。

　また、中小企業にとって、M&A は事業承継（第三者承継）のための有力なツールともなる。技術力もあり事業として将来性がありながら適切な後継者が見当たらないような場合には、優良事業の存続と発展のために M&A を積極的に検討するべきである。

　M&A を活用する際の留意点は、対象企業とのシナジーを過大に評価しないことである。そのためには適切な企業価値評価とデュープロセスを通して実行することが必要である。また、シナジー効果を最大化するためには、買収後の戦略・組織の統合（PMI：Post Merger Integration）にも気を配る必要がある。特に、企業文化の融合や組織統合にあたっては、事業に不可欠なキーパーソンや有能な人材が離職しないよう配慮が必要となる。

　アマゾンも数々の M&A を行ってきた。代表的なものとしては、①既存事業の成長に必要な経営資源を補完する取り組みとして、商品ラインを拡大するためのザッポス（Zappos: 靴のオンラインストア）の買収（2009 年）、②新規事業への足掛かりをつくる M&A の事例として、食料品事業やアマゾン・フレッシュを展開するためのホールフーズ（Whole Foods：高級食品スーパー）の買収（2017 年）、③物流倉庫内の機械化・効率化へ向けて、時間を買うことを目的として実施したキバ・システムズ（Kiva Systems：ロボット配送システム）の買収（2012 年）などが挙げられる。

　M&A の必要性や有効性については、本書第 10 章で詳細に説明する。

Ⅲ　「両利きの経営」の実践例〜アマゾンの場合〜

　本節では、具体的な実践例として、アマゾンが「両利きの経営」をどのよう

に活用して成長してきたか、その軌跡を紹介する。

【1】両利きの経営の実践

　1994年に「地球上最大の書店」としてサービスを開始したアマゾンは、書籍や音楽から食品に至るまで幅広い商品を扱い、2020年には40兆円以上を売り上げるまでに成長した。書籍販売から幅広い商品へ、自社製品の販売から外部事業者向けのオンライン売り場へ、物販からクラウド・コンピューティング、動画配信、コンテンツ制作へと拡大していった背後には、絶え間ない「両利きの経営」の実践があった。アマゾンのリーダーたちは、効率性が重視される小売や物流などの成熟事業を「深化」するのと同時に、既存事業の資産や組織能力を使って新領域の「探索」を行ってきた。

　なぜアマゾンは「両利きの経営」を巧みに実行できたのか？　そこには2つの理由がみられる。

　第1に、新規事業の「探索」にあたって、顧客の利益のためなら既存事業とのカニバリゼーションを恐れなかったことである。アマゾンは顧客第一主義を堅持するために自社の利益を犠牲にすることも辞さない。

　第2に、「探索」にあたっては必ず既存事業の資産を活用したことである。新規事業に進出するにあたっては、いわゆる「飛び地」には進出しない。必ず既存事業の資産が活用できる分野に進出することにより、短期間でスケールメリットと競争優位を実現している。

　アマゾンの成長を「深化」と「探索」の観点から追ってみると、アマゾンは、エブリシング・ストア化、フルフィルメント・テクノロジーへの投資、アマゾン・プライムの導入などにより、本業であるインターネット通販を深掘りし、BtoC事業の「深化」を行ってきた。その一方で、通販事業で蓄積した経営資源を活用して、マーケットプレイスやアマゾン・ウェブ・サービスなどのBtoB事業の「探索」を行い、新規事業を育成してきた。

　以下において、アマゾンの深化と探索の具体的な実践例を説明する。

【深化 1】インターネット書店からエブリシング・ストアへ

　ジェフ・ベゾスには、あらゆるものをオンラインで売る「エブリシング・ストア」のアイデアがもともとあった。ただし、「あらゆるもの」を売るのはリスクが大きすぎるので、株や通貨と同じように品質にバラつきがなく、実物を手に取らなくても消費者が安心して買える書籍から始めることにした。こうして 1994 年、シアトルのガレージでアマゾン・ドット・コムが立ち上がった。

　2001 年には、書籍から音楽 CD や DVD に取扱商品を拡大している。その後も、アマゾンは「地球上のあらゆる商品を扱う」という姿勢を貫き、それを実現してきた。設立当時、書籍だけだった取扱品目は、音楽 CD、DVD、家電、ファッション、ジュエリー、ホーム＆キッチン、薬、食料品など、様々なカテゴリーが追加され、「エブリシング・ストア」の様相を呈している。

　アマゾンが直販する商品にマーケットプレイスで出品される商品を加えると、アマゾンで扱う品数は約 3 億 5,000 万品目にのぼるといわれる。顧客満足度に直結する「地球上でもっとも豊富な品揃え」へ向けて、アマゾンは絶え間なく「深化」を続けてきた。

【深化 2】フルフィルメント・テクノロジーへの投資

　アマゾンは、書籍の販売が軌道に乗り、需要が増えてくるに従って自社倉庫の建設に乗り出した。また、書籍の在庫管理・ピッキング・梱包・出荷をより効率的に行うため、フルフィルメント・テクノロジー（倉庫内オペレーション技術）への投資を進めていった。これはインターネット書店の事業を効率化するという観点から「深化」と位置づけられる。

　通常の倉庫では、「この商品はこの棚」、と在庫の保管場所が決まっており、従業員が注文に応じて商品をピッキングし、梱包・出荷を行う。これに対して、アマゾンの倉庫は「フリーロケーション」方式と呼ばれ、通常の倉庫とは異なり、商品は入荷した順にバラバラに並び、それを逆にコンピューターに記憶させている。こうすることで、膨大な量の商品の棚を決めなくてすみ、棚の無駄もなくなる。そして、ピッキングには「KIVA」というロボットを活用し

ている。「KIVA」はコンピューターから指示を受けて、商品を棚ごと回収して従業員のところまで届けてくれる。先述したとおり、アマゾンは2012年にキバ・システムズを買収した。アマゾンはフリーロケーションで棚の無駄を省き、「KIVA」によりピッキング作業を大幅に効率化している。

　こうしたフルフィルメント・テクノロジーへの投資が、膨大な商品の在庫管理と効率的なピッキング・梱包・出荷を可能とし、アマゾンの競争力の源泉となっている。フルフィルメント・テクノロジーへの投資はEコマース事業の競争力を高めるための「深化」と捉えることができるだろう。

〈探索 1〉マーケットプレイス、フルフィルメント・バイ・アマゾン

　アマゾンは「地球上でもっとも豊富な品揃え」を目指し、2002年アマゾン以外の外部事業者が出品できる「マーケットプレイス」を開始する。この結果、アマゾンは自社商品に外部事業者の商品を加えることにより、飛躍的に取扱商品数を拡大した。顧客の選択肢を増やすためなら自社商品とのカニバリゼーションを恐れないところがアマゾンたるゆえんでもある。この信じられない品揃えを前に、かつてはアマゾンの脅威にさらされた小売業者の戦略は、「アマゾンといかに戦うか」から「アマゾンをいかに利用するか」に変化してきている。アマゾンは、現在では外部事業者向けEコマースプラットフォームとなっている。

　そして、拡大した物流のキャパシティを活用して、今度は外部事業者の商品を預かり出荷するサービスを開始する。フルフィルメント・バイ・アマゾン（FBA：Fullfilment by Amazon）と呼ばれるこのサービスを利用すると、どんな企業でもアマゾンのインフラが簡単に利用できる。商品の保管から注文処理、出荷、決済、配送、返品対応まですべてアマゾンがまとめて代行してくれる。小売業者にすれば、店舗がなくても、自社のEコマースサイトを作らなくても、アマゾンの倉庫に商品を預けるだけで、あとはアマゾンが自社の商品を売ってくれるということになる。

　既存のEコマースプラットフォームを活用することによりマーケットプレイスを提供し、取り扱い商品を飛躍的に拡大する、既存の倉庫・物流を活用す

ることによりフルフィルメント・バイ・アマゾンを提供し、さらに小売業者を集める。ここでは新事業の「探索」に、既存事業の資産が有効に活用されており、最小限の投資で一気に立ち上げ、競争優位を確立している。

【深化3】アマゾン・プライム

アマゾン・プライムは、定額を支払うことにより、無料配送や生鮮食品当日配送などを受けることができる会員制サービスである。ジェフ・ベゾスが、米国の会員制ディスカウントストア、コストコのシステムを参考に始めたものと言われている。配送面での付加価値に加え、アマゾンプライムビデオのコンテンツ見放題、キンドルの電子書籍読み放題、アマゾンミュージックの音楽聞き放題などを付加することでお得感を出している。2005年に開始したプライム会員は世界で2億人を突破したと言われている。アマゾン・プライムの会員はEコマースサイトでの購入額が平均して2倍になったというデータもある。無料配送ならば買ってみようという意識が働き、買ってみれば便利だからまた買おうとなる。また、独自コンテンツが充実したプライムビデオは一度観始めればなかなか止められない。

アマゾン・プライムの提供は、【深化2】におけるフルフィルメント・テクノロジーへの投資により、顧客に配送時間の約束ができる体制になったからこそ実現した。顧客を固定化し強力に囲い込むという点において、Eコマース事業の「深化」の総仕上げと言えるだろう。

〈探索2〉アマゾン・ウェブ・サービス（AWS）

2006年に開始したアマゾン・ウェブ・サービス（AWS：Amazon Web Service）も本業のEコマースで築いたプラットフォームを外部向けに転用することで実現した。現在では、インターネットを通じて、アマゾンのストレージやデータベース、サーバーなど様々なITインフラサービスを利用できる。AWSは、2020年時点で、売上比率は12％程度だが、アマゾン全体の利益の6割を稼ぎ出している。アマゾンは、Eコマースプラットフォームの基盤として構築したデータセンターを活用し、その余剰容量を転用することにより極めて低コ

ストでクラウドサービスに参入した。米調査会社ガートナーによれば、2019年におけるAWSの世界シェアは45%、2位のマイクロソフト・アジュール（Azure）のシェア18%を大きく引き離している。米国ではCIA（米中央情報局）やNASA（米航空宇宙局）もAWSを利用しており、最近では国防省の入札にも名前が挙がっている。AWSの高いセキュリティや柔軟な拡張性が評価されていることの証左である。

データセンターとクラウドサービスは通信の上部構造でもあり、企業の情報システムもオンプレミスからクラウドへの移行が急速に進行している。今後、中小企業のDX化においても、初期費用のハードルが低く、セキュリティも高く、拡張性に優れたAWSはますます利用価値が高くなると思われる。

以上のように、アマゾンの急速な成長の裏には、地道で絶え間ない「両利きの経営」の実践があった。

【2】「両利きの経営」を支えるリーダーシップ

既述したとおり、「探索」と「深化」では求められる組織能力が異なる。「両利きの経営」では、これらの異なる組織能力を両立させ、相反する組織能力の間で生じる葛藤やコンフリクトをマネジメントしていく経営者のリーダーシップが何よりも重要となる。アマゾンの「両利きの経営」を支えたのは、リーダーの明確な戦略的意図であり、探索ユニットと深化ユニットにまたがって共通のアイデンティティをもたらすビジョンや価値観である。

ジェフ・ベゾスが掲げたビジョンや価値観は「1997年の株主への手紙」（Letter to Shareholders 1997）に明確に記載されている。アマゾンは毎年のアニュアルレポートの最後に、必ずこの1997年の株主レターをそのまま添付している。創業以来、アマゾンのビジョンや価値観は何ら変わることなく、軸足が変わっていないこと、少しもぶれていないことを示すためである。

「1997年の株主への手紙」には以下のように述べられている。

（Amazon.com ウェブサイト参照：Amazon-2020-Shareholder-Letter-

and-1997-Shareholder-Letter.pdf（q4cdn.com））

　第 1 に、アマゾンの歴史はまだ始まったばかりであること。「this is Day 1 for the Internet」で始まる文章には、オンライン・コマースが顧客のお金と時間の節約に貢献し、パーソナル化によってインターネットが顧客に真の価値を提供し続けることが記載されている。「まだ 1 日目にすぎない」、というのは決して慢心することなくいつまでも成長し続けなければならない、という自戒を込めた言葉である。

　第 2 に、アマゾンは「長期的視点」を大事にするということ。「It's All About the Long Term」と表現されており、長期的な成長を短期的な利益に優先させること、株主との関係においても長期的に見れば必ず利害が一致することが明示されている。

　第 3 に、顧客第一主義を堅持するということ。「Obsess Over Customers」と表現されているが、バーチャス・サイクルで見たとおり、選択肢の多さ（Selection）と低価格（Lower Prices）を追求することが顧客満足（Customer Experience）に繋がり、それが継続購入（Repete purchases）と口コミ（Word of mouth）の増加を生み出し、さらに売上の増加につながる。売上や利益よりも顧客満足を優先する姿勢が明確にされている。

　第 4 に、インフラ（Infrastructure）への投資を継続するということ。増大するトラフィックの処理やサービス品質の向上のために、アマゾンはデータセンター、倉庫、物流への投資を加速している。

　そして、第 5 に、優秀な社員（Our Employees）を集めること。アマゾンは有能で勤勉な社員の採用に努力を惜しまない。採用の基準は極めて高く、アマゾンのビジョンや価値観に合致した人材であることを重視している。

　また、アマゾンのビジョンや価値観を反映するものとして、OLP（Our Leadership Principles）と呼ばれる 14 か条の行動指針がある。14 か条は以下のような内容となっている。

　（アマゾン・ジャパン・ウェブサイト参照：Amazon.co.jp: 求める人物像｜Amazon では、全員がリーダー）

①顧客へのこだわり（Customer Obsession）、②オーナーシップ（Owner-ship）、③創造と単純化（Invent and Simplify）、④多くの場合正しい（Are Right, A Lot）、⑤学び、そして興味を持つ（Learn and Be Curious）、⑥ベストな人事を確保し育てる（Hire and Develop the Best）、⑦常に高い目標を掲げる（Insist on the Highest Standards）、⑧広い視野で考える（Think Big）、⑨とにかく行動する（Bias for Action）、⑩質素倹約（Fru-gality）、⑪人々から信頼を得る（Earn Trust）、⑫より深く考える（Dive Deep）、⑬意見を持ち、議論を交わし、納得したら力を注ぐ（Have Back-bone; Disagree and Commit）、⑭結果を出す（Deliver Results）。

　アマゾンの採用のハードルは極めて高く、OLPを基に行動できる人材であるかどうかを見極める。そして、重要な経営上の判断を行うときには、必ずこのOLPが引用される。

　「両利きの経営」を実現するためには、「探索」と「深化」に必要となる異なる組織能力を両立させ、これらの間で生じる葛藤やコンフリクトを調整していく経営者のリーダーシップが重要である。経営者は、戦略的意図を明確に示し、「探索」と「深化」の組織ユニットが十分な距離を取りつつも、相互に経営資源や組織能力を活用できるように、ビジョンや価値観の浸透に努めなければならない。企業の真の競争力は、経営者のリーダーシップからもたらされる。明確なビジョンや価値観の下に築かれた組織は、競争優位を築くための差別化要因となる。

　中小企業は、規模が小さく、経営資源が限られるが、その分経営者のリーダーシップは発揮しやすい。経営者が、戦略的意図を明確に示し、組織の一体性強化に向けたビジョンや価値観を浸透させ、既存事業の「深化」と新規事業の「探索」を辛抱強く行っていくことで、中小企業の持続的な成長を実現することが可能となるだろう。

【コラム】

なぜ、巨大 IT 企業は誕生したか？　～スマイルカーブ現象～

　1989 年（平成元年）の世界株式時価総額ランキングで 1 位となったの
は、1985 年に民営化された日本の NTT（旧電電公社）だった。当時、日本
企業は上位 10 位以内に 7 社もランクインしていた。NTT を始め、金融機
関、東京電力など、その多くは規制業種だった。ハーバード大学のエズラ・
ヴォーゲル教授がその著書『ジャパン・アズ・ナンバーワン』を発表したのは
1979 年である。バブル経済が最高潮に達した 1980 年代後半は、海外でも
日本の産業政策と日本的経営モデルが持てはやされ、大型 M&A による日本企
業のグローバル化が急速に進展した。1989 年のソニーによるコロンビア・

図表 1-3　世界の企業時価総額ランキング（1989 年）

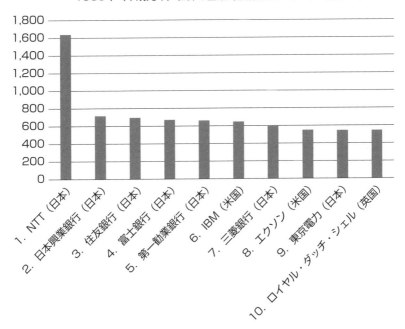

1989年（平成元年）世界の企業時価総額ランキング（億ドル）

（出所：ビジネスウィーク 1989 年 7 月 17 日号から筆者作成）

ピクチャーズ・エンターテインメント（現ソニー・ピクチャーズ）の買収、同年の三菱地所によるロックフェラーセンターの買収、1990年の松下電器産業によるMCA（現NBCユニバーサル）の買収など、相次ぐ大型買収に米国内では「日本企業は米国の魂を買った」との批判も高まった（**図表1-3**）。

　それから30年後、2019年（平成31年）のランキングは様変わりしている。米国のGAFA（グーグル、アップル、フェイスブック、アマゾン）やマイクロソフト、中国のアリババ、テンセントが上位にランクインし、日本企業は10位圏内には1社も見当たらない。残念ながら、日本は1990年代から始まったグローバル化とデジタル化の波に乗ることができなかった（**図表1-4**）。

図表 1-4　世界の企業時価総額ランキング（2019年）

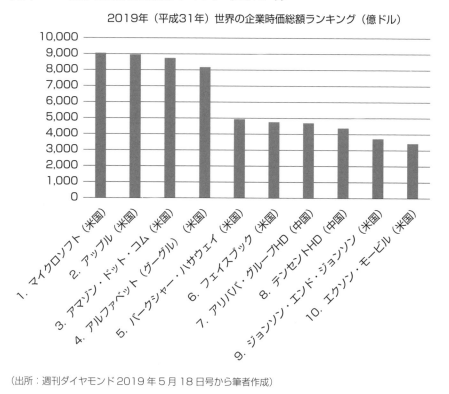

（出所：週刊ダイヤモンド2019年5月18日号から筆者作成）

この 30 年間に、NTT から GAFA への地殻変動が起こった真の要因は何だったのか？

　通信・IT 業界においては、「スマイルカーブ」と呼ばれる現象が進行した。

　かつて、1990 年代のコンピューター業界では、IBM がメインフレームからパーソナル・コンピューター（PC）にシフトしたのに対して、マイクロソフトが Windows95 を発売し OS を押えて対抗した。また、半導体に特化したインテルが PC の心臓部である CPU を押え、その後 PC がコモディティ化するにつれて、マイクロソフトとインテル（両者を指して「ウィンテル」と呼ばれる）が IBM を圧倒していった。

　通信・IT 業界においても同様のことが起こった。通信キャリアは通信ネットワークの高速化・大容量化に向けて安定したインフラを営々と築いてきたが、利用者にもっとも近いスマートフォンの OS は Google のアンドロイドとアップルの iOS に押さえられてしまった。iPhone を初めとするグローバル・スマートフォン端末の急速な普及により、わが国で通信キャリアと端末

図表 1-5　スマイルカーブ現象

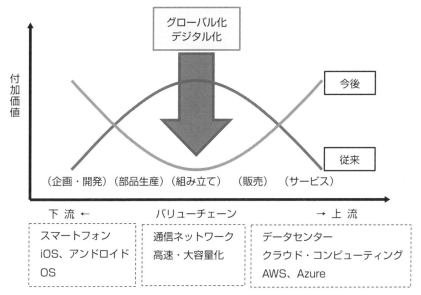

（出所：筆者作成）

メーカーが垂直統合で築いてきたビジネスモデルは崩壊した。そして、「ガラパゴス化」した日本の端末メーカーは完全撤退の憂き目を見た。また、通信の上位部分であるクラウドやデータセンターでは、アマゾンの AWS とマイクロソフトのアジュール（Azure）が独占的なシェアを占めるようになっている。

この結果、利用者のスマートフォンとクラウドやデータセンターとを結ぶ通信ネットワークは中抜きされ、「土管化」と呼ばれる現象が進んだ。この 30 年間で、通信・IT 業界において付加価値の高い領域（スマイルカーブの両端）は巨大 IT 企業に押さえられてしまった（**図表 1-5**）。

なぜ、GAFA がこれ程急速に成長できたのか？

4 社に共通するのは「プラットフォーマー」と呼ばれる企業であることだ。「プラットフォーマー」の定義は、「第三者がビジネスを行うための基盤（プラットフォーム）を提供する企業」のことだが、強いプラットフォーマーは、高い市場シェアを握ることによって、競争のルールを自ら決めることができる。プラットフォーマーが提供する場でビジネスをしたければ、プラットフォーマーが決めた競争のルールに従わなければならない。従って、業界で競争優位を確固たるものとするためにはプラットフォーマーとしてのポジションを築くことが重要である。アマゾンがプラットフォーマーとしてルールを握れるのは、圧倒的な品揃えとマーケットプレイスなどでの出店者数が多いからである。

加えて、プラットフォーマーになると「ネットワーク効果」を享受できる。「ネットワーク効果」とは、そのネットワーク内の顧客が多くなればなるほどネットワークの利便性が高まり、価値がますます高くなるという経済効果を指す。それがさらに顧客を呼び込み、成長の好循環が生まれる。アマゾンでは、プライム会員をはじめとした膨大なユーザーがいるからこそ、商品の取扱い点数も出店者数も増え、それゆえにユーザー数も増えるという好循環が実現されている。

そして何よりも、本書の主題である「両利きの経営」を実践しているということである。アマゾンの事例は既に見てきたとおりであるが、アップルは

iMac から iPod、iPhone へと新しいコンセプトのデバイスを次々に生み出してきた。また、マイクロソフトも Windows　OS を基盤に、クラウドサービスや SaaS（Software as a Service：クラウドによるソフトウェアの提供）へと「探索」を続けてきた。

　GAFA は、プラットフォーマーとして周辺企業と強力なエコシステムを形成し、ネットワーク効果を最大限享受するとともに、「両利きの経営」を地道に実行することにより、急速な成長と圧倒的な市場支配力を実現したのである。

　GAFA の圧倒的な市場支配力を見るにつけ、既に「勝負があった」ように感じてしまうかもしれない。しかしながら、ビジネスモデルや技術の進歩は非連続であり、今後どのような革新的ビジネスモデルやプラットフォーマーが現れるかは未知数である。現在、5G、IoT、AI、ビッグデータ、量子コンピューターなどの技術領域が注目されている。例えば、IoT に関しては、2025 年までに、世界中で 1,000 億個のデバイスやセンサーが普及すると言われているが、まだ明確なプラットフォーマーは出てきていない。あらゆる機器がインターネットにつながる IoT の時代は、モノづくりに強い日本企業にはチャンスかもしれない。中小企業においても、尖った技術で業界のデファクトスタンダードを握れば、ニッチな分野でプラットフォーマーとして成功することも可能であると思われる。ちなみに、日本人の生活に大きな変革をもたらしたコンビニエンスストアや宅配便は日本発のビジネスモデルである。米国のネットフリックス社が、映像配信を全面的にクラウド（AWS）に移行させ、AI を活用したレコメンドや映像制作などの UI 開発（ユーザーインターフェースや顧客体験）に特化して急成長したように、既に存在するプラットフォーマーを活用しながら自社の強みに集中して差別化を図る、というようなしたたかな戦略も必要となるだろう。

　わが国では成長するスタートアップが少なく、ユニコーン（時価総額 10 億ドル超の未公開企業）の数は、2021 年 3 月 1 日現在、米国 274 社、中国 123 社、欧州 67 社であるのに対して、日本は 4 社にとどまる。わが国が今

後も世界経済の中で枢要な地位を占めていくために、中小企業やベンチャー企業から将来のユニコーンが続々と生まれてくることを期待したい。

（参考文献）
・『両利きの経営「二兎を追う」戦略が未来を切り拓く』チャールズ・A・オライリー、マイケル・L・タッシュマン（東洋経済新報社 2019年）
・『コーポレート・トランスフォーメーション』冨山和彦（文藝春秋 2020年）
・『衰退の法則』小城武彦（東洋経済 2017年）
・『日本企業の勝算』デービッド・アトキンソン（東洋経済新報社 2020年）
・『国運の分岐点』デービッド・アトキンソン（講談社 2019年）
・『両利きの組織をつくる』加藤雅則、チャールズ・A・オライリー、ウリケ・シェーデ（英知出版 2020年）
・『世界標準の経営理論』入山章栄（ダイヤモンド社 2019年）
・『日本式経営の逆襲』岩尾俊兵（日本経済新聞出版社 2021年）
・『勝ち残る中堅・中小企業になるDXの教科書』 野口浩之・長谷川智紀（日本実業出版社 2021年）
・『中小企業のストックビジネス参入バイブル』小泉雅史（CROSSMEDIA PUB-LISHING 2021年）
・『事業承継で生まれ変わる 後継者による中小企業の経営革新』日本政策金融公庫総合研究所編（きんざい 2015年）
・『企業価値向上・DX推進に向けた中小企業の生産性革命』中村中（ビジネス教育出版社 2021年）
・『中小企業M＆Aの真実』藤井一郎（東洋経済 2021年）
・『DXの思考法』西山圭太著、冨山和彦解説（文藝春秋 2021年）
・『世界標準のテクノロジー教養』山本康正（幻冬舎 2021年）
・『世界最先端8社の大戦略』田中道昭（日経BP 2021年）
・『世界最高峰の経営教室』広野彩子編・著（日経BP 2020年）
・『変貌する未来』クーリエ・ジャポン編（講談社現代新書 2021年）
・『Amazon』成毛眞（ダイヤモンド社 2018年）
・『アマゾン式変わり続ける力』佐藤将之（大和書房 2021年）
・『Day1』ジャスパー・チャン（PHP研究所 2021年）
・『GAFAM vs 中国Big4』大西康之（文藝春秋 2021年）
・『AI経営で会社は甦る』冨山和彦（文藝春秋 2017年）
・『新L型経済』冨山和彦、田原総一朗（角川新書 2021年）

・『2040 年の未来予測』成毛眞（日経 BP　2021 年）
・『「強い日本」をつくる論理思考』竹中平蔵、デービッド・アトキンソン（ビジネ
　ス社　2021 年）

第2章 従業員を巻き込み 組織を両利きに変える

工藤　敦子

　序章で詳しく述べたとおり、技術革新やグローバル化など変化が次々と起こり、市場の盛衰のスピードが速まっている現代において、企業が生き残っていくためには、既存事業を深化させていくと同時に、既存事業で培った資産や組織能力などを有効に活用し、新規事業を探索していくこと、つまり、「両利きの経営」をすることが求められている。

　事業が成熟するに従い、必要な戦略が変化する。初期段階に有効だった戦略が成長段階には不要になったり、成長段階で効果的な戦略が成熟段階では役に立たなかったりする場合もある。

　一般に成熟段階にある事業（既存事業）のさらなる深化のためには、確実性や効率性を追求する戦略がとられる。これに対し、初期段階にある事業（新規事業）の探索では、柔軟性とスピードが求められる。このような違いがあるために、既存事業の担当者は、新規事業を邪魔なもの、驚異的なものと感じ、既存事業と新規事業の担当者間に対立が起きる場合がある。

　担当者間の対立を防ぐために、新規事業と既存事業は、組織的にも物理的にも分離することが必要だといわれている。大企業であれば、新規事業のために、既存事業とは別の物理的なスペースを用意し、専属の従業員を割り当てて、両者を分離することは比較的容易かもしれない。しかし、多くの中小企業にとって、このような組織の分断は、資金的にも人員的にも困難であろう。果たして組織を両利きにするために、既存事業と新規事業の分離は必要不可欠なのであろうか。

　本章では、先を行く経営者の知恵からヒントを得て、中小企業が組織を分断

することなく、従業員を巻き込むことにより、いかに組織を両利きにできるか、その方策を探る。

Ⅰ　従業員全員に両利きの経営の必要性を腹落ちさせる

　経営者が 1 人で両利きの経営をすると宣言しても、従業員が賛同して動かなければ、両利きの経営を実現することはできない。組織を両利きにするためには、従業員に両利きの経営が必要であることを腹落ちさせることが肝要である。

　上述のとおり、既存事業の担当者と新規事業の担当者は、求められるものの違いなどから、対立することが多い。対立が起きると、売上を上げている既存事業の方が力を持っているため、新規事業を潰されてしまいということが起こりがちである。しかし、従業員全員が、両利きの経営が必要であることを、きちんと理解していれば、両者の対立を防ぎ、相互に協力することが期待できる。

　もちろん、大企業であっても、両利きの経営をするにあたり、従業員の理解と協力が必要であるが、大企業と異なり、組織を分断して既存事業と新規事業の対立を防止することが困難な中小企業では、従業員に両利きの経営の必要性を十二分に伝え、腹落ちさせることがより重要なのである。

　従業員に腹落ちさせるためには、両利きの経営が必要な論拠を示し、納得のいく説明をしなければならない。それには、まず、経営者が現状を踏まえて戦略的意図を明確にし、新規事業の方向性を確立し、従業員に既存事業を維持発展（深化）させつつ、新規事業を開拓（探索）していくという構想を的確に伝えることである。従業員が、企業の発展のために、両利きの経営が必要だということがわかれば、既存事業の担当者は新規事業の探索が脅威ではなく、チャンスであるということを理解し納得できるようになる。

　（事例）
　ここで、富士フイルム株式会社（東京都港区、従業員 4,655 名、資本金

400億円）の例を紹介する。1980年代後半からデジタル化の波に押され、写真フィルムの需要が激減し、経営危機に陥った富士フイルムは、組織を両利きにして、みごとに再生した。

当時の代表者古森重隆氏は、その著書『魂の経営』の中で、企業が有事に直面したときになすべきことは、現状と先を読み、具体的な作戦やプランを構想し、強い意志を組織の隅々まで伝え、実行することだと述べている。

経営改革をするにあたり、従業員の士気を高め、使命感を持たせるには、経営者からの情報発信が極めて重要である。古森氏は、年4回発行の社内報のほか、自ら本社や主要な工場、研究所に出向いて説明会やスピーチをしたり、小規模な現場ミーティングや個別の面談を行ったりするなどして、何度も繰り返し、経営改革の明確な作戦とゴールについて説明したという。このようにきめ細かい説明を繰り返したことにより、従業員は納得し、安心してそのゴールに向かって頑張ることができたのである[1]。

Ⅱ　危機的状況では腹落ちさせやすいが、本業がうまくいっているときは難しい

経営者は、現在、いかに企業の業績がよくても、来るべき危機を予測し、それに備えておくことが必要である。特に、加速度的に市場が変容する現代では、うまく回っている事業が、いつ何どき、市場にそっぽを向かれ大打撃を受けるともわからない。絶頂のときにこそ、来るべき危機への備えとして、両利きの経営にシフトしておくべきである。

しかし、企業が危機的状況にないとき、本業がうまくいっているとき、両利きの経営にシフトすることには抵抗がつきものである。従業員にしてみれば、なぜ儲かっている事業があるのに、わざわざ当たるかもわからない新規事業に手を出す必要があるのかという疑問が沸いて当然である。

1　『魂の経営』古森重隆（東洋経済新報社　2013年）113頁、135頁

（事例）

　富士フイルムの古森氏によると、同氏の代表就任からさかのぼること15年余り前の1980年代、当時、日本経済がバブル経済による繁栄を謳歌しており、写真フィルムの需要も大きく拡大して、富士フイルムの経営は絶好調であった。社内では、インクジェットや光ディスクといった新規事業が芽を出しつつあったが、当時の富士フイルムの経営陣は、これら新規事業への投資をやめてしまうのである。というのも、目の前に収益性の高い事業があるときに、余計なことをすべきではないという判断であった。

　しかし、当時、既にデジタルカメラの出現により写真フィルム事業縮小の脅威は、見え隠れしていた。それにもかかわらず、社内には、写真フィルム事業はあと30年もつのではないかという楽観論があり、デジタル化の脅威という現実を冷静に見ることを回避してしまった。ところが、デジタル化による写真フィルム事業縮小の波は経営陣の予想をはるかに超えて早くやってきて、写真フィルムに大きく依存していた富士フイルムは、たちまち、経営危機に陥ってしまった[2]。

　大企業の経営陣ですら、この程度であるから、中小企業の従業員となれば、何をかいわんやである。

　既存事業が危機的状況にあるときは、新規事業の必要性を理解しやすい。従業員は、わらにでもすがる思いで、それが成功するかどうかわからなくても、とりあえずやってみるという気持ちになる。

　しかし、一般的に、変化は、自分たちが見知らぬ場所へ移動させられるものと捉えられ、人は、変化に対して、煩わしさや恐怖、不快や苦痛を感じ、変化を好まない。たとえ現状に不満があったとしてもなお、変化に対しては、抵抗感を覚えるものである。そのため、平常時、既存事業がうまく回っているときに従業員の納得を得て、新規事業に打って出ることは難しい。

　平常時の方が、時間的にも資金的にも余裕があり、新規事業の探索には有利

2　『魂の経営』古森重隆（東洋経済新報社　2013年）32頁

なはずなのであるが、今それを成すべきであるという認識がないと人は動かない。平常時に、従業員に両利きの経営の必要性を理解させ、既存事業と新規事業の対立を避け、両者を協働させるためにはどうすべきなのであろうか。

Ⅲ　従業員とともに共通の目標に向かって邁進する

【1】経営理念により既存事業と新規事業の結束と協働を引きだす

　本章の冒頭で述べたとおり、企業が変化の激しい現代を生き残るための手段として、両利きの経営が必要である。それでは、なぜ、企業は存続しなければならないのか。

　それは、経営理念の実現のためといえよう。経営理念は企業の根幹を成す憲法のようなものであり、企業の価値観や理想像を明文化し、企業が何のために存在し、何を目指しているのかを明確にするものである。いかに崇高な経営理念を掲げていても、潰れてしまっては元も子もない。企業が経営理念を実現するための、大前提として存続し続けることが必要なのである。

　従業員に、両利きの経営の必要性を理解してもらうためには、その先にある経営理念の実現という目的をしっかりと見据えてもらうことが先決である。経

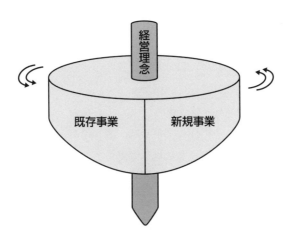

営理念を確立し、既存事業の従業員も新規事業の従業員も経営理念の実現という同じ１つの大きな目標に向かっており、そのために両利きの経営が必要だということがわかれば、両者は相互に邪魔や脅威と考えることをやめ、協力しあうことが必要なことに気づくことができる。

　経営理念とは、いわば、独楽の芯のようなものである。経営理念により企業の目指すところを明らかにし、それを共有することにより、経営理念に引き寄せられて従業員間に強い結束が生まれる。そして、経営理念が従業員に浸透していれば、１本芯が通り、経営理念を軸として既存事業と新規事業の従業員が協働し、企業は安定してブレずに回転し続けることができるのである。

（事例）

　日本茶の包装袋の生産で日本一、デジタル印刷の軟包装で世界一を誇る株式会社吉村（東京都品川区、従業員 227 名、資本金 9,100 万円）の代表者橋本久美子氏は、「サンタクロースって理念がなければ、単なる過酷な深夜宅配だよね。崇高な理念がなければやっていけない」と語る。確かに、何が楽しくて、サンタクロースは、極寒の真冬の真夜中に、暖房もない吹きさらしのそりに乗って飛び回り、泥棒と間違われそうな危険な方法で子どもたちにプレゼントを届けて回らなければならないのか。「子どもたちに夢を届ける、子どもたちを笑顔にする」という理念があって初めて、サンタクロースの存在価値が認められ、その行為が報われる。

　吉村は、1982 年に創業し、高度成長の流れに乗って成功したが、バブル崩壊後、ペットボトル飲料の登場とコーヒーの台頭により日本茶の茶葉消費が激減し、売上が低迷した。2005 年、先代から橋本氏は「明日のメシ担当」、現副社長の吉村鉄也氏は「今日のメシ担当」に指名され、先代は会長に退き世代交代した。吉村では、事業承継とともに新規事業と既存事業の責任者を分け、両利きの経営が始まり、みごとに経営危機を脱し、業績を伸ばしている。

　吉村では、企業全体の経営理念はもちろんのこと、各部署や各プロジェクト、そして「みたらしちゃん」というマスコットキャラクターに至るま

で、それぞれ全体の経営理念を自分たちに合わせて具体化した理念を持っ
ているという。これにより、ブレない経営ができるようになったそうであ
る。ちなみにマスコットキャラクターまでもが理念を持つことになったの
は、お茶屋の看板ネコである「みたらしちゃん」をコーヒー関連に使わせ
てほしいという依頼を受けたのがきっかけだったそうだ。この要請を受け
容れるか否かについては、社内に賛否両論があり、侃々諤々の議論の結
果、「みたらしちゃん」は日本茶以外に使うことを許諾すべきではないと
の結論に達した。そのとき、「みたらしちゃん」に明確な理念があれば、
そもそもこのような議論は必要なかったとの反省から、理念を作るに至っ
たとのことである。

【2】経営者の情熱を込めた壮大な経営理念が企業を発展させる

　企業が、大きな目標を掲げていれば、従業員のモチベーションもそれに合わ
せて高くなるものである。経営理念が認識されているのと、いないのとでは、

従業員の仕事のやり方も気持ちの入れようも違ってくる。

　いい例として、イソップ物語に、「3 人のレンガ職人」という話がある。旅人が 3 人のレンガ職人に何をしているのかと尋ねる。1 人目のレンガ職人は、「レンガを積んでいるんだ」と答え、仕事に対する不満をぶちまける。2 人目は、「この仕事で家族を養っている」と感謝を込めて答える。最後の 1 人は「歴史に残る偉大な大聖堂を建設している」と生き生きとした表情で答える。このように、同じことをやっていても、その目的によって、従業員のモチベーションは上がりもするし、下がりもする。

（事例）

　京セラ株式会社（京都府京都市伏見区、グループ従業員 78,490 名、資本金 1,157 億 300 万円）の創業者である稲盛和夫氏は、その著書『従業員をやる気にさせる 7 つのカギ』の中で、ビジョンを高く掲げることが重要であるということを説いている。

　稲盛氏は、京セラがまだ中小零細企業であったときから、「世界のエレクトロニクス産業の発展のために不可欠な製品を供給することで、世界で一番の企業にしよう」と、従業員に対して夢を語り鼓舞し続けたそうだ。そうすると、初めは半信半疑だった従業員も夢を信じるようになったという。

　また、稲盛氏は、経営理念は、私利私欲を離れ、大義名分があり、公明正大ものでなければならないとも述べている。「人類、社会の進歩発展に貢献すること」、「国民のために電気通信料金を安くしよう」、「エネルギー問題や地球環境問題に貢献する」など、社会や国民、環境保護に貢献するとの公的な目標を掲げ、それを従業員と共有したことにより、京セラの本体しかり、太陽光発電事業や別会社として手掛けた第二電電株式会社（現在の KDDI 株式会社）も成功に導くことができたという[3]。

3　『稲盛和夫の経営問答　従業員をやる気にさせる 7 つのカギ』稲森和夫（日本経済新聞出版社　2014 年）20 頁

このように経営者の情熱を込めた壮大な経営理念が従業員のモチベーション
を上げ、企業を発展させるのである。

経営理念が企業の存亡や繁栄の鍵になるといっても過言ではない。大義名分
のある企業理念には、「障害を取り除く力」と「人を動かす力」があるといわ
れている。また、情熱のこもった経営理念には「ルーティンワークに特別な意
味をもたせ、つまらない日常をかけがえのない日々に変える力」がある。経営
者が情熱を持って夢を語り、何としてでもやり遂げるという思いで経営にあ
たっていれば、その情熱が従業員にも伝染し、その思いに共感し、自らもワク
ワクしながら、仕事に邁進してくれるのである。

そして、経営理念により、従業員が自分の仕事が社会貢献につながってい
る、社会の役に立っているということが実感できると、この企業を存続させ、
ますます発展させたいという気概が生まれ、そのために両利きの経営が必要だ
ということも理解できるようになる。

【3】経営理念をつくる前に、フィロソフィを確立する

稲盛氏は、経営理念をつくる前に、そもそも、「企業とは何か」を考えなけ
ればならないと述べている。もともと、企業というものは、生命や意識のない
無生物であり、そこに経営者の人格や、考えや思いを注入することにより初め
て生命が宿り意識が吹き込まれるという。経営者には、自分は何のために生
き、どのような生き方をするのか、何のために企業を経営するのか、その企業
により、どのように社会に貢献するのかという思い、すなわちフィロソフィを
持つことが必要である。

（事例）
稲盛氏は、会長として、日本航空株式会社（JAL）の再建にあたったと
き、JALでは、経営破綻した企業なりの雰囲気や意識を全従業員が持っ
ていると感じたという。そこで、稲盛氏は、「JALフィロソフィ」をつ
くって、幹部を初め末端の従業員に至るまで徹底して伝えた。従業員が

「JAL フィロソフィ」に共感し始めると、従業員の意識が変わり、モチベーションが高まり、自ら考え経営に参画するようになり、業績が V 字回復していったそうだ。

　両利きの経営に限らず、広く経営というものは、従業員の心をまとめられるか否かにより明暗がわかれる。

　従業員の意識を変えるには、まず、経営者が変わらなければならない。経営者が成長すれば、企業も必ず発展すると稲盛氏は語る。経営者が、フィロソフィを持って、実直に、私利私欲を捨て、人間性を高める努力をし、それを従業員に繰り返し伝えることが必要である。そうすることにより、従業員の信頼を勝ち取り、尊敬されるようになり、従業員の意識を変え、従業員の心をまとめることができるのである。

　もし、何をフィロソフィにすればよいかわからなければ、はじめは、ものの本からとってきてもいいし、先人のフィロソフィを借用してもよい。それを繰り返し読み、その意義について考えることだ。そうしているうちに、自分自身のフィロソフィが確立してくるはずである[4]。

　また、従業員とともに繰り返し繰り返し確認することにより、従業員もフィロソフィをより深く理解するようになり、自分たちの力で企業を発展させられるようになる。

（事例）
　稲盛氏を師として仰ぐセドナグローバル株式会社（東京都中央区、従業員 8 名、資本金 5,000 万円）の代表者宮下美智子氏は、73 項目にわたる「セドナフィロソフィ」を作成し、毎週、1 項目を取り上げて、従業員と勉強会を開き、意見交換をしているという。何年間にもわたり繰り返しているため、既に、何周も回っているのだが、毎回、新しい発見があるとい

4　『稲盛和夫の経営問答　従業員をやる気にさせる 7 つのカギ』稲森和夫（日本経済新聞出版社 2014 年）33 頁、192 頁

う。そして、最初は、宮下氏から従業員に教えることが多かったのが、最近では、従業員から教えられることも増えたそうだ。従業員が成長した証である。

【4】従業員を巻き込んで経営者のフィロソフィを反映した経営理念をつくる

　経営者のフィロソフィが確立したら、それを反映して経営理念をつくる。経営者が1人で経営理念をつくってもよいが、従業員とともにつくると、そのプロセスを通じて従業員の理解が深まり意識改革につながるという利点がある。自社が何のために存在し、何を目指していくのか、最も大切にすべきことは何か、社会から何を求められているのか、将来どんな企業になっていたいのかなどを従業員と時間をかけじっくり話し合うことで、徐々に従業員の意識が変わっていく。その中で、共通の価値観を見出し、企業の理想像を描いていくのだ。

　このとき注意しなければならないのは、従業員に任せっきりにしないということである。経営者がフィロソフィをかみ砕いて伝え、従業員に正しく理解してもらい、それを経営理念に反映させることが肝要である。

　この決定プロセスに従業員全員が参加することが望ましい。しかし、それが難しい場合には、総務・経理を含むあらゆる部署から横断的に、そして、新人からベテラン従業員・取締役まで広い層からまんべんなく代表を集めてチームを作り、協議・決定するということでもよいだろう。

【5】行動指針の作成

　経営理念ができたら、次は、それを具体化した行動指針の作成である。同じ経営理念を見ても、バックグラウンドの異なる従業員は、それぞれ違った解釈をするものである。そこで、経営理念を正しく実現するために、何をしなければならず、何をしてはいけないのか、最優先される事項は何かということを具

体的に言語化する必要がある。これが行動指針であり、いわば、理想の従業員像を描いたものである。行動指針があれば、従業員は、経営理念を実現するために、自分がどのようなポジションで関与すればよいかがわかるようになる。行動指針に両利きの経営に必要な、既存事業と新規事業の協働といった要素を入れ込んでおけば、経営理念に沿った両利きの組織の構築につなげられる。

【6】従業員に経営理念・行動指針を浸透させ、 同じ方向に突き進む

　経営理念と行動指針をつくったら、今度は、従業員にこれを浸透させる必要がある。そのためには、まず、経営者が有言実行することである。

　経営者は、組織を変えたいと思ったら、まず、自分自身の行動を変えなければならない。経営者が率先して、行動指針に従って行動し、経営理念の実現に努力すれば、従業員は、その姿を見て、感化され、自分もその一翼を担いたいと思うようになる。経営理念の実現を自分ごととして捉え、そのために必要な両利きの経営に積極的に関与してくれるようになるのである。

　また、経営者には、経営理念・行動指針に則った経営をすることと同時に、これと矛盾することは、たとえ利益につながることでもやらないという英断も求められる。経営者は一度決めたら、それを貫き通すという覚悟を持たなければならない。

　そして、従業員が経営理念に共感し、深く積極的にかかわることにより、企業における自分の存在意義を感じ、自分が企業を両利きに変えていくという強い気概を持つようにもっていくことが重要である。そうすれば、企業と従業員の目的と価値観が重なり合うようになり、既存事業と新規事業の担当従業員が同じ方向を向いて突き進むことができるようになる。

　そのためには、経営理念と行動指針を従業員にわかりやすく伝えることが求められる。常に聞き手の立場に立ち、従業員の知識レベル合わせて、わかりやすい言葉で伝えることが重要である。また、抽象論だけではなく、具体的な例や経験を交えて話すことでも理解が進む。さらに、肝心なのは、経営者が、自

分の言葉で、感情を込めて話すことで、従業員の心に訴えかけることである。

一方的に話すのではなく、対話を重視するのも一案である。経営者が教えるのではなく、従業員に問いかけることより、従業員が自らの力で考え、答えを出すように導くという方法も効果的である。

伝える媒体は、印刷媒体、社内ポータルサイト、Eメール、SNS、従業員研修、個別面談、各種会議、社内イベント、朝礼など、様々なものが考えられる。

（事例）

1980年代後半から1990年代にかけて、大胆なアイディアで構造改革を推し進めた、米国の老舗オートバイメーカーのハーレーダビッドソン社（アメリカ合衆国ウィスコンシン州、資本金1,533,149米ドル（Common stock、Additional paid-in-capital））では、従業員に対する情報発信手段として、ニュースレターや社内の食堂や休憩室で流すビデオを取り入れているという[5]。また、前出の吉村も壁新聞を発行しているという。

意外なことに、両社が採用したのは、どちらも目新しいものではない。斬新な方法が功を奏する場合もあるが、情報を企業の隅々まで浸透させるには、このようなオーソドックスな方法もまだ捨てたものではない。

同じメッセージを媒体やチャネルを変え、何度も発信することで、できるだけ多くの従業員の心に届くように工夫することが必要である。もし、10回言ってダメなら、20回、それでもダメなら、50回でも100回でも、納得してもらうまで、決してあきらめずに説得すべきである。企業によって、その文化や組織形態、職場環境、従業員の性格や職種などが異なるので、どんな取り組みがしっくりくるのかは、それぞれの企業よって異なるであろう。どのやり方が正解というものはない。自社の文化や従業員の性格、職場環境などを考慮し、企

---

5 『ハーレーダビッドソン経営再生への道』リッチ・ティアリンク、リー・オズリー（翔泳社 2001年）258頁

業理念を浸透させるために有効と思われる方策を考えて、次から次へと地道に実践していくことが重要である。繰り返していくうちに、自社にあった方法がきっと見つかるはずだ。

【7】 自社に合う従業員の採用・評価

　自社に合う人を採用するには、経営理念に共感できるかどうかが重要な基準となる。いくら高い技術を持っていても、学業で優秀な成績を収めていても、経営理念に共感できない人は自社への適性がないとみるべきである。

　例えば、採用面接で、誘導尋問をしてみて、それでも経営理念の方向に話が進まないようであれば、共感が得られる可能性は低い。

　また、経営理念を伝えてみて、「それでも大丈夫か」という質問に対し、「そういう企業で働きたい」という前向きの回答をするか、「それでもよい」というような消極的な回答をするかによって判断してもよいだろう。

　さらに、事前に企業の情報を調べてきているか否かを、聞いてみることも一案である。この質問により候補者が自分に合う会社という視点で就職先を探しているか、自社のどの点に共感して応募してきたかなどがわかるからである。

　従業員を採用したら、真っ先に、経営理念と行動指針を示し、何か問題があるときには、常に経営理念に基づいて考え、解決策を導き出すよう指導することである。そして、従業員の意見や行動を観察し、経営理念や行動指針にそぐわない振る舞いがあった場合にはその場で注意し、指導していくことが必要である。

　人事評価では、経営理念に基づいて判断し、行動指針に則って行動している従業員を高く評価する。経営理念と行動指針と、人事評価制度とを連動させるのである。そうすると経営理念に共感する従業員とそうでない従業員が明確になる。経営理念に共感できず、その企業に合わない従業員は居心地が悪くなり、いずれ辞めていく。

　それは、企業にとっても、辞める従業員にとっても好ましいことである。企業としては、適性のある従業員だけが残り、経営理念に基づいた経営がしやす

くなる。従業員にとっても、自分が求められていない場所で働くことは苦痛で
あろう。

Ⅳ　従業員に経営者マインドを持ってもらい、意欲的に経営に参画してもらう

　両利きの経営の必要性を従業員に腹落ちさせるのと同じくらい重要なのは、
従業員に経営者マインドを持ってもらうことである。

　京セラの稲盛氏は、従業員を「パートナー」として迎え入れ、経営者と従業
員が同じレベルで経営を考え、企業の発展に協力できるような関係を構築する
ことが必要だという[6]。もちろん、経営者と従業員は、使用者と労働者という
関係であり、経営者は、給与を支払い、従業員を養うという立場にある。従業
員は、最低限、与えられた仕事をこなしていれば、給与をもらえる。この視点
からみると、経営者は従業員よりも上に立つようにも思える。

　しかし、従業員の協力なくして経営することはできない。従業員に積極的に
経営に関わってもらうことにより、経営が成り立ち、企業は力を発揮できる。
従業員が経営者マインドを持って、率先して自主的に両利きの経営を進めてく
れれば、鬼に金棒である。ここでは、そのための環境づくりについて考えてみ
たい。

【1】 ピラミッド型から全員参加型の経営へ

　従業員に経営者マインドを持って最大限の力を発揮してもらうためには、企
業の構造を最適にしておく必要がある。市場が複雑になり、需要の変化のス
ピードが速く、競争の激しい時代においては、全員参加型の組織にして、英知
を結集し、イノベーションを起こしていくことが生き残りの1つの方法である。

6　『稲盛和夫の経営問答　従業員をやる気にさせる7つのカギ』稲森和夫（日本経済新聞出版社
2014年）12頁

　経営者は所詮1人の人間であり、完璧ではなく、当然のことながら盲点がある。経営者1人で考えるよりも、多様な視点でものごとをみて、情報を入手できるようにすることが重要である。従業員全員にアンテナを立ててもらい、多様なチャネルで飛び交う多くの情報から必要な情報をキャッチしてもらうのである。

　実際に仕事をする、顧客に近いところにいる従業員を巻き込むことにより、実務に直結したアイディアが出てくるという期待も大きい。

⑴　ピラミッド型

　ピラミッド型の組織は、指揮管理型ともいわれ、上命下服で、従業員が上司の指示どおりに行動するので、迅速な対応が可能である。特に、スピードが求められる危機的な状況ではそれ以外に方法がないこともあり得る。

　しかし、トップダウンによる指揮管理を行っていると、上司の命令が絶対的なものとなり、上司だけに責任が集中してしまう。従業員は、命令に従うというスタンスで、上司のために働き、仕事を他人ごととして捉え、責任感を持たず、単に、指示された狭い範囲の業務をこなすだけになりがちである。そして、従業員が自分の業務範囲を超えて広い視野を持って考えようとしないため、企業全体のことや他の部署のことに関心を持たなくなる。そうなってしまうと、両利きの経営で必要とする既存事業と新規事業の協働は期待できない。

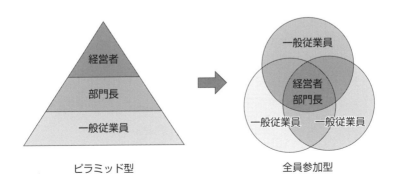

ピラミッド型　　　　　　　　　　全員参加型

(2) 全員参加型

これに対し、全員参加型の組織は、フラットな組織であり、上司が指示をしなくても、従業員が自分で考え、問題提起し、様々なアイディアが創出されるようになる。従業員は、自分の力が企業の役に立つことを自覚すると、積極的に組織に協力するようになり、企業への帰属意識が高まる。それにより、自分の部署の利益だけでなく、企業全体の利益を考えるようになり、既存事業と新規事業は、全体の利益のために協働するようになる。

（事例）

前出のハーレーダビッドソン社は、経営危機に際し、ピラミッド型から全員参加型の経営にシフトすることにより、生き残りに成功した。ハーレーダビッドソンでは、業務単位のメンバー全員で業務の内容から戦略の詳細な部分までのプロセスをつくり、その展開方法や作業計画を練り、その遂行方法を決める。それだけでなく、担当する従業員の評価方法までを全員で決めるという。

これを、個々の従業員の側から見ると、まず、企業を形作っているのは自分たちであるという意識が芽生え、モチベーションが上がる[7]。

そして、前出の吉村では、プロジェクトを立ち上げたら、チームに入りたい人が立候補して参加できるようにしているという。また、年に一度の来期の目標を決める会議に、「自らマインド枠」という、参加したい従業員が参加できる枠を設け、意思決定に関与できるよう門戸を開いているという。それにより、従業員から自由闊達なアイディアが出てくるようになったそうだ。

橋本氏曰く、上からの命令でやらされると感じれば、従業員のモチベーションは上がらない。従業員が自分で決めることが大事である。

---

7 『ハーレーダビッドソン経営再生への道』リッチ・ティアリンク、リー・オズリー（翔泳社 2001年）150頁

　次に、株式会社アウム（東京都杉並区、従業員30名、資本金1,000万円）は、バブル崩壊による経営危機をきっかけに、既存事業の住宅のリフォーム・インテリア物販事業に加え、浄水器販売事業に進出した。このように両利きの経営を実践し、みごと、経営危機を乗り切り、現在、両事業を二軸として定着させている。

　代表者の寺島槙律奈氏によると、アウムでは、毎月、全従業員が担当業務に関する情報と会社に対する改善点の提案を記載した「報告提案書」を作成し、全従業員の前で、1人ずつ発表するという取り組みを15年間にわたり続けているという。そして、年1回、いい提案を出した人や提案を多く出した人を表彰するという制度も設けている。

　従業員全員で情報共有することにより、ともすれば相互に無関心になりがちなリフォーム事業と浄水器事業との壁を取り払い、協働してもらうことが目的であるという。また、これにより、従業員が考える力をつけ、会社を変えようと努力するようになったという効果も出ているそうである。

(3)　全員参加型における経営者の役割

　ピラミッド型を脱却するといっても、従業員を全く自由に放任するのではない。従業員が暴走しそうになれば、それを抑えるのが経営者の役目である。従業員から出てきたアイディアを最大限尊重することにより、従業員が意欲をもって取り組めるようにするべきである。しかし、従業員の意見をすべからく取り入れるべきということではない。

　経営理念と行動指針に照らして、企業のためにならない、または害になるものは排除すべきである。経営者は、従業員の判断や行動を見守り、経営理念や行動指針に反する行為が見られる場合には、直ちに軌道修正しなければならない。

　また、経営者にしか決められないことについては、経営者が毅然として決定するというメリハリも必要である。

⑷　ピラミッド型から全員参加型へのシフト

　ピラミッド型から全員参加型にシフトする場合、最初から従業員に全員参加でやれと指示しても、経験がなく、どうしてよいかわからない。指揮管理型を脱却するからといって、なにも経営者がリーダーシップを発揮することを禁止するものではない。

　人は、変革がうまく進まないと、勝手がわかっている以前の状態に安易に後戻りする傾向にある。そうならないために、少なくとも、組織改革がうまく回りだすまでは、経営者が率先して進行し、形ができてきたら徐々に裏方の支援に回るようにするのがいいであろう。

　全員参加型へのシフトでは、従業員全員が責任者であることを自覚し、自由意思で参加できるような風土を形成していくことが求められる。また、他の従業員の挑戦を奨励し、失敗を許容する文化も重要である。といっても、失敗をほったらかしにするというわけではない。失敗の原因を検証し、認識させ、同じ失敗を繰り返さないようにすることは必要である。

　ここで重要なのは、この失敗の振り返りが失敗に対するペナルティーと捉えられないように十分に配慮することである。もし、失敗に対してペナルティーを課されるとしたら、従業員は失敗を恐れて萎縮してしまい、チャレンジしなくなってしまう。また、それよりも深刻な問題は、従業員が失敗をしてもそれをひた隠しにし、問題を拡大してしまうことである。

　（事例）

　作業着メーカーの株式会社ワークマン（群馬県伊勢崎市、従業員 332名、資本金 16 億 2,271 万 8,300 円）は、作業者の仕事着として開発した商品をアウトドアなどの用途で使うことを提案し、商品ラインナップは変更せずに、看板と売場レイアウトだけを変更して、顧客層を一般客に広げ、両利きの組織に変容した。

　同社の専務取締役である土屋哲雄氏は、その著書『ワークマン式「しない経営」』の中で、従業員が死に物狂いで頑張って目標を達成しても意味がないと述べている。また、個人の勘と経験に頼った属人的な経営は、他

人が真似することができず、持続性がないので危険だともいう。誰かひとりの突出した才能や努力に頼るのではなく、仕事を標準化し、誰がやっても同じ結果が出せるようにすることが市場で勝ち続けられる秘訣なのである。

　ワークマンを全員参加型にするために、土屋氏が取り入れたのは、データ活用による経営である。敢えてシンプルな設計にすることにより、誰でも簡単に操作でき、全員がデータ活用経営に参加できるようにした。勘と経験に頼って経営している場合は、経験豊富な上司に部下はなかなか物が申せない。しかし、データの裏付けがあると、従業員が上司に対しても意見が言えるようになるのである。

　もっとも、せっかく従業員がデータ分析結果を根拠に意見を出しても、それを上司が否定してしまっては、うまくいかない。そこで土屋氏は、間違いに気がついたときに意見を変えることができる上司が能力が高い上司であると定義して、下からの意見を取り入れやすくしたという[8]。

　このように、全員参加型の組織では、従業員が自由闊達に意見を出し合い、失敗を恐れずに、チャレンジして、積極的に経営に参画する。それにより、従業員は、自分が責任者であることを自覚し、経営者マインドを持つようになるのである。

【2】従業員にオーナー（株主）意識を持たせる

　従業員が相互に関心を持つようになると協働するようになる。組織を両利きにしていくためには、従業員に、自分の担当する部署や仕事だけではなく、企業全体に関心を持ってもらうことが必要である。既存事業の担当者には新規事業に、新規事業の担当者には既存事業に関心を持たせるということである。

8　『ワークマン式「しない経営」─4000 億円の空白市場を切り拓いた秘密』土屋哲雄（ダイヤモンド社　2020 年）115 頁、178 頁

　例えば、車を所有すれば、車のことが気になるように、株式を保有すれば、その企業のことを気にかけ大事にし、自分の行動に責任を持つようになる。従業員全員が企業のオーナーであるという意識をもつことで、企業を守るという共通の価値観が生まれ、相互に関心を持つようになり、共通の利益のために協働するようになる。共通の利益があれば、自分の担当以外のことについても、積極的に参加するようになるのである。

　（事例）

　　イギリスの広告代理店セントルークス社（英国ロンドン）の元会長アンディ・ロウ氏によれば、上下の関係をつくらず、協働体制をつくるために、セントルークス社は、経営幹部から受付係に至るまで、全従業員に株式を均等に配分するという方式をとっているという（Qualifying Employee Share Ownership Trust, QUESOT）。毎年、前年度に同社にいた従業員全員に対して同じ比率で株式が分配される。当然、配当も均等である。正真正銘、従業員全員をセントルークス社のオーナーにしているのである。

　　全従業員をオーナーにした結果、セントルークス社では、全従業員が高いレベルの責任感と情熱を持って業務に当たるようになり、相互の信頼が深まり、結束がより強固になったという。

　　そして、全従業員がオーナーとなることで、仕事は自由で楽しいものだと感じ、企業を「自分たちを豊かにし満足させてくれるもの」に作り上げようという姿勢で仕事に取り組むようになったそうである[9]。

　ロウ氏は、7年間、売り主にロイヤルティを支払うことを条件に、セントルークス社をたった1ポンドで買収することができたので、当時35人いた従業員全員に株式を割り当てることができた。このような特殊な事情がない限

---

9 『全員参加型のオーナーシップ経営』アンディ・ロウ（ダイヤモンド社　2002年）125頁、189頁

り、一般的な企業では、セントルークス社を真似したくても真似できない。

　しかし、従業員全員にオーナー意識をもたらす方策はこれだけではない。

（事例）

　前出の吉村では、毎年、決算賞与として、経常利益の 25% を従業員に均等還元することを約束しているという。

　新規事業の探索を担当している企画推進部の中には、他の部門が決算賞与を増やすために、経費節減等の涙ぐましい努力をする中で、広告宣伝費や開発費を予算計上することについて、肩身が狭いと思っている者はいるようである。

　しかし、新規事業がいずれ均等還元の増額につながることを理解しているので、既存事業の担当者から新規事業に対する不満や反対は出たことはないそうだ。

　決算賞与というシステムを取り入れたことにより、従業員全員が吉村のオーナーと同様の位置づけとなり、既存事業と新規事業の担当者がオーナー意識を持ち、相互に相手を思いやる風土が形成されているのだろう。

　また、前出のワークマンの土屋氏は、改革を推し進めるため、「企業風土を変え、5 年後に従業員の年収 100 万円アップを実行する」と宣言したという。5 年後の大幅なベースアップをコミットする会社は稀有である。従業員は、土屋氏の異常な宣言を聞いて、土屋氏が本気でワークマンを変えようとしていることを悟り、自分もついていこうと思ったのだ[10]。

　注目すべきことは、売上に貢献した従業員だけを対象にするのではなく、全従業員のベースアップを宣言したことである。これにより、全従業員にオーナー意識を持たせ、ベースアップに向けて意欲的に取り組ませることができたのであろう。ワークマンでは、既に年収 100 万円アップは達

10　『ワークマン式「しない経営」―4000 億円の空白市場を切り拓いた秘密』土屋哲雄（ダイヤモンド社　2020 年）208 頁、281 頁

成ずみである。

　しかし、それに飽き足らず、従業員の年収が1,000万円台になるまで、役員の報酬は上げないと決めて、従業員のさらなる年収アップに取り組んでいるそうだ。

　さらに、2000年代初頭、売上の低迷していた石油ボイラーメーカーから、他社製品も扱うメーカー商社となり、両利きの経営を実現し、業績を伸ばしている長府工産株式会社（山口県下関市、従業員200名、資本金3億円）の例も参考になる。

　同社では、2017年から、入社2年目以降のフルタイム従業員と就業時間が6時間以上のパートタイム従業員に対し、1人当たり10万円分の自社株式200株（議決権はないが優先して配当が受けられる優先株）を無償で支給している。

　まだ、日が浅く従業員に「会社は自分のもの」という意識が浸透したとまではいえないが、従業員が経営は他人ごとではないという意識に変わり、モチベーションは高まっているという[11]。

　他にも、担当している個々の事業の損益ではなく、企業全体の業績に基づいて従業員の給与が決まるようにするとか、従業員にストックオプションを与えることによっても、オーナー意識を持ってもらうことができるであろう。

【3】 情報を公開して経営者マインドを育てる

　従業員に企業の情報を提供することにより、従業員に企業の実態を理解させるとともに、自分たちは任されているのだという自覚を持たせることは、経営者マインドを持たせるために効果的である。経営状況を共有することにより、従業員の協力が得られるようになり、また、従業員の成長も期待できる。

---

11 『社員の幸せを創る経営』神山典士（幻冬舎　2021年）184頁

　京セラの稲盛氏も吉村の橋本氏も、決算情報などの企業の情報を従業員に隠さず開示することにより、従業員に経営者意識やコスト意識を持ってもらうと口をそろえる。従業員にすべての数字を開示してしまうと、社内留保が難しくなるのではないかという懸念もあろう。

　しかし、企業の健全な経営のためには、社内留保が必要であることを丁寧に説明すれば、従業員の理解は得られるものである。それにより、いっそう経営者マインドが育つことも期待できる。

　もっとも、闇雲にありとあらゆる情報を提供するのでは、かえって逆効果である。情報が多すぎれば、従業員は、情報に溺れてしまい、有益な情報も含めすべての情報を無視するようになってしまう。情報過多は、情報を提供しないことと同じである。必要とする者に必要とされる適切な情報が届くよう、手間はかかるが、情報を選別したり、加工したり、解説をつけたりするという工夫をすることが大切である。

　例えば、従業員にコスト意識を持たせるためには、会社全体の製造コストの情報を渡すよりも、その従業員の担当する製品の製造コストの情報だけを渡した方がわかりやすいというようなことである。

V　まとめ

　以上みてきたように、両利きの経営を実践するためには、既存事業と新規事業とを分離することが望ましいが、中小企業では、物理的にも人員的にも困難な場合が多い。しかし、両利きの経営の必要性が従業員に浸透していれば、必ずしも、組織を分断しなくても、組織を両利きにすることは可能である。

　両利きの経営は、企業が危機に瀕したときに役立つものであるが、その準備は平常時から進めておくべきである。とはいえ、本業がうまくいっているときに、儲かるかもわからない余計なことをすることには抵抗が大きい。

　平常時に組織を両利きにして、危機に備えるためには、経営者がフィロソフィをもって経営に携わり、フィロソフィを反映した経営理念と行動指針を作成して、従業員に浸透させた上で、経営理念の実現のために両利きの経営が必

要なことを十分説明して、腹落ちしてもらうことが必要である。

　また、従業員に経営者マインドを持たせ、率先して両利きの経営を進めてもらうための環境づくりのための工夫も大切である。

（参考文献）
・『両利きの経営』チャールズ・A・オライリー、マイケル・L・タッシュマン（東洋経済新報社　2019年）
・『魂の経営』古森重隆（東洋経済新報社　2013年）
・『稲盛和夫の経営問答　従業員をやる気にさせる7つのカギ』稲本和夫（日本経済新聞出版社　2014年）
・『ハーレーダビットソン経営再生への道』リッチ・ティアリンク、リー・オズリー（翔泳社　2001年）
・『ワークマン式「しない経営」─4000億円の空白市場を切り拓いた秘密』土屋哲雄（ダイヤモンド社　2020年）
・『全員参加型のオーナーシップ経営』アンディ・ロウ（ダイヤモンド社　2002年）
・『社員の幸せを創る経営』神山典士（幻冬舎　2021年）
・『パートばかりの小さな会社が3億円を売り上げた秘密』野口莉加（同文舘出版　2021年）
・『コア・バリュー・リーダーシップ：組織を変えるリーダーは自己変革から始める』石塚しのぶ（PHPエディターズ・グループ　2019年）

第3章　中小企業の両利きをイノベーションから考える

小松　豊

　本章では、「両利きの経営」に述べられている「深化」と「探索」において、中小企業が実践できる可能性がどこにあるのかを探っていく。「深化」と「探索」とは企業経営上どのようなことを意味するのか、その中に中小企業が実現可能なことはあるのか、特にイノベーションの視点で「深化」、「探索」の両面からその可能性を見ていくことにする。「イノベーション」とは、「技術革新」と訳されることが多いが、ここでは、広い意味でこれまでになかった価値を創造することを意味しており、新しい技術を使った製品やサービスだけでなく、新しいビジネス・プロセスなども含んでいる。

I　中小企業が取り入れ可能な両利きとは

【1】深化において

　「深化」とは何を意味するのか。序章でも述べているが、イノベーションとの関係を考える上で最初に確認しておきたい。

　『両利きの経営』での「深化」は、一言でいうと、既存事業を深掘りし、改善を加えて磨きこんでいくことを指している。つまり、製造業でいうところの「カイゼン」のように、既存の事業をより良く改善し、生産性を高め、質の高い製品やサービスを提供することで安定した収益を得ていくことである。

　この「深化」においては、継続的な改善が前提となり、そこで必要なのは、それを評価すべき基準や報酬制度、改善された手法を実行するための機能的組

織に加え、バラツキを減らすための標準化やそれを支える成熟した組織である。こうした点を考慮すると、「深化」においては、その性格上、大企業が圧倒的に有利であることが理解できる。

　ある事業への取り組みが軌道に乗り始めると、その分野が成熟するに従って「深化」に偏っていく傾向がある。「深化」で結果を出すためには、標準化やプロセスにおける調整力が必要である。しかし、これらは、不確実だがチャンスかもしれないような場面でも消極的に対処するような結果をもたらしてしまう。そして、脅威に直面して変革が必要であっても、その強い調整力があるために、危機にさらされることになる。

　つまり、成功するほど「深化」に偏ってイノベーションが起らない状況になる。これは「サクセストラップ」または「コンピテンシートラップ」と呼ばれ、日本企業の多くがこの罠に陥っていると言われている。

　しかしここで注目すべきは、両利きの経営において、この「深化」は、後に述べる「探索」をする上で、重要な役割を果たすということにある。新規事業の立ち上げに成功するためには、既存の資産、組織をどれだけ生かせるかが肝になるからである。

図表 3-1　「知の探索」と「知の深化」とサクセストラップ[1]

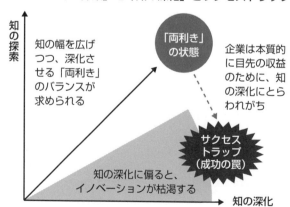

1　『両利きの経営』チャールズ・A・オライリー、マイケル・L・タッシュマン（東洋経済新報社 2020 年）8 頁

　この点だけを考えると、やはり資産も組織も充実している大企業が有利である。それでは、中小企業にとってチャンスはないのだろうか。この点について、Ⅱで述べていくこととする。

　また、イノベーションの戦略上、「深化」は「持続的イノベーション」に当たると考えられ[2]、また、「持続的イノベーション」は、「漸進型イノベーション」と「画期的イノベーション」に分類できるとされているが、この点についてもⅡで述べていくこととする。

【2】探索において

　次に、「探索」とは、既存の事業とは違う新たな未知の製品、技術、サービスを探し出すことを意味している。これは、新規事業を中心とした新たな分野への展開や新しいアイデアにつながるものを指していると言える。

　「探索」が主に新規事業を示すとすると、企業経営上は不確実なものに対する取り組みとなる。場合によっては、既存事業で得られる利益を損なってしまう可能性もあるという特性がある。

　既存事業に関わる者から見れば「疎ましい」存在であるが、将来的な成長を続けるならば、企業は「深化」を行いつつも、どこかのタイミングでこの「探索」に手を付けなければならない。では、「探索」を実施する上で必要となる条件は何か、特に中小企業での条件について述べていく。

　『両利きの経営』では、「深化」を行いつつ「探索」を行う場合の条件は、
　①　戦略的意図
　②　経営陣の関与・支援
　③　組織構造
　④　共通のアイデンティティ[3]
とあった。中小企業にとっては、①戦略的意図と④共通のアイデンティティに

　2　『日本のイノベーションのジレンマ　第2版』玉田俊平太（翔泳社　2020年）178頁
　3　『両利きの経営』チャールズ・A・オライリー、マイケル・L・タッシュマン（東洋経済新報社
　2020年）280頁

ついては、経営者自身が組織全体への明確なメッセージを発して、浸透するまでやり続けることに尽きるだろう。

　また、②経営陣の関与・支援で示していることは、経営陣が、「探索」を行う部門・部署に関与し監督・保護することである。すなわち、「探索」に必要な組織や資産を利用可能にし、周囲からつぶされることのないように配慮することである。

　組織の小さい中小企業においては、組織内の人的関係が近いために、この点は特に配慮が必要である。

　さらに、③組織構造は、「探索」にあたる部署が独立した組織として動くことができるように、「深化」事業から十分な距離を置き、かつ連携を取れるようにするという意味である。しかし、中小企業にとって、このような組織構造を作ることは難しいかもしれない。経営者が積極的に関わり、会議体を別にするなどの方法で独立性をアピールする方法も考えられるだろう。

　以上の条件を考えると、「深化」事業が順調なうちに「探索」事業をあわせて行うこと、これが『両利きの経営』の神髄だと言える。

Ⅱ　イノベーションの型と両利きの可能性

　『イノベーションのジレンマ』（＊）の著者であるクレイトン・クリステンセンは、企業の製品やサービスを取り巻く状況によって、イノベーションのタイプを「持続的イノベーション」と「破壊的イノベーション」の2つに分けた。この2つのイノベーションと、前述の「深化」、「探索」との関係、その中で中小企業におけるイノベーションの可能性について述べていくこととする。

　　（＊）「イノベーションのジレンマ」とは、企業が既存顧客のニーズに応えるために、新技術に積極的に投資し、製品やサービスの改良を重ねているうちに、新たに表れる破壊的技術（多くは性能、収益性共に既存製品よりも低い）に市場での優位性を奪われる現象を指している。これは、正しく経営をされている優良企業でこそ起こるとされている[4]。

4　『イノベーションのジレンマ　増補改訂版』クレイトン・クリステンセン（翔泳社　2020年）

【1】持続型イノベーション

　クレイトン・クリステンセンは、今ある製品・サービスを良くする、従来よりも優れた性能を実現して、更なる満足度向上を狙うタイプのイノベーションのことを「持続的イノベーション」と定義した。

　「持続的イノベーション」には、徐々に性能が向上する「漸進的イノベーション」と、急速に性能が向上する「画期的イノベーション」が存在するとされている。どちらも対象となるのは既存顧客であり、既存顧客が重視する性能の向上という点で両者の目的は一致している。

　この「持続的イノベーション」は『両利きの経営』においては「深化」の一部に当たると考えられるが、それは、次に述べる「破壊的イノベーション」で登場した製品でも同様に行われる。

　「持続的イノベーション」の事例としては、エアコンや冷蔵庫の省エネ化などがわかりやすい。ヒートポンプや断熱材の進歩で、省エネ性能は毎年向上しており、消費電力は格段に少なくなっている。

　また、意外な例として、Uber は海外ではタクシーに代わって大きくシェアを伸ばしているが、この Uber の形態も「持続的イノベーション」であるとされている。なぜなら、Uber は従来のタクシーのサービスレベルを下げるようなローエンド型ではなく、これまでのタクシーで課題と考えられていた点を解決し、さらに改良しようとしたものだからである。例えば、タクシーがなかなか捕まらない場所でも、利用者が自分で、スマホ1つで配車が可能であり、車種を選べる、ドライバーの確認ができるなどの点で、顧客の満足度を向上させている。つまり既存顧客のためのイノベーションであるためである。

　この「持続的イノベーション」のような形態のイノベーションは、既存企業、それも優良企業に分類される大企業の得意とするところである。これは「深化」の項で述べたことと同じ理由であるが、大企業にはブランド力を含めた信頼性、大資本による研究開発能力や技術の蓄積、幅広い販売網によるニーズ収集能力があるからである。

　では、ここに中小企業に可能な機会はないのか。「持続的イノベーション」

で中小企業が大企業にも劣らず、または大企業を越えて優位性を持てるとしたら、その組織力や資本力以外の点であろう。例えば、狙う市場がニッチであること、企業のユニークさなどが考えられる。市場がニッチである場合、大企業はその市場規模で得られる売上・収益が大企業の投資対象に当たらなければ、そこでは競合になりにくい。

『日本のイノベーションのジレンマ　第2版』玉田俊平太（翔泳社）で、著者は「メンタルモデル・イノベーション」という可能性を述べている[5]。

これは、破壊的イノベーションではなく、ハイエンドを目指す持続的イノベーションである。すなわち、製品やサービスを受けた顧客が感じる「メンタルモデル（認識）」を変化させることで、「客観的価値」でなく「主観的価値」を向上させる、というものである。

（事例1）

身近な事例としてポカリスエットをあげている。ポカリスエットはスポーツドリンクとして一定の売上を保っていたが、二日酔いでもポカリスエットが良い、というテレビコマーシャルがヒットし、そこで更に売上が伸びた。つまり、同じ製品であっても顧客の製品に対する「認識」が変わることで、更なる市場が開く可能性があるという事例である。

このように、既にある製品でも顧客の認識を変えるような別のアプローチがないか、という視点でメンタルモデル・イノベーションを捉えてみるのもよい。

（事例2）

別の事例として、スイスの高級時計メーカー「ブレゲ」について述べている。「腕時計」そのものがブレゲによるイノベーションで、ナポリ王妃のために制作を開始したとのことであるが、その顧客リストにはナポレオンをはじめとする著名人が名を連ねる。顧客にはブレゲの時計を購入する

5　『日本のイノベーションのジレンマ第2版』玉田俊平太（翔泳社　2020年）47頁・184頁

ことで、その顧客リストに載ることができることを囁くそうである。

　つまり、顧客にとってブレゲの腕時計は単なる時計ではなく、所有することで歴史上の人物と同じステイタスを持つという「認識」を生んでくれるものなのである。そこには、「メンタルモデル」を動かす歴史を含んだストーリーが存在する。製品、サービスを購入することで、その背景にあるストーリーに購入者自身が同調することになり、製品、サービスの性能だけではない満足感をもたらすのになる。これは、エルメスなど、その他歴史のあるブランドにおいても同様のものが存在する。ポカリスエットとは違う意味で「認識」を変化させる事例である。

　以上の事例のように、持続的イノベーションであっても、大企業に限らず中小企業においても市場・分野を特定し、アプローチを変えることでイノベーションを起こす機会があることがわかる。

【2】破壊的イノベーション

　企業が持続的イノベーションを続けていくうちに、技術革新のペースが市場の需要ペースを上回ることで市場を追い越してしまうことがある。すなわち、顧客が求めている以上の機能を持った製品、つまりオーバースペックの製品が市場に投入されてしまうことである。

　しかし、顧客が製品に求める性能には上限があり、製品のある性能がこの上限を上回ると、顧客はそれ以上の性能向上に価値を感じなくなる。スマートフォンやテレビにおいても、その機能を十分に使いこなしていると胸を張って言えないことからもわかるだろう。

　この時点から、持続的イノベーションとは異なる新たなイノベーションが発生する。これまでは性能が低すぎて魅力的に映らなかったが、新しい顧客にとって、使い勝手が良く安上がりな製品・サービスに人気が出てくるのである。これが「破壊的イノベーション」であり、『両利きの経営』においては、「探索」の一部に当たると思われる。

図表 3-2　破壊的イノベーションのモデル[6]

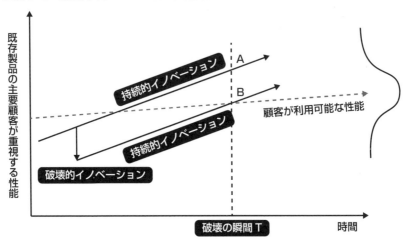

　ここでのイノベーションとは「新しい製品・サービス」のことであり、かならずしも「性能の向上」を意味していないということがポイントである。

　上記の図のように、破壊的イノベーションの性能は既存製品の顧客が求める性能を下回っており、このことが既存企業を油断させる要因となる。そして、破壊的イノベーションの性能が既存顧客の求める性能の需要曲線と交差したとき（破壊の瞬間 T）、顧客は一気に破壊的な製品・サービスに乗り移り、既存の製品・サービスは「破壊」されてしまう。既存企業にとっては、まさにここで「イノベーションのジレンマ」が発生するのである。

　「破壊的イノベーション」は、さらに2つのパターンに分類されており、1つは、これまでまったく製品・サービスを利用していなかった顧客を対象とした「新市場型破壊」と、もう1つは、既存製品の性能が過剰に進歩して中で、一部のローエンドの性能で満足する顧客を対象にした「ローエンド型破壊」である。

　どちらにも共通して言えることは、破壊的イノベーションが提供する製品・サービスは、シンプルで低価格であること、使い勝手の良さが魅力になってい

6　『日本のイノベーションのジレンマ　第2版』玉田俊平太（翔泳社　2020年）89頁

ることである。

　では、この「破壊的イノベーション」の特徴であるシンプルさ、低価格は、中小企業にとってのイノベーション、もしくは「探索」にどのように結びつけるとよいのだろうか。

　これは、多額の研究費や高度な知識をもった人材・組織を前提として改善を続けていく「持続的イノベーション」とは異なる。既にでき上がった製品・サービスを、これまでまったく利用したことのなかった顧客に提供していく、もしくは既存の商品から必要十分な機能以外をそぎ落とし、低価格で提供していくことである。このようなイノベーションは、中小企業にとっても可能なことなのではないか。以下、事例を見ていくことにする。

（事例1）

　1つ目の事例は、ニトリのオリジナル家電である。ニトリの電子レンジは、関東向け、関西向けの違いはあるが、概ね6,000円前後である。独身者が自分で食べる分を温めるだけの機能しかないが、1人暮らしを始める人にとっては、例えばオーブンの機能、食品ごとの時間設定機能などは付いていてもまず使わないだろう。つまり、必要十分でシンプルであり、低価格である。

　ニトリはもはや中小企業ではなく海外生産で徹底的なコスト削減を図っていることは周知であるが、その点を割り引いても中小企業にとってローエンド型破壊という意味では参考にできる事例と言える。

（事例2）

　2つ目の事例は、QBハウスのビジネスモデルである。通常の理髪店で行う、洗髪、カット、ひげそり、流し、トリートメント、セットという一連のサービスから、最初の洗髪、ひげそりをなくし、カットの後に流すのではなく掃除機のような機械で吸い取って終わる。洗髪とひげそりをしないことで水回りの設備が不要となり、スペースも小さく、開業資金が抑えられることに加え、1人当たりのサービス時間が10分程度と短縮され、

通常の理髪店のカット代が約3,000円から4,000円なのに対して1,200円でも（2021年12月29日現在）でも十分に利益の出るコスト体質となっている。

　理髪店には、1席しか置かずフルサービスを行う高級店や、「○○総理大臣も顧客であった」というような「メンタルモデル」を使った店舗もあるが、QBハウスは正に破壊的イノベーションの典型的なものと言える。このビジネスモデルは創業者である小西氏が思いついたものであるが、注目すべきは、小西氏が理容師でも美容師でもなく、理美容店舗の経営もしたことがない点である。

　どちらの事例も「ローエンド型破壊」であり、過剰に満足させられていた顧客に対し、必要十分な機能をはるかに安い価格で提供したことで顧客の支持を受けている。家電製品などは中小企業で取り組むのにはある程度の資源が必要であるが、アップルが汎用コンピューター全盛期に、ガレージからパーソナル・コンピューターの世界を切り開いたことを考えれば、決して無理なことではない。

　特に「破壊的イノベーション」の特徴である「シンプルな機能」に焦点を当てれば、既に市場にある製品で、顧客が過剰に満足させられている製品やサービスを「探索」し、そのニッチな市場に取り組むのには、高レベルな製品開発力がなくても可能であると考えられる。

　ここで必要となるのは、製品・サービスの開発力は元より、そのニッチな市場を「探索」できる視点・マーケティング力も大切な要素であり、時間をかけて「持続的イノベーション」で積みあげてきた性能やサービスレベルが、業界の外、ユーザー目線から見て過剰であればその過剰な部分をそぎ落としていく作業が必要になる。

　破壊的イノベーションの状況では、QBハウスの例のように、新規参入企業が市場に十分食い込める余地があることも、新規参入の動機になる。

　日本の大手企業の多くが市場のハイエンドまで達して行き場を失っている現在、中小企業にとって「ローエンド型破壊」のイノベーションをもとに機会を

「探索」するのによい時期と言えるのではないか。

Ⅲ　どこからイノベーションを生み出すか

　ここからは、イノベーションを実際に生み出す過程について、どこを源泉として生み出していくかを述べていく。

【1】企業内イノベーターから

　イノベーション活動について、米国では自社のイノベーションの一部をベンチャー企業に投資し、その成果を買い取るという流れもあるが、日本においては、自社内でのイノベーションを目指す企業が大半である。ここでは企業内でイノベーションをいかに起こすかを述べ、中小企業における可能性について触れていく。

　企業においてのイノベーションについては、(1)イノベーションを生む組織の在り方、(2)イノベーションを生むのに必要な人材の2点から述べていくことにする。

⑴　イノベーションを生む組織の在り方

　企業におけるイノベーションは、特定の個人だけの努力が実を結ぶものではなく、そこには組織を含めた企業側の体制が大切な要因となっている。『イノベーションの攻略書』(テンダイ・ヴィキ、ダン・トマ、エスター・ゴンス　翔泳社) では、いくつかの要素をあげているが、そのうちの一部を紹介する。

1）チーム競技

　イノベーションは偶然の出来事のように言われるが、それは自発的に起こすことができる。企業はその体制を意図的につくる必要がある。そのためには、専門性を持つ様々な部署のメンバーを巻き込むことが必要であり、ベル研究所では、その施設自体が、偶然のつながりを生むように、分野の違う人が近い場所で仕事をするように設計されている。ここでは、組織横断チームが必須であ

り、「縦割り組織の破壊」が必要である。

　また、少数精鋭チームを組織し、一定の独自性を持つことが必要である点は、『両利きの経営』の「探索」で述べられていた要素と一致している。この少数精鋭チームの単位は、アマゾンでは「ピザ2枚でメンバー全員が空腹を満たせる小規模チーム」と言われている。

　中小企業にとって部門を越えたチームを作る場合、経営レベルもしくは経営者そのものが関わる必要があり、最初は現場主導であっても、早い段階で経営側から関わることは重要なポイントとなる。

　また組織としては、事業部制を置ける規模の企業であれば、その方がイノベーションチームの構築や運営がやりやすく、メンバーが自分の部署に戻ったあとに居場所がなくなることを防げる。

2) 実践者のコミュニティ

　米国のシリコンバレーは、起業家が多く集まっていることが特徴のように見えるが、彼らは単に集まっているわけではなく、コミュニティにおいて深いレベルで人的交流をしている点は注目に値する。1) における社内の様々な人材との交流だけでなく、外部のコミュニティの中でも交流していることが様々なアイデアを生む土壌となっているのは想像できる。

　現在ではオンラインによる交流も盛んで、人的交流としては有効な方法となっている。この点、企業側としてできることには何があるだろうか。

　後述するが、イノベーターには「起業家精神」が必要との指摘のある中、イノベーションを創出することを期待する人材には、外部との交流をある程度自由にさせる環境も必要だろう。業界団体などでの集まりに限らず、異業種との交流、大学や各研究機関との交流、異なる地域での活動など、「違う」環境を与えることは重要である。この点は、中小企業にとっても、人材育成の観点からもできるところから手を付けたい。

3) 顧客の観察

　顧客への価値提供がイノベーションの価値であり、顧客ニーズを捉えるには、顧客とのコンタクトを持ち続けなければならない。そのためには、オフィスを離れ、生活スタイルを観察する機会を従業員には定期的に持たせる必要が

ある。

　そのような中から、アーリー・アダプター（最低限の機能や品質でプロトタイプでも喜んでお金を払う人）が見つかれば、そこには破壊的イノベーションの種がある可能性がある[7]。

⑵　イノベーションを生むのに必要な人材について

　イノベーションを生む体制を整える上で必要となる人材について、『リアル企業内イノベーター』（半田純一　日本経済新聞出版）では、企業内にイノベーションを起こすのに不可欠は「4枚のカード」を紹介している。4枚のカードとは以下のとおりである。

1）「アイデア創出」

　社内外から新しいアイデアを持ってくるのは、大企業であれば研究開発部門の人材であると思われるが、中小企業の場合は研究開発部門が無い場合も多い。この点、QBハウスの例のように、経営者個人からのアイデアが持ち込まれる例もある。

　実際にビジネスになるアイデアを生むためには、多くのアイデアを受け入れる企業側の土壌も必要である。アダム・グラントも「優れたアイデアに到達するための一番の方法は、大量のアイデアを生みだすことである」と言っている。

2）「主役」

　新しいアイデア、技術をビジネスモデルに翻訳して事業化する人材であり、企業内イノベーターとして主たる役割を果たす人が主役である。社内外から協力を取り付け、顧客の動向を踏まえて事業につなげていく役割であり、資質としては「起業家精神」と戦略眼も大切な要素となる。大企業であればベテランの技術開発者やプロジェクトリーダーがこれに当たると考えられる。

　この点、中小企業の場合は、部門長や「アイデア創出」の能力に長けた人材

　7　『イノベーションの攻略書』テンダイ・ヴィキ、ダン・トマ、エスター・ゴンス（翔泳社　2020年）172頁

がこれを行うことになると思われるが、現場に人材がいなければ、経営者が兼任する方法もある。

3)「脇役」

主役が事業化を進めていく中で、各フェーズで必要となる専門性をもって支える研究開発者やエンジニアが脇役である。名脇役となる前提条件は、「起業家精神」を持ち合わせていることだとされている。ここでの人材は、中小企業においても大企業と同様、研究開発者やエンジニアであり、社内で新規プロジェクトを進める上での知的な援護者の役割となる。これは、社外の人材である場合もあるだろう。

4)「ガーディアン（守護者）」

このイノベーションの試みを周囲から守り支援するのがガーディアンである。特に新規事業に対して既存事業から起こる否定的な意見を抑え、経営資源をイノベーションに振り分けて活動を支えるのである。

この役割については、『両利きの経営』の「探索」を行う条件の中にも再三にわたって出てきており、特に経営レベルの人材がこの重要な役割を担う必要がある。

中小企業にとっては、「脇役」以外の役割は、経営者自身がすべて担うことになるだろう。後述する外部資源の活用なども含めて、広く人材を求めることも必要となる[8]。

【2】外部資産との連携・活用から

イノベーションを含む新規事業開発は、顧客に求められる付加価値を持ち、かつ市場に合致するタイミングを測るために、スピードを持って行わなくてはならない。これを自社内だけで行うのは大企業にとっても容易ではなく、資源の少ない中小企業にとっては、外部の優れた経営資源を活用させてもらうことは大きな優位性を生むことになる。

8　『リアル企業内イノベーター』半田純一（日本経済新聞出版　2021年）159頁

　外部資源の活用には、大学や研究機関などへの委託研究、共同研究、同業・異業種企業とのアライアンス、M&A、などがある。その中で大学・研究機関の活用、M&A について事例と共に述べていく。

(1)　大学・研究機関の活用

　大学との連携に関する事例が『実践 中小企業の新規事業開発』（柳孝一、堀井朝運　中央経済社）に紹介されている。

（事例）

　タカノ株式会社（事務用椅子、ばね、エレクトロニクス関連用品の製造販売、長野県伊那郡、従業員 562 名、資本金 20 億 1,590 万円）が、町工場から上場企業へ飛躍する際に、大学との連携を行った過程である。

　中小企業が新規事業を行う際、特に下請企業にとっては、マーケティングや販売の経験もなく、技術開発に当たる人材や技術、資金もないのが実情である。そこで、タカノでは大学にアプローチし、派遣従業員の授業料を納めて共同研究を行った。

　大学へは、アプローチする前に先方の教授の研究テーマを良く調査・検討し、大学と企業の双方にメリットのある活用ができるかを確認することが大切である。その上で、中小企業はトップが大学を訪問することを勧めている。

　大学との契約が決まってからは、大学の窓口と教授とのコミュニケーションが大切であり、そのためにも委託研究などの際には研究グループの中に従業員を入れてもらうことで、従業員の人材教育もできる。加えて、従業員が望めば、大学で学位を取得させてもらう。

　そうしたことで大学との親密な関係が保たれ、新入従業員のリクルートにも役立つのである。

以下は、大学を活用するメリットをまとめたものである。

ここでは研究開発上のメリットだけでなく、新規事業のための人件費や設備

図表 3-3 大学を活用するメリット[9]

（研究開発上のメリット）

1	自社では達成し得ない国際的な水準での研究開発ができる
2	大学のインキュベーション施設を使用できる可能性がある
3	大学は特許関係も調査しているので、他人の特許侵害になる恐れが比較的に少ない
4	企業にとって大学から優秀な人材のリクルートに有利である
5	大学との共同研究や委託研究に、社員を大学にプロジェクトメンバーとして派遣することにより、新規事業開発と同時に人材育成ができる
6	大学と委託契約が完了後も継続的な関係が保てることにより、引き続きサポートが受けやすい
7	他の企業や教授の紹介があるので人脈が広がり、事業展開や開発に役立つ

（財務上のメリット）

8	大学への委託研究の支払いは手数料となるので、企業は利益が出ていれば損金処理でき、節税になり、開発費が下がる
9	企業は人を採用したり設備投資したりする必要は少なく固定費が上がらない。極端な例として、売上高に対する費用が全部比例費（変動費）だけで、売上高より変動費が少なければ、新規事業はスタート時から黒字になる可能性がある
10	研究開発投資が抑えられ無駄にならない

投資を節約できるというメリットもある。

　また、新規事業の技術評価をしてもらうにも大学の活用は非常に役立つ。技術だけでなく、経営管理やマーケティングを大学・研究機関へアウトソースすることも可能だろう。

　結果として「中小企業は大学を活用すべきである」と結論づけている。タカノでは、日本の大学数校と米国の大学数校と連携しながら新規事業を展開し、多くの成果を出しているとのことだ。

　また、政府からの資金援助である TLO（技術移転機関）の活用もある。ただし、法改正によって資金援助がなくなることがあるので、注意が必要ではある[10]。

9　『実践 中小企業の新規事業開発』柳孝一、堀井朝運（中央経済社 2007年）77頁より筆者加工
10　『実践 中小企業の新規事業開発』柳孝一、堀井朝運（中央経済社 2007年）86頁

⑵　**M&Aの活用**　（詳しくは第10章参照）

1）イノベーションとしてM＆Aを活用するメリット

　M&Aには様々な機能・効果があるが、ここではイノベーションとしてのM&Aに絞って述べていく。ここ数年中小企業庁では、経営者の高齢化に伴う事業承継の1つの方法としてのM&Aを推進してきた。しかし、新型コロナウイルス感染症の影響で、社会の変化に対応するためのM&Aに対する期待もより高まっていると言える。その理由は、コロナの影響を受けての事業の存続そのものへの危機感であり、コロナ禍での事業再構築の必要性を感じる経営者が増えているとも考えられる。

　ここではM&Aの主な目的の1つとして「新規ビジネスへの参入」が述べられている。つまり、イノベーションを目的としたM&Aでは、新規事業を立ち上げる人材・知財・ノウハウが自社にないことが問題となるが、自社でそ

図表3-4　M&Aを検討していた事業者（譲渡側）における感染症の影響[11]

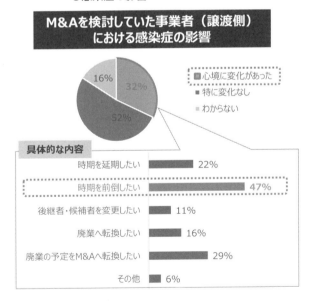

図表3-5　M&A による生産性向上等の波及経路の例[12]

M&Aによる生産性向上等の波及経路の例	
成長を促す要因 **（M&Aの主な目的）**	**M&Aグロースを選択する誘因** ・低成長経済下において「強化、拡大、参入、防衛」の有力な選択肢
①規模の拡大による 　コア事業の強化・拡大	同業買収によるシェアの拡大、市場支配力の強化、クリティカルマスの確保 経営資源の統廃合、仕入れ交渉力の強化等によるコスト削減 販売チャネルの相互活用、製品ラインナップの補完 ターゲット企業をライバルに買われないための防衛的買収
②垂直統合による 　コア事業の強化・拡大	既存仕入先買収等により仕入コスト削減や商品付加価値の向上 既存販売先買収等による販路拡大や情報収集力の強化 バリューチェーンの自社コントロール領域拡大によるリスクの軽減や収益機会の確保
③新規ビジネスへの参入	新しいビジネスモデルの獲得 自社にない人材、スキル・ノウハウ、知財、許認可等の確保 新たな企業文化の獲得・生成 不連続でスピーディな変革の実現
④成熟・衰退事業の再編	残存者利益の確保 右肩下がりの市場における生き残りの可能性追求 海外企業等の強力な新規参入者への対抗
⑤グループ内再編	事業ポートフォリオの組み換え（その準備を含む） ガバナンスの強化 経営効率の向上

れに取り組んでいると市場の変化についていけない、また、いわゆる「時間を
買う」ために、外部の経営資源を取込んだ方が早い、加えて、シナジー効果ま
で期待できる、などの理由で M&A が行われるとされる。

　総務省でも、『令和元年版　情報通信白書』の中で、オープン・イノベー
ションとしての M&A の重要性について取り上げている。そこでは、GAFA
について触れ、Google の持つ Android や You Tube など現在 Google の事業コ
アとなっている事業が、いずれも Google が買収したスタートアップ企業から
始まったことを述べている。

　いずれも現在世界を代表する企業となっているが、ここまで成長する過程で
数多くの企業を買収することで今に至っているのがわかる。米国という経営環
境も違う中での事例でありすべてを真似できるわけではないが、いずれも情報
ビジネスという側面からオープン・イノベーションとしての M&A が有効で
あるとしている。

12　「中小 M&A の意義」中小企業庁（令和3年3月5日）7頁

図表 3-6　GAFA によるこれまでの M&A の規模[13]

企業名	対象期間の社数			対象期間中の投資額	
	買収企業総数	買収企業のうち技術系合計数	買収企業のうち技術系合計数（買収金額判明分）	技術系企業の買収金額（買収金額判明分の企業のみ）	（参考推定値）技術系企業の総買収金額
Google（2001 年 2 月～2018 年 3 月）	224 社	207 社	（57 社）	約 309 億米ドル 57 社合計	（約 830 億米ドル）平均買収額計算時に Motorda を除外
Apple（1988 年 2 月～2018 年 3 月）	104 社	97 社	（40 社）	約 84 億米ドル 40 社合計	（約 163 億米ドル）平均買収額計算時に BeatsElec を除外
Facebook（2007 年 7 月～2018 年 1 月）	74 社	66 社	（14 社）	約 230 億米ドル 14 社合計	（約 388 億米ドル）平均買収額計算時に WhatsApp を除外
Amazon.com（1998 年 8 月～2018 年 2 月）	97 社	47 社	（16 社）	約 50 億米ドル 16 社合計	（約 147 億米ドル）

※各社初めての M&A 実態事例よりカウント

　ここでは特に ICT を例にとっており、これまで ICT を活用したサービスの開発・提供が必要となるなか、大企業がスタートアップ企業を取り込むことで、イノベーションの創出が可能となるとしている。これによって「イベーションのジレンマ」を起こすことなく、「破壊的イノベーション」を起こせる可能性が出てくるのである。

　ということは、スタートアップを含めた技術を持つ中小企業は、自社が別の技術を持つ企業を取込むというケースの他に、独自の技術で大企業からの資本参加、提携などを受けるチャンスがあり得るということである。

　これは ICT に限らず、特にニッチな分野で独自の技術・製品を持つ企業にとっては事業を展開する 1 つのチャンスとなる。

13　『令和元年版　情報通信白書』総務省　第 1 部　第 3 節

2）M&Aを活用したイノベーションの事例

　イノベーションを目的としてM&Aを行う事例として、異業種ではあるが主力市場を同業界とする企業連携の事例について見ていく。「スモールM&A」と呼ばれている中小企業同士のM&Aで、互いのシナジーを追求し、スピード感をもって行われた好事例である。

（事例）

　株式会社タカハシ包装センター（その他の卸売業　島根県浜田市、従業員170名、資本金3,500万円）

　同社は、創業は昭和50年、食品トレーなどの包装資材を、漁業者や食品加工業者、スーパーなどに卸す企業である。地域密着型で事業を展開してきたが、人口減少による地域市場の縮小、地元顧客の廃業などにより成長が頭打ちになった。

　東京に本社を移す顧客もあり、同社も非常勤の東京営業所を開設し出張で対応していたが、同社の高橋将史社長は、M&Aによって首都圏の同業者を買収し、人的資源の獲得を考えた。

　2010年頃より買収対象を探していたが、なかなか条件に合う企業が見つからなかった中、2019年9月に民間の経営支援団体によるM&Aセミナーに参加したことをキッカケに、「まず一度やってみる」、「M&Aにより成長する時間を買う」という考えになり、「2019年の年内」という期限を自ら設定して、対象を探し続けた。

　幅広く探した結果、株式会社キョウワ（以下「キョウワ」という）と知り合った。キョウワは食品業界などに顧客を持つ東京の印刷会社で異業種ではあったが、企業規模と地域は当初の希望どおりで、主力市場が同業界であることも好材料であった。

　キョウワの窓口である社長の弟は公認会計士、高橋社長は中小企業診断士の有資格者であり、契約までの確認作業はスムーズだった一方、仲介業者を入れないM&Aであったため、自社でデューデリジェンスやリーガルチェックを徹底し、2019年末にM&Aを実行した。

　１年後に M&A の成功が明らかになり、高橋社長は「初めての M&A の経験が財産になった」と、首都圏市場参入への手応えを感じている。

　これは、M&A によるターゲット市場の拡大と、卸売業から商流の川上への事業展開を目指すイノベーションの事例であり、スピードを重視したことで実現に至った好事例である[14]。

【3】事業を承継する後継者から

　最後に、事業承継を伴ったイノベーションについて述べていく。これまで先代が培ってきた事業を承継するにあたり、その後を承継する後継者にはいくつかの方向性がある。少なくとも、①これまでの事業の市場性が今後も見込まれ、取引先や従業員のためにも、その事業を持続的に成長発展させることが最大の命題であるケース。②これまでの事業の市場性に陰りが見え、新たな事業の方向性を探らなければならないケースの２つが考えられる。

　①の場合は、その市場性が永遠に続くとは考えにくいとはいえ、まずは現事業の「深化」を行っていくことが優先されるべきだろう。

　②の場合、後継者は、事業を引き継ぐと同時に新たなビジネスを「探索」しなければならない。後継者にとっては大きなプレッシャーであるが、意欲のある後継者にとっては、「自分の代で」新たなことにチャレンジするチャンスでもある。

　ここでは事例中心に、事業承継を機に新たな製品開発や販売方法にイノベーションを起こした例を見ていく。

　（事例１）
　　株式会社能作　（鋳物、金属加工業　富山県高岡市、従業員 100 名、資本金 3,000 万円）
　　同社は、大正５年に鋳物製造の企業として発足し、当初は仏具、茶道

具、花器を製造していた。その後、モダンなデザインの花器がヒットし業務は拡大したが、景気の低迷、生産拠点の海外移転による低価格化により、伝統的な花器や茶道具・仏具の需要が減少し苦境に立った。

その時期、現社長である能作克治氏が婿養子として入社。元新聞社のカメラマンだった克治氏は 18 年間、一職人として鋳造に明け暮れていたが、下請だったビジネスを転換し、自社製品を開発する決意をする。

2001 年の東京原宿での展示会で出品した真鍮製のベルが注目を集め、当時の販売員のアドバイスから、このベルに短冊をつけて風鈴にしたとたん、毎月 1,000 個以上が売れる大ヒットになった。その翌年の 2002 年克治氏は代表取締役社長に就任している。現在主力となっている錫 100 ％の製品も販売員の話をきっかけにして生まれており、「だれもしたことのないことをしたい」という発想から錫 100 ％の加工に挑戦した結果である。曲がる特性から単一では食器に向かないとされてきた錫の特性を逆に活かした「曲がる食器」、これから作った「KAGO シリーズ」は、前述の「メンタルモデル」を変化させたイノベーションとも言えるだろう。また、大ヒットした風鈴、「KAGO シリーズ」、どちらも製品改良のきっかけは販売員からの報告をヒントにしている点は、イノベーションとしての視点から注目に値する[15,16]。

（事例2）

藤安醸造株式会社（調味料製造販売　鹿児島県鹿児島市、従業員 65 名、資本金 2,800 万円）

同社は、明治 3 年創業のみそ、しょうゆなどのメーカーである。「ヒシク」の屋号で知られ、料理店向け商品を主とする県内有数のブランドである。同社の 7 代目となる藤安健志専務は 3 人兄弟の次男であるが、自分が会社を継ぐ立場であることを自覚していた。大学卒業後は、父の藤安秀一

15　株式会社能作　ホームページ　https://www.nousaku.co.jp/
16　テレビ東京　カンブリア宮殿　https://www.tv-tokyo.co.jp/cambria/backnumber/2019/0912/

　社長の紹介で大手しょうゆメーカーに５年勤務し、そこでの勤務経験を通して、地場の中小企業が生き残っていくには、価格競争に巻き込まれない商品の価値が必要だとの思いを強くしていた。

　その後、健志専務は、2010年に社長付きとして藤安醸造に入社し、取り組んだことは、前職時代から問題意識を持っていた高付加価値商品の開発である。しょうゆやだしが小売店では値下げの対象になりやすく利益が小さいことに問題意識を持ち、製造部長などの協力を得て調味料の高付加価値化を検討した結果、鹿児島県産の素材にこだわった、だししょうゆ、ぽん酢、煎り酒からなる新ブランド「休左衛門亭」を立ち上げ、大手メーカーとの差別化を図った。

　新ブランドは素材にこだわったため、大手メーカーのしょうゆが１リットル300〜400円なのに対し、180ミリリットルで1,200円の価格設定にしたため、当初は社内からも心配されたが、妥協しなかった。

　従来商品との価格差やコンセプトの違いから既存の販売経路では苦戦したが、市内の薩摩藩島津家別邸「名勝仙巌園」へ出店し、観光客のお土産や地元客の贈答品として注目されたことで順調な売れ行きとなり、年間数百万円の売上規模となった。

　この取り組みは、健志専務が後継者として周囲へ理解を広げただけでなく、これまでになかった視点での商品開発、販売経路を開拓するという社内ベンチャー型イノベーションを成功させたことが新ブランドの構築につながったという点で、今回の事例として注目したい。

　なお、健志専務は、数年後に会社を継ぐことを視野にいれて今も研鑽中である[17]。

Ⅳ　まとめ

　この章では、中小企業の「両利き」をイノベーションの視点から考えてき

17　『中小企業白書　小規模企業白書　2021年版』2-348頁

た。常に変化する市場に対応しながら事業を展開して行く上では、大企業、中小企業にかかわらず「深化」とともに「探索」を行い続けるのは宿命と言える。

　特に中小企業においては、大手の「下請」として事業が成り立っていることも多く、既存の取引先からの要望にこたえることが最優先だとすると、新たな分野に取り組む機会をもつのは容易ではないことも理解できる。加えて、その間に行うべき人材育成や、研究開発も後回しになってしまうかもしれない。しかし、その結果、少ない取引先への依存度が高い傾向になることも事実であるとすると、何らかの理由でその少ない取引先からの受注が減ってからでは、「探索」に取り組むのに大きな負荷がかかる。この点を考慮すると、中小企業にとっての「両利き」の必要性は大企業よりも高い。

　それでも、既存の事業が「上手く」行っているときは、なかなか新規事業に手を付けられないのも実情かと思うが、今回記した様々なアプローチ・事例を参考に、そこは中小企業ならではの機動性をもってすれば、大企業にはできない、中小企業ならではのイノベーションを生むことも可能かと思われる。

（参考文献）
・『両利きの経営』チャールズ・A・オライリー、マイケル・L・タッシュマン（東洋経済新報社　2020年）
・『イノベーションのジレンマ』クレイトン・クリステンセン（翔泳社　2013年）
・『日本のイノベーションのジレンマ　第2版』玉田俊平太（翔泳社　2020年）
・『イノベーションの攻略書』テンダイ・ヴィキ、ダン・トマ、エスター・ゴンス（翔泳社　2019年）
・『リアル企業内イノベーター』半田純一（日本経済新聞出版　2021年）
・『イノベーション入門』小川正博（同友社　2021年）
・『実践　中小企業の新規事業開発』柳孝一、堀井朝運（中央経済社　2007年）
・『ベンチャー型事業承継でカベを突き破れ！』惣那憲治（中央経済社　2019年）
・『中小企業白書　小規模企業白書　2021年版』中小企業庁
・『令和元年版　情報通信白書』総務省

第４章 「見えない資産」活用で 最大成果を得る

五藤　宏史

　序章において述べたように、「両利きの経営」の戦略においては、企業の全体戦略との整合性が取れているか、既存事業で得られた資産を活用して競争優位性を築くことができるか、といった点に着目して決定することが必要である。一般的に中小企業では経営資源が少ないため、「限られた経営資源の中で、探索活動（新事業の発掘）をどう進めるか」に頭を悩ませる経営者が少なくないと思われる。探索活動の分野を決定するにあたっては、自社が有する資産について、可能性まで含めて正しく認識し、活用することが重要である。

　この章では、「目に見えない資産（知的資産）をどう活用・育成して、探索活動の成功（イノベーション）につなげていくか」について述べる。

Ⅰ　「見えない資産」の把握

【1】強みの把握

「強みの上に築け」

　"現代経営学の父" と称されるピーター・ドラッカーの名言である。自社の強みに関する認識とそれに基づく戦略は、企業の大小を問わず、企業経営の基本となっている。特に中小企業において、自社の強みを正しく把握・活用することは、限られた経営資源の有効利用につながるはずである。

「自社の強みを把握できていますか？」

この問いに対して、「できていない」と答える経営者は多くないであろう。しかし、本当にできているだろうか。「自分の長所や短所を他人から指摘されるまで気づかない」といったことは、誰しも経験のあるところであろうが、会社も同じではないだろうか。もし、自社の強みを正しく認識できていなかったとしたら、探索活動は間違った方向に進みかねない。

ここで、長年認識できなかった自社の強みについて、第三者のアドバイスがきっかけで気づきを得て、事業の革新に至った事例を紹介する。

（事例）

有明産業（京都市、従業員35名、資本金4,000万円）は、2000年代前半まで、酒造メーカーからの業務請負による洋樽の製造・販売を主たる事業としていた。しかしながら、2004年の労働者派遣解禁に伴って、業務請負事業の売上がなくなり、同社の売上高はピーク時の20億円強から、2008年度には2億円まで落ち込んだ。苦境の中、樽材を再利用して箸を販売する事業にも進出したが、十分な成果は得られなかった。

こうした中、現社長の小田原信行氏（当時専務）が、京都商工会議所主催のセミナー「知恵の経営」に参加したことが転換点となった。同セミナーを通じて、中小企業診断士や経営支援員のアドバイアスにより気づきを得て、自社の強みを再定義したのである。小田原氏は、洋樽が衰退産業であると認識していたのだが、「競合も少なく、磨きあげれば一番の強みとなること」がわかったのである。

それをきっかけとして、「それまでは樽を売っていたが、洋樽は『調味料』として、お客様である酒造メーカーの製品価値を何倍にも高めることができる」と気がつくことになる。焼酎などの蒸留酒は、樽によって色や香り、フレーバーが異なるため、調味料としての機能があるのである。そこで、樽の焼き加減、材料の変更によって、製品バリエーションの拡大に取り組み、調味料としての顧客への提案を行い、方向性の転換と事業の拡

大を実現した。

　さらに同社は、洋樽で醸成した自社ブランドのプレミアム焼酎「タルスキー」の販売を開始し、洋樽市場の活性化に取り組んでいる。

　上記事例では、自社の強みについて、第三者のアドバイスによって気づきを得て深掘りを行った結果、新たな事業の方向性を得ることができた。強みの発見が、「両利きの経営」における探索活動の成功につながったのである。自社の強みについて多面的に考えること、潜在的な可能性まで含めて考えることの重要性を示唆している。

　自社の強みについて正しい認識を得るには、どうしたらよいのだろうか。

　次節では、強みをより幅広い観点から考える材料として、「見えない資産」である知的資産について説明する（知的資産、および関連する知的資産経営については、経済産業省のホームページにおいても紹介されている）。

【2】知的資産とは

　会社の経営資源となる資産は、財務諸表に表れる「目に見える資産」と「目に見えない資産」に分けられる。後者の「目に見えない資産」とは、人材、技術、組織力、顧客とのネットワーク、ブランド等であり、知的資産と呼ばれる。知的資産とは特許やブランド、ノウハウなどの「知的財産」とは同義ではなく、それらを一部に含み、さらに組織や人材、ネットワークなどの企業の「強みの源泉」となる資産を総称する幅広い考え方である。

　知的資産を把握する手段として、いくつかのフレームワークが存在す

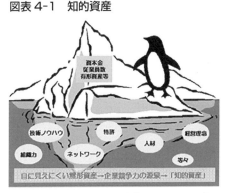

図表4-1　知的資産

（出所：経済産業省近畿経済産業局ホームページ）

図表 4-2　知的資産の3分類

人的資産（human capital）	従業員が退職時に一緒に持ち出す資産
例）イノベーション能力、想像力、ノウハウ、経験、柔軟性、学習能力、モチベーション等	
構造資産（structural capital）	従業員の退職時に企業内に残留する資産
例）知的財産、組織の柔軟性、データベース、文化、システム、手続き、文書サービス等	
関係資産（relation capital）	企業の対外的関係に付随した全ての資産
例）イメージ、顧客ロイヤリティ、顧客満足度、供給業者との関係、金融機関への交渉力等	

（出所：『中小企業のための知的資産経営マニュアル』中小企業基盤整備機構）

るが、代表的なものが、MERITUM プロジェクトによる分類である。MERI-TUM プロジェクトとは、欧州の6か国（スカンジナビア3か国、デンマーク、フランス、スペイン）と9つの研究機関が30か月（1998 年から 2001 年）にわたって実施したプロジェクトであり、知的資産を測定・公表するガイドラインの策定、分類などを行った。

それによれば、知的資産は下記の3つに分類される。

① 人的資産

　「従業員が退職する際に、持ち出される資産」であり、知識、スキル、人間の経験と能力が含まれる。知識は個人と会社の知識からなる。具体的には、イノベーション能力、創造力、備わった経験、ノウハウ、チームワーク能力、柔軟性、モチベーション、学習能力、ロイヤリティー、公式の訓練と教育などが挙げられる。

② 構造資産

　「従業員が退職しても、会社（組織）に残る資産」であり、企業固有の慣行、手続き、システム、文化、データベースなどからなる。具体的には、法的に保護されている知的財産の他、組織の柔軟性、文書化のサービス、知識センター、IT システム、組織の学習能力などからなる。

③ 関係資産

　「他の企業、顧客、サプライヤー、または研究開発機関、パートナーといった外部の関係性と結びついたすべての資産」である。具体的には、イメージ、顧客ロイヤリティ、顧客満足度、サプライヤーとの関係性の強

さ、宣伝力、金融機関との交渉力、環境活動などが関係資産に含まれる。

上記分類に従って自社の知的資産を振り返ることは、強みについて多角的な観点から見直すことにつながる。強みを正しく認識するための有効な手段となるのである。

経営資源に制約のある中小企業だからこそ、こうして自社の知的資産、強みの活用・育成を図ることは、自社の力を最大限に発揮するのに有効である。「両利きの経営」における探索活動（新規事業の掘り起こし）の取り組みにおいても重要な観点となる。

新規事業のために、内部資産である人的資産、構造資産の活用を行うことは当然であろうが、関係資産の役割も重要である。**図表 4-3** は、中小企業の新事業領域、新事業分野への進出のきっかけを示すものである。

「取引先からの要請・誘い」が最も多いほか、「大学他、研究機関からの要請・誘い」、「自治体からの要請・誘い」など、関係者（関係資産）からの要請

図表 4-3　新事業領域・新事業分野進出のきっかけ

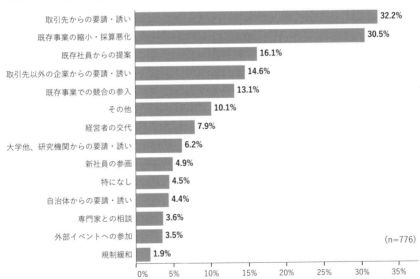

取引先からの要請・誘い	32.2%
既存事業の縮小・採算悪化	30.5%
既存社員からの提案	16.1%
取引先以外の企業からの要請・誘い	14.6%
既存事業での競合の参入	13.1%
その他	10.1%
経営者の交代	7.9%
大学他、研究機関からの要請・誘い	6.2%
新社員の参画	4.9%
特になし	4.5%
自治体からの要請・誘い	4.4%
専門家との相談	3.6%
外部イベントへの参加	3.5%
規制緩和	1.9%

(n=776)

（資料：（株）東京商工リサーチ「中小企業の付加価値向上に関するアンケート『2020年版　中小企業白書』）

が多いことがわかる。こうした外部からの要請・誘いは、直接的なニーズに基づいているケースが多く、事業リスクが低いものが多いと推察される。中小企業が新分野への展開を考える場合に、外部関係者と良好な関係を築いておくことは、大きな助けになるといえよう。

【3】知的資産の棚卸と活用

　知的資産は「目に見えない資産」であり、定量化しにくい内容である。人によってとらえ方が異なる上に、外部環境の変化に従って知的資産の価値は変化していく。財務諸表のように、必ず定期的にアップデートされるというものでもない。

　それだけに、強みを正しく認識し適切な「探索」の方向性を得るため、自社の知的資産を棚卸しておくことが重要となる。

　知的資産の棚卸にあたっては、経営者個人の認識に委ねるのではなく、経営者以外の認識や観点も含めて行うことが効果的である。人は、誰しもアンコンシャスバイアス（無意識の偏見）を有している。通常、過去の経験や知識、価値観などをベースに判断を行うが、そこには自分で気づかない偏見やゆがみが潜んでいるかもしれない。そういったゆがみを除去するために、経営者以外の目を入れるとよいのである。

　前述の事例において紹介したように、第三者の助言がきっかけで強みの自己認識が修正されるケースは少なくないと思われる。知的資産の棚卸にあたっては、社員はもちろんのこと、自社に対して客観的にアドバイスできる人（支援者、商工会議所などの関係者、中小企業診断士など）にも入ってもらって、より多角的な視点で整理することが望ましい。

　先の事例では、衰退産業だと思っていた洋樽に「調味料」としての大きな可能性が潜んでいた。棚卸では、既に結果として明らかになっているものだけでなく、潜在的な可能性まで含めて考えるとよい。

　実際の棚卸においては、独立行政法人中小基盤整備機構による「事業価値を高める経営レポート」をツールとして活用することができる。これは、知的資

図表 4-4　事業価値を高める経営レポート

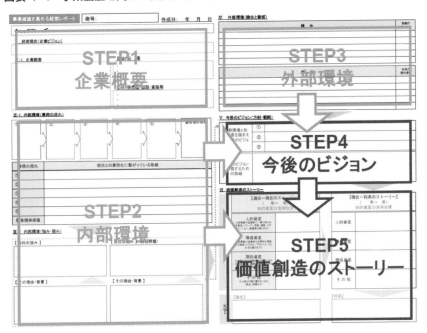

(出所：中小機構　事業価値を高める経営レポート作成マニュアル改訂版 https://www.smrj.go.jp/tool/supporter/soft_asset1/index.html)

産経営に関連する重要項目を A3 シート 1 枚にまとめたものである（**図表 4-4** 参照）。

　「事業価値を高める経営レポート」は、下記の 5 つのステップから構成されている。STEP1 ～ 3 が自社分析、STEP4 ～ 5 が分析を踏まえた今後の展開となっている。

　STEP1：企業概要
　STEP2：内部環境「業務の流れ」、内部環境「強み、弱み」
　STEP3：外部環境「機会と脅威」
　STEP4：今後のビジョン
　STEP5：価値創造のストーリー

　知的資産の棚卸は、STEP1〜3を検討する中で3つの知的資産を抽出し、棚卸シート（別シート）に書き出していくことで実施できる。各STEPの検討においては、まずはA3のスペースにこだわらず、できる限り詳細に書き出していくとよい。

　STEP1（企業概要）においては、沿革や受賞歴などの洗い出しを行う中で、過去に蓄積された知的資産に気づくことができる。

　STEP2の内部環境「業務の流れ」においては、業務プロセスに基づいて、顧客に喜ばれるために行っている独自の取り組みや、重視している取り組みなど、他社との差別化につながっている取り組みを抽出、記載していく。また、「強み、弱み」においては、「自社の製品やサービスが他社と比較してどう異なるか」に着目して洗い出しを行う。これらを丁寧に実施していく中で、隠れていた強み（知的資産）や改善テーマを明確化していくのである。

　STEP3の外部環境「機会と脅威」においては、業界や市場にとって機会（チャンス）となる要因、脅威となる要因を書き出す。その中で、機会を捉えたり脅威を回避したりするために活用できそうな資産、不足している資産を明確化する。

　できあがった棚卸シートの中から、特に重要と思われるものは、「事業価値を高める経営レポート」知的資産の欄（過去〜現在のストーリー）に記入する。

　「事業価値を高める経営レポート」では、知的資産の棚卸に加え、今後のビジョンや「価値創造のストーリー」まで策定できるように構成されている。STEP4〜5において、外部環境の動向や今後提供したい価値を見据えながら、棚卸した知的資産、強みをつなぎ合わせ、価値創造のストーリーを策定していくのである。

　一方で、中小企業のイノベーションは、自社による構想が起点となるケースもあるが、顧客や取引先の要望をきっかけとしてスタートするケースも多い。棚卸した知的資産に留意した上で、外部関係者とやりとりする中で知的資産の活用や新規事業を検討していく方法もある。

　いずれにしても、知的資産、強みに関する正しい認識のもと、チャンスを
しっかりとつかんでいくことが重要である。

【4】バックキャスティング

　資産ベースで将来を構想する際
に、注意しておきたい点がある。資
産とは、主に過去の取り組みにおい
て蓄積されたものであるため、そこ
をベースとして将来の目標を考える
（フォアキャスティングの考え方）
と、発想が過去の延長線上になりが

**図表4-5　バックキャスティングとフォア
キャスティング**

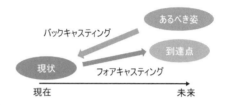

ちで、革新的な発想を得られにくいことである。変化の激しいこの時代におい
て、この発想は、必ずしも時代にマッチすると限らない。

　フォアキャスティングの逆は、バックキャスティングである。バックキャス
ティングとは、「未来のあるべき姿」からゴールを設定し、そこに到達するた
めの課題解決を考えていく思考法である。バックキャスティングは、未来に向
けて高い壁を乗り越えようと知恵を絞るため、イノベーションにつながりやす
いという特徴がある。

　探索の方向性検討にあたっては、フォアキャスティングにバックキャスティ
ングの考え方を加え、両面からのアプローチによって、多様なアイデアを創出
し、最も適切なものを選択していくことが有効である。

　バックキャスティングの例として、近年世界的な取り組みとなっている
SDGs の考え方が挙げられる。SDGs では持続可能な世界を実現するために、
2030 年までに達成すべきゴールを決めており、それに向かって各国が懸命に
努力している。

　バックキャスティングは、企業の取り組みにおいても重要な視点となる。知
的資産に関連付けて言えば、フォアキャスティングでは「知的資産を活用して
会社の将来像をどう描こうか」と考えるが、バックキャスティングでは「ある

べき会社の将来像へ向けて、知的資産をどう活用・育成するか」といった考え方になる。後者の考え方によれば、足りない資産は内部で育てるか、それができなければ外部連携で手に入れるか、という発想が出やすくなる。

また、「経営デザインシート」においてもバックキャスティングの考え方が採用されている。これは、2018 年に政府により策定された「知的財産戦略ビジョン」の中で提示されたものであり、日本が目指すべき社会像として、様々な新しい価値をつくって発信し世界の共感を得る「価値デザイン社会」を築くためのツールとして推奨されたものである。

いずれにせよ、新規事業に関するベストな選択肢を得るためには、両方の考え方を試して、最適解を見出すことがよいと思われる。

Ⅱ イノベーションへ向けた考え方

【1】イノベーション企業の共通点

中小企業は限られた経営資源とリスクという制約の中、どのように「両利きの経営」に取り組み、未来を創造していくべきなのだろうか。前述の知的資産や強みを最大限に活用して探索活動を行い、イノベーション（経済効果をもたらす革新）の実現につなげていきたいところである。

ここで、上記課題について考えるため「イノベーションを実現する企業には、どういった類似点があるか」について、見ていくこととしたい。

水野由香里教授（当時・西武文理大学）は、著書『小規模組織の特性を活かす イノベーションのマネジメント』において、100 を超える「ものづくり中小企業」経営者へのインタビュー、支援機関への 25 回のインタビューなどを通して得られた、イノベーションを実行する組織における共通の類似点を挙げている。

まず、内部マネジメントに関する基本的姿勢・組織特性として、「本業で利益が出ているうちに次の事業の柱を探す」、「チャンスをつかむ経営者の意識」、

「挑戦し続ける組織風土」などを挙げている。

　中小企業の「両利きの経営」において、「本業の稼ぐ力」は必要条件となる。本業の既存事業が儲かっていないと、投資原資に乏しく、持続的な将来投資を行うことが難しくなる。資金的にも人材的にも本業で利益が出ているうちに、事業を発展させるための問題認識や目的意識を持って、イノベーションのシーズを探索しておくことが望ましい。

　次の「チャンスをつかむ経営者の意識」は当たり前のようにも思えるが、留意しておきたい点がある。経営者の認識やマインドによって、実はチャンスである内容をチャンスとして認識できない可能性があることである。チャンスを認識できなければ、当然活かすことなどできるはずもない。

　ここで、「チャンスをチャンスとして認識できるかどうか」に大きく関係してくるのが、自社の強みに関する認識である。前節で説明したように、自社の知的資産、強みが頭の中に整理されているかどうかは、チャンスを正しく捉える前提条件として重要なのである。

　新しい事業を興すにあたっては、経営者に加えて社員のマインドも重要である。失敗を恐れず、主体性を持って何事もトライしてみる積極的な組織風土によって、社員のやる気やモチベーションを高めることができる。新事業を成し遂げようとする機運が生まれ、積極的なアイデアの創出につながる。

　また、「小規模組織の特性を活かす　イノベーションのマネジメント」では、イノベーションの種を見つけて検討に取り組む際の行動規範として、「要望や問い合わせに対して断らない姿勢を有している」、「技術を可視化した部品や製品を営業ツールとして持っていること」などを挙げている。

　対外的なマネジメントについては、ポイントとして「筋が良いステークホルダーとの良好な関係性構築」が挙げられている。「筋が良いステークホルダー」とは、イノベーションの実現や成長の機会を提供してくれる顧客や取引先、地域の他の中小企業、研究機関、支援機関、地域自治体などを指している。

　中小企業がイノベーションに取り組む際、きっかけを外部環境に求め、探索することによってテーマを発見、特定するケースが少なくない。こうした際に「筋が良いステークホルダー」が大きな役割を果たしてくれるのである。こう

して取り組む新規事業には、ニーズに基づくものが多く、事業化リスクが比較的小さくなるというメリットがある。

【2】チャレンジする組織をつくる

　中小企業が単独でイノベーションに取り組む際の類似点に、失敗を恐れずに主体的に何事もトライする組織風土があった。ここで、単に失敗を恐れない姿勢だけでなく、難しい案件であっても断ることなく挑戦する姿勢を内部に醸成していることが行動規範として挙げられていた。

　中小企業であれば、経営者と社員の距離が、物理的にも心理的にも近い。「チャレンジする組織づくり」へ向けて、経営者のリーダーシップを発揮しやすい環境にあると言えよう。

　ここで、チャレンジする組織の事例を示しながら、上記取り組みのメリットを説明することとする。事例は、筆者が支援した中小企業である。

　（事例）
　株式会社横引SR（東京都葛飾区、従業員18名、資本金500万円）は、横引きや水平引きのシャッター、門扉を設計・製造・販売する会社である。

　この会社の特徴は、「顧客の要望に応じて、常識では考えられないシャッターの開発にチャレンジし、実現していること」である。例として、「世界最長の横引シャッター」、「世界最長の水平引シャッター」というギネス記録の保有が挙げられる。

　ギネス記録の横引シャッターは、福島県須賀川市役所に設置されたシャッターであり、長さ53.737メートルと、

図表4-6　世界最長のシャッター

何とも気が遠くなるほどの長さである。これほどまでに長いシャッターの
メリットは、その間に柱を設ける必要がなく、市役所のスペースを有効活
用できる点にある。もちろん、これは顧客要望に基づいた製品であり、記
録を狙って作られたものではない。一方、世界最長の水平引シャッター
は、長さ 21.34 メートル、人が乗っても壊れないシャッターであり、つく
ばエクスプレス総合基地（車両基地）に設置されている。

　この会社はイノベーションによって、ギネス記録だけでなく、過去には
存在しなかった「防災に特化した防火防煙横引／水平引シャッターの開
発」など、様々な新規製品を展開している。

　こうしたイノベーションを実現できたのには、理由がある。この会社で
は、市川慎太郎社長のリーダーシップのもと、チャレンジする組織風土が
醸成されているからである。

　具体的には、顧客に対して「他社でできなかったこと、できないことの
相談」を積極的に受け付けている上に、社内で「できない」を禁止語にし
て業務に取り組んでいる。行動規範としての「顧客要望を断らないこと」
をまさに実施しているのである。そして、あらゆる角度からアイデア創出
して開発、遂には実現に至ることを繰り返している。

　「顧客要望を断らない」という方向性のメリットは多い。

　技術面では、顧客要望を断らずに何とか実現しようとあれこれ努力する
中で、簡単にあきらめていたら決して得られなかったであろう技術的な知
見を得ることができる。困難な技術課題に立ち向かう以上、試行錯誤や失
敗は当然発生する。しかし、そこから学びや気づきを得ること、データを
得ることは、技術レベルの向上や想定外の発見につながっていく。

　また、顧客面では、顧客からの信頼や口コミにつなげることができる。
他社なら簡単にあきらめたであろう技術ハードルに挑戦することは、それ
自体顧客にとって嬉しいことである。仮に要望に対して 100 点満点で応え
られなかったとしても、80 点の合格点が取れれば、信頼度はぐっと増す。
この信頼は、「あの会社は無理かもしれないお願いをここまで実現してく
れた」という言葉で、他者への口コミを生むかもしれない。また、顧客が

　新しい課題を見つけた際に、「あの会社なら何とかしてくれるかもしれない」という期待感で、次の注文につながる可能性もある。
　さらに、マインド面の効果である。困難な課題をクリアした際には、社員が大きな達成感を得ることができ、チャレンジするマインドの醸成、モチベーションのアップにつながっていく。

　上記事例について知的資産の観点から考えてみたい。もともとこの会社は、「チャレンジする組織風土」という構造資産を有していたのであるが、断らない姿勢、試行錯誤、失敗から学ぶといった実際の行動によって、次のような資産を活用・育成している。
　・構造資産：技術データ、組織風土
　・人的資産：モチベーション、スキル
　・関係資産：顧客の信頼性（口コミにつながる）
　「チャレンジする組織風土」によれば、別の知的資産を含め、単に活用するだけでなく強化・育成することができる。このため企業の強みが、イノベーションはもちろんのこと、将来につながっていくのである。

　「チャレンジする組織」から話がそれるが、この会社の営業ツールは「2つのギネス記録」である。ギネス記録という、誰もが存在を認める機関の認定を新規顧客に示すことの効果は大きい。この内容をホームページや会社パンフレットに掲載することによって、顧客の関心や問い合わせにつなげているのである。

【3】顧客とつながる

　「両利きの経営」の探索において、「新しい製品・サービスの提供する価値が顧客のニーズや課題にフィットすること」は必須である。新しい製品・サービスに取り組む際のアプローチとしては、マーケットインとプロダクトアウトという考え方がある。ここでは両アプローチにおいて「顧客とつながる意義」に

ついて考えていく。

　マーケットインとは、顧客の声に耳を傾け、顧客の課題や要望を突き止め、それらを解決する製品を市場に投入しようとする考え方である。一方でプロダクトアウトとは、製品を提供する企業側が良いと判断した製品を市場に投入しようとする考え方である。マーケットインは、市場調査や顧客へのヒアリングから得られた顧客ニーズに基づいた製品を開発するため成功確率が高いとされ、プロダクトアウトはその逆で、良くない考え方として分類されることが多い。

　顧客としっかりつながり、良好なコミュニケーションが取れていると、マーケットインの要望を得やすくなる。株式会社横引SRの例では、困難な顧客課題の解決によって顧客の信頼を得ていたが、その信頼関係によって、より多くの要望が舞い込んでいた。また、顧客の口コミによってつながりがさらに広がることにより、想像しなかった人や会社から依頼や要望が来るケースも出てくる。

　顧客との間に良い関係が構築され、コミュニケーションが取れていると、新製品や新サービスの開発にあたって、ニーズに関する貴重な情報を得やすい。強みを事業につなげるための大切な情報を手に入れられるのである。こうした情報に基づいて構想された新規事業では、予めニーズの存在がわかっているので、事業化リスクが小さくなるというメリットがある。マーケットインの発想によって、「両利きの経営」における「探索」の成功確率が上がるということができる。

　以下に、顧客要望がきっかけで、探索活動（新規事業）に取り組んだ事例を紹介する。

　（事例）
　　株式会社下村漆器店（福井県鯖江市、従業員13名、資本金1,000万円）は、漆器の伝統的技法を受け継ぐと同時に、時代の変化に合わせた商品開発で、事業の拡大を図ってきた企業である。
　　同社は2000年に、大手航空会社のグループ企業から、IH加熱に対応し

た食器と食器トレーの開発依頼を受けた。この開発は技術的課題が多く、実用化には困難が予想された。しかし、商品化に成功すれば、大規模に給食サービスが行われている、病院や学校向けの需要を取り込むことができると考え、商品の研究開発に着手した。

　同社はまず、IH加熱に伴う局部的な熱膨張による変形を防止し、ステンレスと樹脂で異なる熱膨張率を考慮しながら、一体的に成形する技術を開発した。さらに、国立大学法人福井大学等との連携で、食材の色素が容器に付着して変色するのを防ぐと同時に、耐久性を向上させることを目的とした、セラミック系材料による薄膜コーティング技術を開発した（こうした技術開発は後の特許取得につながった）。

　このような新規技術開発の後、IH加熱対応食器事業は、同社の主力事業となっている。

　上記事例における顧客要望は、技術的なハードルが高く困難な課題であったが、それだけに達成によって得られた成果や競合優位性は大きかったと言うことができる。

　前節で取り上げた「顧客の要望を断らない姿勢」があると、顧客は「無理かもしれないがこういう商品が欲しい」と思いついた際に、相談してくれる可能性が増す。こうした要望は、従来発想を超えたニーズにつながる可能性があり、企業にとって極めて貴重な資産であり、強みとなる。

　マーケットインは重要な考え方であるが、一般的には、この考え方によれば画期的なものを得にくいと言われている。顧客は、自分が商品を使用したり見たりした範囲内で課題を出すことが多く、未来志向や潜在ニーズの発想が出てきづらいのである。

　一般的に「良くない考え方」に分類されるプロダクトアウトであるが、より画期的なアイデアを創出するために、このアプローチが必要なケースもある。プロダクトアウトによれば、自社の独自技術や強みを活かすべく、社員が力を振り絞って創造的に考えるため、画期的な製品が生まれる可能性がある。うまく顧客ニーズに結びつけられれば、大ヒット商品となる可能性がある。例え

ば、2000 年代における画期的商品の１つである Apple 社の iPod や iPhone は
プロダクトアウト型の商品である。

　プロダクトアウトのアプローチで注意すべき点は、製品やサービスが顧客課
題から離れてしまう可能性である。保有する技術の活用に関心が集中し、顧客
のニーズや課題に関する認識や検証が甘くなると、こうしたアンマッチングは
往々にして起こる。課題は、商品やサービスが顧客ニーズから離れる懸念をど
う防ぐかということになる。

　顧客との間に良好な関係が築けていれば、プロダクトアウトの種が見つか
り、アイデアに関する顧客の感触を把握する際に、協力を得やすくなる。具体
的には、機密保持に留意した上で、構想に関するヒアリングや試作品の顧客テ
ストによって顧客フィードバックを得るとよい。新事業の検証に顧客の目を取
り入れることによって、ニーズとのマッチング確認や商品・サービスの改良に
つなげ、事業化リスクを低減していくのである。

　両利きの経営における探索活動の成果を最大化するには、いずれのアプロー
チにおいても、顧客との強いつながりを活用する観点が重要である。

【4】 パートナーとつながる

　探索活動（新規事業の掘り起こし）において経営資源の不足が問題になる場
合、外部連携によりそれを補っていく考え方は重要である。また、社内検討に
おいて人的な制約により狭い視野での判断になりがちな場合、より広い情報や
観点を得る手段としても有効である。

　「両利きの経営」のため新規事業に取り組む際には、近年増加しつつある
オープンイノベーションの考え方が効果的と考えられる。オープンイノベー
ションとは、外部の技術やノウハウを活用し、新しい技術開発や新しい製品
化・サービス化を実現することである。本節では、パートナーとつながる意義
について、オープンイノベーションを中心に述べる。

　図表 4-7 に、中小企業におけるオープンインベーションの実施状況を示す。
　実施形態として多いのは、企業間連携、産学（官）連携である。それぞれの

図表4-7 オープンイノベーションの活用状況

(1) 技術・ノウハウを持った企業との提携・共同研究開発

(2) 大学・研究機関との共同研究開発

(3) 産学官連携による共同研究開発

(4) 国・地方公共団体による技術支援

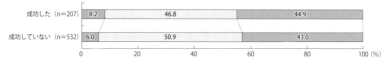

（資料：中小企業庁委託「中小企業の成長に向けた事業戦略等に関する調査」（2016年11月、（株）野村総合研究所） 2017年版 中小企業白書）

連携を既に実施している企業は30％に満たないが、非常に多くの企業が関心を示していることがわかる。連携の結果については、成功した企業が、そうでない企業の数を上回っている。成功した企業の要因については、しっかりつかんだ上で取り組みを開始したいところである。

以下に企業間の連携事例として、医療機器産業への参入に向けた、ものづくり中小企業の連合である「SESSA中小企業医療機器開発ネットワーク」を紹介する。

（事例）

SESSA中小企業医療機器開発ネットワークは、長野県諏訪地域を中心として、高度な技術を有するものづくり中小企業8社が参画している企業

連合である。

　SESSA の代表幹事である鈴木啓太氏は、オリンパス株式会社での勤務経験により医療機器開発に精通しており、2013 年に株式会社ナノ・グレインズを立ち上げ、医療機器の開発を開始した。同氏は、諏訪地域のものづくり中小企業と協力し、試作開発を進める中で、これらの中小企業の高い技術力が医療機器産業に変革をもたらす可能性を感じ、2014 年に「中小ものづくり企業の連携による医療機器産業への参入における成功モデルの確立と共有」を目的に SESSA を結成した。

　SESSA では、参画企業が一堂に会する定例会を毎月一度開催している。この定例会では、医療機器の共同研究開発の進捗状況の共有、課題を解決するためのディスカッション、参画企業の新たな技術や最新の医療機器業界の情報共有などが行われている。定例会での情報交換を通じて、1 社だけで案件に取り組むよりも参画企業の得意分野のノウハウを持ち寄ることで、医療機器メーカーのニーズにより的確に応えることができることが明らかとなり、参画企業間における共同研究は非常に活発である。また、国内外の展示会、医療機器メーカー訪問といった販路拡大に向けた取り組みについても、個社単位だけではなく SESSA という団体として共同で行っている。

　こうした取り組みの結果、大手を含む医療機器メーカーや国立がん研究センターなどの医療機関から開発委託契約を獲得しているほか、内視鏡手術用の生検針など、試作開発に成功している製品も複数あり、現在は量産に向けて準備を進めている。2018 年 3 月末で参画企業の医療機器関連売り上げ合計は、SESSA 結成時の 2014 年と比較して 40 倍にまで増加している。

　上記事例では、多様な経営資源を有する中小企業の連携が、探索面で大きな相乗効果を発揮していることがわかる。中小企業の「両利きの経営」においては、探索活動を効果的に進めるために、外部パートナーとの連携は考えておきたい観点である。

図表4-8　オープンイノベーションを成功させるために重要と考えるポイント

	製造業	非製造業
連携企業との事前の信頼関係	78.3%	75.5%
明確なゴールの設定と共有	51.1%	48.5%
自社・連携先の意思決定スピードの早さ	34.5%	38.0%
社内での専業チームの設置	28.1%	30.4%
プロジェクトを推進する仲介者の存在	28.1%	19.6%
積極的な情報開示	24.1%	21.2%
適切な段階での役割分担や利益配分の取決め	17.9%	26.4%
推進を後押しする社内文化や評価制度	10.8%	11.0%
適切な段階での知財管理の取決め	9.5%	6.7%
その他	0.9%	0.9%
特になし	0.4%	0.6%

（資料：（株）東京商工リサーチ「中小企業の付加価値向上に関するアンケート」『2020年版　中小企業白書』）

　それでは、オープンイノベーションを成功させるためには、どういった点に留意して取り組むべきなのだろうか。

　図表4-8は、企業がオープンイノベーションを成功させるために重要と考えるポイントを示したものである。

　これによると、「連携企業との事前の信頼関係」、「明確なゴールの設定と共有」、「自社・連携先の意思決定スピードの早さ」が重要であると回答する企業の割合が高い。まとめて一言で言えば、「一丸体制の構築」ということになる。一丸体制の構築においては、中核となる企業の存在やリーダーシップの発揮が必要になってくる。そうした中で、ゴール設定や役割分担を行い、全体を一体的に運営できることが成功要因になると言えそうである。

　上記アンケートには現れていないが、成功のためには構成企業の選定も重要であると考えられる。

　図表4-9は、SESSAの参画企業である。各企業の技術に関する分担が明確化されており、かつ全体として幅広く技術をカバーしていることがわかる。企業の強みが重なってしまうと、参画企業間で業務を奪い合う結果になり兼ねな

図表4-9　SESSA 参画企業

社名	医療機器向け技術
（株）ナノ・グレインズ	医療機器 ODM・開発受託
（株）小松精機工作所	精密機器用材料技術
（株）ミクロ発條	精密機器コイル技術
（株）プロボックス	精密特殊合金パイプ
共栄電工（株）	精密内面研磨技術
（株）ミゾグチ	精密コーティング技術
（株）共進	精密カシメ接合技術
高島産業（株）	精密加工・精密組立技術

（出所：2020 年版　中小企業白書）

い。強みの異なる企業が幅広く結集することによって、全体業務の幅を広げ、企業としての魅力を高めていると言うことができる。

　以上、中小企業がパートナーと結びつくことについて述べてきたが、究極の外部連携として M&A がある。M&A については、第 10 章で取り上げている。

Ⅲ　基本戦略

　ここでは「見えない資産」を活用して、中小企業が探索活動（新規事業）で狙いを定めるべき事業領域について見ていくこととする。

　オライリー教授とタッシュマン教授は、新規事業の領域、分離時期や既存資源の活用方法などを決めるにあたってのフレームワークとして、イノベーションストリームを提唱した。

　イノベーションをおこす際には、①新しい組織能力（新しい技術やビジネスモデルなど）を身につける場合と、②新しい市場・顧客の組合せに対応する場合がある。イノベーションストリームは、イノベーションを組織能力と市場の2 軸で分類、説明するものであり、4 つの方向性（領域）から構成される。4 つの方向性に分けることによって、企業が目指すべき方向性や競合を探りやす

図表4-10　イノベーションストリーム

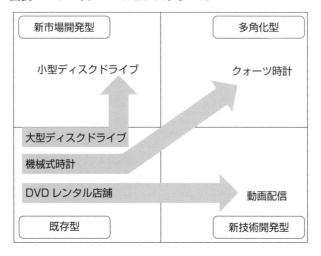

くなる。ここで組織能力については、わかりやすくするために単純化し、技術と置き換えて説明する。

　書籍『両利きの経営』では、4つの領域を領域A、B、C、Dとしているが、ここでは既存型、多角化型、新技術開発型、新市場開発型とする。既存型とは、既存技術の深耕・拡大により新しい製品・サービスを既存市場に提供するものである。

　多角化型とは最も破壊的なやり方であり、新しい市場と新しい技術の両方を開発、活用して新しい製品を提供する。新技術開発型は、既存の市場・顧客に新しい技術を開発、活用して、新しい製品を提供する。新市場開発型とは、新しく開拓した市場に既存の技術を使って新製品を提供していくやり方である。ここで、既存型については「本業の稼ぐ力」を高める目的で検討することは有効であろうが、新規事業となるものではない。

　新規事業に取り組むにあたって、限られた経営資源の中で、どの領域に照準を合わせるべきだろうか。

　進出領域の検討においては、企業の全体戦略との整合性、既存資産の活用度、リスク等を踏まえて、ビジネス成果を最大化できる領域を選択することに

なる。中小企業における探索活動の事例が多くみられるのは、保有技術や業務領域の周辺において既存顧客に対して新たな技術を提供する場合（新技術開発型）、そして既存技術を別の業務領域に展開し新規の顧客を開拓する場合（新市場開発型）である。一般的には、既存の経営資源を利用しやすい新技術開発型、新市場開発型が検討の中心となるであろう。

　中小企業において、多角化型による新規事業展開は比較的少ないが、中には保有する「見えない資産」をうまく活用して実現するケースもある。既存の資産をうまく活用できる見通しがあれば、多角化型の可能性も出てくるのである。以下に事例を紹介する。

（事例）
　日東電化工業株式会社（群馬県高崎市、従業員50名、資本金1,600万円）は金属部品に防錆用のメッキ加工を行う事業者である。同社が防錆加工を行う金属部品は自動車のエンジンやブレーキを初め、OA機器・複合機器のシャフト等に用いられている。
　1990年代から、将来的に自動車のエンジンが電動モーターへ取って代わられると予測していた同社では、主力事業の将来性に危機感を覚え、事業多角化の必要性を感じていた。メッキ事業で培った技術を他の分野で活用することを模索する中で、今後成長が期待されるヘルスケア領域に目をつけた。メッキ事業で用いていたボイラー・排水設備等のユーティリティやメッキ事業で培った排水中の微量金属の測定技術と、化粧品ブランドの立ち上げに関するコンサルティング業を経て入社した同社取締役の茂田正和氏の知識を活かし、2004年にヘルスケア事業部を立ち上げ、化粧品製造を開始した。金属表面処理加工で培ったミネラルを活用する技術を応用して、ミネラルの肌への有効性を探求することで、同社のノウハウを活かした化粧品ブランドの立ち上げに成功した。
　同社は、自社の化粧品を市場に浸透させていくために、多種多様な化粧品ブランドを展開している。これは、「様々な顧客ニーズに対応していく

必要がある」という考えや、「出来る限り販売チャネルを網羅したい」といった背景があるためである。例えば、販売チャネルに関しては、化粧品専門店とドラッグストアでは限定品を異なるものにしないと商品を扱ってもらえないため、ブランドを細分化し、商品を展開している。また、自社の商品のPRに当たっては、雑誌広告への掲載やテレビショッピングへの出店を精力的に行い、自社ブランドの知名度を向上させていった。

　こうした取り組みの結果、ヘルスケア事業は同社の売上の18％を占めるまでに成長した。

　上記事例では、「メッキ事業で培った技術」と「茂田取締役の化粧品ブランド立ち上げに関するコンサルティング経験」という強みに着目、活用することによって、多角化型の新規事業に進出できたことがわかる。

　新規事業進出においては、自社の状況や知的資産を踏まえて、3つの領域のうちで最も適切なものを選択することが重要であると言えよう。

Ⅳ　おわりに

　以上みてきたように、中小企業の探索活動で成果を得るためには、自社の資産を最大限に活用する観点が重要である。

　そのためには、まず自社の有する「見えない資産（知的資産）」や強みを可能性まで含めて正しく把握、認識することが必要である。その上で、チャレンジする風土を醸成しながら、顧客やパートナーとのつながりを強化、活用していくことが、探索活動の土台となる。探索領域の絞り込みにおいては、イノベーションストリームの各領域と自社の資産を照らし合わせながら、どの領域で競争優位を築くことができるか、どの領域が自社にとってベストか、といった観点から考えていくことが大切である。

（参考文献）
・『両利きの経営「二兎を追う」戦略が未来を切り拓く』チャールズ・A・オライリー

／マイケル・L・タッシュマン、監訳・入山章栄（東洋経済新報社　2019年）
・『知的資産の会計 改訂増補版 マネジメントと測定・開示』古賀智敏（千倉書房
2012年）
・『"流れ"の整理だけで会社が良くなる魔法の手順』森下勉（西日本出版社　2018
年）
・『小規模組織の特性を活かす イノベーションのマネジメント』水野由香里（碩学社
（発行所）、中央経済社（発売元）　2015年）
・『戦略は「組織の強さ」に従う』水野由香里（中央経済社　2018年）
・『「アンコンシャス・バイアス」マネジメント』守屋智敬（かんき出版　2019年）
・『2020年版　中小企業白書』中小企業庁（2020年）
・『2017年版　中小企業白書』中小企業庁（2017年）
・『2013年版　中小企業白書』中小企業庁（2013年）
・『中小企業のための知的資産経営マニュアル』中小企業基盤整備機構
・経済産業省ホームページ「知的資産・知的資産経営とは」
https://www.meti.go.jp/policy/intellectual_assets/teigi.html
・経済産業省近畿経済産業局ホームページ「知的資産経営のすすめ」
https://www.kansai.meti.go.jp/2giki/chitekishisan/chiteki_top.html
・知的財産戦略本部ホームページ「経営をデザインする」
https://www.kantei.go.jp/jp/singi/titeki2/keiei_design/index.html#KDS01

４つの視点

2

第5章 新規事業を創出する 5つのステップ

小林 雅彦

　序章でも述べたとおり、両利きの経営では既存事業の「深化」とともに、新規事業の「探索」を行うことが重要である。しかし、ヒト・モノ・カネなどの経営資源が豊富な大企業と違い、経営資源の少ない中小企業では難しいと考えている経営者も多いであろう。従業員は既存事業の「深化」だけで手一杯であり、新規事業の「探索」まで手が回らないからである。

　しかし、2021年度版の『中小企業白書』の調査結果によれば、中小企業が経営危機を乗り越える上で最も重要だった取り組みの1位は「新事業分野への

図表 5-1　中小企業が経営危機を乗り越える上で最も重要だった取り組み

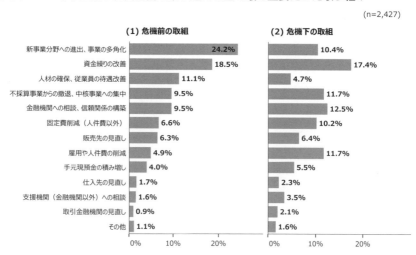

(n=2,427)

	(1) 危機前の取組	(2) 危機下の取組
新事業分野への進出、事業の多角化	24.2%	10.4%
資金繰りの改善	18.5%	17.4%
人材の確保、従業員の待遇改善	11.1%	4.7%
不採算事業からの撤退、中核事業への集中	9.5%	11.7%
金融機関への相談、信頼関係の構築	9.5%	12.5%
固定費削減（人件費以外）	6.6%	10.2%
販売先の見直し	6.3%	6.4%
雇用や人件費の削減	4.9%	11.7%
手元現預金の積み増し	4.0%	5.5%
仕入先の見直し	1.7%	2.3%
支援機関（金融機関以外）への相談	1.6%	3.5%
取引金融機関の見直し	0.9%	2.1%
その他	1.1%	1.6%

（出所：『2021年版　中小企業白書』）

進出、事業の多角化」となっている。

　しかも、重要なのは、それが「危機下の取組」としてではなく、「危機前の取組」としてという点である。つまり、経営危機前から新規事業分野への進出に取り組んでいる企業ほど、経営危機を乗り越えているのである。この調査結果からもわかるとおり、中小企業においても、既存事業の「深化」だけでなく、将来の経営危機に備えて、新規事業の「探索」にも同時に取り組んでおくことが必要なのである。

　しかし、現実問題として、会社をあげて新規事業の「探索」を行う余裕のあるところは少ないであろう。そこで、本章では、経営者が自ら「探索」を行う手法について、経営者の考え方や行動のあり方を中心に考察する。

　新規事業を創出するのは簡単なことではない。何から手を付けていいかわからず、最初の一歩を踏み出せない経営者や、闇雲にいろいろなものに手を出しては失敗を繰り返す経営者も多いであろう。経営者として、自信を持って新規事業の創出を進めるには、いったいどのような考え方や行動をすればよいのであろうか。

　東海クロスメディア株式会社代表取締役の三輪知生氏の著書に『岐阜発　イノベーション前夜』がある。この著書は、三輪氏が岐阜県の公的支援を行っていた時期に支援した中小企業10社が、いかにして経営危機を脱し、新規事業を創出したかについて、経営者の考え方や行動まで掘り下げて、成功事例として詳しくまとめてあり、大変参考になる。そこで、本章では、この著書に記されている成功事例をヒントに、それらに共通する経営者の考え方や行動について考察する。そこから抽出した考え方や行動は、実際に中小企業が新規事業の創出に成功した事例に基づくものであることから、理論や知識から結論づけたものよりはるかに実践的なものであり、中小企業の経営者が明日からでも取り組むことができる内容になっている。

I　成功事例に共通する経営者の考え方や行動

【1】厳しいときにこそ前向きになる

　まずは、先に述べた三輪氏の『岐阜発　イノベーション前夜』で紹介されている成功事例を3つ取り上げる。

（事例）
　1つ目は、ある寝具店の事例である。この寝具店は、布団を主力商品として事業を営んできたが、布団からベッドへと消費者のライフスタイルが変化したことで経営難に陥った。このような状況になれば、経営者はどうしても後ろ向きになり、廃業などを考えたりするものだが、この経営者は、従来の事業内容に限界を感じたものの、決して後ろ向きにはならず、前向きな姿勢を失わなかった。消費者のライフスタイルの変化という現実を受け入れ、その中で自分は何をなすべきか、ひたすら前向きに考えたのである。そして、その経営者の前向きな姿勢があったことで、この寝具店は、自社のオリジナルベッドを作ることに成功し、復活を果たすことになったのである。

　2つ目は、ある和紙の卸問屋の事例である。和紙は、時代の変化には逆らえず、普段使いの紙としては実用的で値段も安い洋紙に取って代わられた。同社は、提灯などの伝統工芸品の素材として和紙を販売し、細々と生き延びていたが、経営は厳しくなっていた。普通であれば、このような状況では後ろ向きになり、もう和紙の時代ではないと、廃業を考える経営者も多いであろう。しかし、この経営者は、つとめて前向きに考え、まだ和紙を活かす方法があるはずだという希望を捨てなかった。その経営者の前向きな姿勢のおかげで、この卸問屋は和紙を海外の室内装飾品として活かしていく新たな道を見つけることになったのである。

　３つ目は、ある部品メーカーの事例である。このメーカーは、取引先が次々と生産拠点を海外に移し、部品も現地で調達するようになったため、多くの取引先を失った。そこで、国内で新たな取引先を見つけようとしたものの、自ら製品を企画し提案していく力が備わっておらず、見つけることができなかった。その結果、取引先は減少の一途をたどり、経営難に陥ったのである。普通であれば、途方に暮れてしまう状況であるが、この経営者は、前向きな姿勢を崩さず、自社内に新規事業を開発するための組織を立ち上げ、結果的にはそこから新たなオリジナル商品を生み出すことに成功したのである。

　これら３つの事例を見てみると、いずれの経営者も厳しい経営状況の中にあっても、決して後ろ向きにならず、前向きな姿勢でこれから進むべき道を考えたことがわかる。「厳しいときにこそ前向きになる」ことが、新規事業の創出に成功した経営者に共通する考え方なのである。

　それまで、自社を支えてきた事業の業績が悪化すれば、どの経営者も事業の将来について不安になるものである。しかし、必要以上に後ろ向きに考えてしまうと、これまでの枠組みに捉われて、新しい発想やアイデアも浮かばないものである。「ピンチをチャンスに変える」という言葉があるが、ピンチのときこそ大きく転換するチャンスなのである。結果的にそれがターニングポイントとなり、次なる大きな成功につながることもある。前向きに考えることで、これまでの枠組みに捉われない斬新な発想を持つべきである。

　そうは言っても、楽観的な性格ではないので、常に前向きに考える自信がないという方もいるであろう。そのような方には「リフレーミング」という考え

図表5-2　「厳しいときにこそ前向きになる」の実践事例

寝具店	和紙の卸問屋	部品メーカー
将来を悲観せず、世の中の生活様式の変化の中で何をすべきか考えた	決して後ろ向きにならず、和紙の新たな使い道を見つけようと現状に真摯に向き合った	八方ふさがりの中でも前を向き続け、新規事業開発の組織を立ち上げた

図表5-3　リフレーミングの概念図

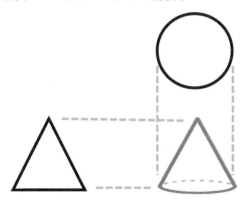

方が有効である。リフレーミングとは、物事をあえて別の角度から考えてみる手法である。**図表5-3**のような円錐形を想像してほしい。

　円錐形は、上から見ると円形に見えるが、横から見ると三角形に見える。見る角度によって、別のカタチに見えるのである。これは様々な物事についても当てはまる。一見、マイナス面しかないように思えることでも、見る角度を変えることで、プラスの面が見えてくるのである。

　例えば、失敗は誰もがしたくないことだが、これも見る角度を変えることでプラスの面が見えてくる。失敗をしたときに、それを単なる失敗と考えず、成長するチャンスであると考えるのである。そう考えることで、失敗をしても後ろ向きにならずにすむだけでなく、実際に失敗から多くの教訓を学び成長することができる。物事の良し悪しは、考え方しだいなのである。

　発明家であるトーマス・エジソンの有名な言葉がある。多くの失敗をしてきたことを指摘された際、彼はこう答えている「私は失敗をしたことがない。ただ１万通りの、うまくいかない方法を見つけただけだ」。大きなことを成し遂げる人は、マイナスに思えることも、敢えて見る角度を変え、プラスに捉えているのである。

　もし、今の事業がうまくいかなくなっているとすれば、それは新しい事業を生み出すチャンスと考えてみるべきである。そのように考え、「厳しいときに

こそ前向きになる」ことを実践すれば、両利きの経営の「探索」に向けて、第一歩を踏み出すことができるであろう。

【2】本当にやりたいことを明確にする

　新規事業を創出した経営者に共通する考え方や行動は他にもないだろうか。そこで、再び三輪氏の著書『岐阜発　イノベーション前夜』で紹介されている成功事例を３つ取り上げてみよう。

（事例）
　１つ目は、あるスーパーの事例である。このスーパーは、近隣に進出してきた大手スーパーとの価格競争の中で値下げを繰り返し、経営難に陥った。いったんは廃業しようと決めたものの、この経営者は、自分が本当にやりたかったことが何だったのか、そこであらためて考え直してみたのである。そして、自分が本当にやりたかったのは、夢に向かって輝いている人たちを応援することだということに気がついたのだ。そして、それを実現したいというこの経営者の強い思いが、結果的に多くの新規出店者を応援する屋台村事業の立ち上げにつながったのである。

　２つ目は、【1】でも紹介した寝具店の事例である。前述のとおり、布団からベッドへと消費者のライフスタイルが変化したことで経営が厳しくなっていたが、この経営者は前向きな考え方を失わなかった。自分の知識と経験という強みを活かして自分に何ができるかを必死に考えたのである。そして、その中で、いつかは自社のオリジナル商品を提供してみたいという自分の夢にあらためて気づき、その実現に向けて一歩を踏み出したのである。この夢が、後に自社のオリジナルベッドという形で実現したことは、【1】でも述べたとおりである。

　３つ目は、ある調味料の卸問屋の事例である。この卸問屋は、自社の顧

客である飲食店が、近隣に進出してきた大手飲食チェーン店に押されて次々と閉店してしまったことで、多くの顧客を失った。また、新たに顧客を開拓しようにも、大手小売店を中心にメーカーと直接取引をする「中抜き」が進み、小さな卸問屋が入り込む余地はなくなっていた。そのような中で、この経営者は、自社のこだわりの油を活かした商品を作り、1人でも多くの人に届けたいという自分の夢にあらためて気づいたのである。そして、その夢を叶えるために一歩を踏み出し、結果的に、自社の油で揚げた和菓子を開発し、新規事業での成功を収めたのである。

　これら3つの事例を見てみると、いずれの経営者も、そもそも自分は何をしたくて事業を営んでいるのか、事業を通じて将来どのような夢を実現したいのか、ということをあらためて考えていることがわかる。【1】の「厳しいときにこそ前向きになる」だけでなく、その上で「本当にやりたいことを明確にする」ことも、新規事業の創出に成功した経営者に共通する考え方なのである。

　新規事業を展開しようと、闇雲に新しい事業に手を出す経営者は多いが、うまくいかないことが多い。それは、手を出した事業が、自分の「本当にやりたいこと」ではないからではないだろうか。新規事業を実現するには、多くの困難が待ち受けているが、それが「本当にやりたいこと」でなければ、その困難を乗り越えることができないからである。これら3つの事例を見てもわかるとおり、新規事業の創出に成功した経営者は、闇雲に新しいことに手を出しているわけではない。自分の夢や長年漠然と思い描いていた「本当にやりたいこと」をしっかりと考え、明確にしてから一歩を踏み出しているのである。

図表5-4 「本当にやりたいことを明確にする」の実践事例

スーパー	寝具店	調味料の卸問屋
夢に向かって輝いている人たちを応援したいことが、自分の夢であると気がついた	自社のオリジナルの商品を提供したいという長年の夢に気がついた	こだわりの油を活かした商品を多くの人に届けたい、という夢を再認識した

【3】多くの人に会って話をする

　三輪氏の著書『岐阜発　イノベーション前夜』で紹介されている成功事例を３つ取り上げ、他にも共通する考え方や行動がないか考察してみよう。

　（事例）
　１つ目は、【2】でも取り上げたスーパーの事例である。この経営者は、前述のとおり、自分の夢の実現に向けて屋台村を開設しようと考えたのだが、これまでとはまったく異なる事業分野であったため、各地の屋台村に実際に足を運んで視察をして回り、多くの関係者と話をした。そして、その中で出会ったある屋台村事業の責任者と話すことで、屋台村事業の面白さをあらためて実感することができたのである。この視察が、その先の屋台村事業の立ち上げに大きく影響したことは間違いない。

　２つ目も、やはり【2】で取り上げた調味料の卸問屋の事例である。経営難に陥りながらも、自社のこだわりの油を活かした商品を作りたいという夢を胸に新事業のアイデアについて考えていたのだが、この経営者は、考えるだけでなく、自ら客先をまわって多くの人と自分のアイデアについて話をしたのである。そして、その中で、後に共同で新商品を開発することになる和菓子職人と運命的な出会いをすることになったのだ。

　３つ目は、【1】でも紹介した和紙の卸問屋の事例である。この経営者は、和紙の新しい使い道を探るべく、国内はもとより、海外各国の展示会にも積極的に足を運んだ。そして、そのときにたまたま同行していた通訳から、「海外のクリスマスでは、窓ガラスや室内をオーナメントで飾るが、それを和紙で作ったらどうか」というアイデアをもらうことができたのである。

これら３つの事例を見てみると、いずれの経営者も、夢を実現するために、

自分1人で考えるのではなく、多くの人に会いに行って、自分の夢について話をしていることがわかる。自分の頭の中にある少ない経験や狭い知識だけに頼っていると、どうしても視野が狭くなり、新しい発想は出にくい。自分の足を使って積極的に動き、「多くの人に会って話をする」こともまた、新規事業の創出に成功した経営者に共通する行動なのである。

　また、上記の3つの事例からは、「多くの人に会って話をする」ことで得られるいくつかのメリットについても読み取ることができる。

　1つ目のメリットは、自分の夢に確信が持てることである。屋台村事業を夢見るスーパーの経営者は、多くの人に会って話をする中で、ある屋台村事業の責任者からその事業の面白さを聞き、あらためて自分の夢に確信を持つことができた。自分なりに夢を抱いたとしても、それが本当に自分の思い描くような素晴らしいものなのか不安になるものである。また、それが本当に実現できるようなものなのか疑問を抱いてしまうことも多い。しかし、多くの人と話すことで、その夢について、第三者的な立場から客観的な意見をもらうことができる。この経営者のように、自分の夢が確信につながれば、勇気を持って実現に向けて踏み出すことができるのである。

　2つ目のメリットは、一緒に夢を実現してくれる協力者に出会えることである。自社のこだわりの油を活かした商品を夢見る調味料の卸問屋の経営者は、多くの人と会う中で、その夢に共感し意気投合した和菓子職人に出会っており、結果的にその職人と共同で新商品を開発することになった。中小企業は経営資源が少なく、新規事業を創出する上では、このような外部連携が非常に重要となる。しかし、このような出会いは狙ってできることではない。「多くの人に会って話をする」ことで、初めて得られるメリットなのである。

　3つ目のメリットは、夢を実現するためのアイデアが得られることである。和紙の卸問屋の経営者は、同行していた通訳からアイデアを得ることができた。人はそれぞれ知識や経験、考え方を異にする。したがって、話す人の数だけアイデアがある。多くの人に会って話をすれば、それだけ求めているアイデアが得られる確率も上がる。これもまた、「多くの人に会って話をする」ことのメリットである。

図表 5-5　「多くの人に会って話をする」の実践事例

スーパー	調味料の卸問屋	和紙の卸問屋
各地の屋台村に足を運んで視察して回り、屋台村事業の面白さを実感した	毎日自ら客先をまわり、多くの人に会う中で、和菓子職人と運命的な出会いをした	国内はもとより、海外各国の展示会にも足を運び、同行の通訳からアイデアを得た

　「創造性は移動距離に比例する」 ―これは、金沢カレーで有名なカレーチェーン店「ゴーゴーカレー」の創業者社長である宮森氏の言葉として、入山章栄教授の著書『世界標準の経営理論』にも掲載されている。同書では、両利きの経営における「探索」は、自分の認知の範囲を出ることだと説明している。なぜならば、人の認知には限界があり、目の前の狭い部分しか見えないからである。そして、その「探索」を実践している経営者として宮森氏を紹介しているのである。ここからも、「多くの人に会って話をする」ことが「探索」においては非常に重要であり、新規事業を創出するうでも欠かせないことがわかる。

【4】 ピンときたものを信じる

　前項までと同じように、『岐阜発　イノベーション前夜』で紹介されている成功事例から、さらに共通する考え方や行動がないか検証してみよう。

　（事例）
　　1つ目は、前項でも取り上げたスーパーの事例である。この経営者は、各地の屋台村を視察する中で、ある屋台村の店主たちの輝いている表情に心を打たれた。そして、同時に、これこそが、夢に向かって輝いている人たちを応援したいという自分の思いを実現できる事業である、とピンときたのである。そして、このピンときたものを信じ続けたことで、この経営者は、その後に直面したいくつものハードルを乗り越えることができ、遂に屋台村事業の立ち上げに成功したのである。

　2つ目は、ここまで何度か取り上げてきた寝具店の事例である。布団を中心とした事業に行き詰まりを感じたこの経営者は、新たな事業を模索するために、多くの大型家具店に足を運び、どのような家具が売られているかを見て回った。そして、長年寝具店を経営する中で聞いてきた顧客の要望を満たすようなベッドが、思いのほか売られていないことに気がついたのだ。特にシニア層の多くが悩んでいる腰痛の対策になるような機能性を重視したベッドは少なく、デザイン優先のものが多かった。これからの高齢化社会において、そのようなベッドが必ず求められるようになると、この経営者はピンときたのである。結果的に、このピンときたものを信じることで、この経営者は、その後の幾多のハードルを乗り越え、シニア向けのオリジナルベッドの商品化に成功している。

　3つ目は、ある陶磁器メーカーの事例である。この会社は、生活食器を中心に製造をしていたが、付加価値がつけにくく、安価な輸入製品との価格競争に巻き込まれて経営状況が厳しくなっていた。そこで、この経営者が目を付けたのが、海外のある郷土料理用の蒸し鍋だった。この経営者が試しにと、その蒸し鍋で郷土料理を食べた瞬間に「こんなにおいしい料理を作れる鍋なら、きっと売れる」とピンときたのである。その後、この経営者は、そのときにピンときたものを信じ続け、試作段階で訪れる度重なる失敗にもくじけることなく、新商品を世に送り出すことができたのである。

　これら3つの事例を見てみると、いずれの経営者にも、夢が実現できると確信する瞬間が訪れている。そして、その瞬間にピンときたものを信じ続けることで、その後の困難な状況を乗り越えていることがわかる。【3】では、「多くの人に会って話をする」ことについて述べた。しかし、その多くの人の話の中に「ピンとくる」ものがあったとしても、それをやり過ごしてしまったり、「本当にそうなのか」と信じきれなかったりするものである。それは、ある意味当然である。従来の事業がうまくいかなくなっていれば、事業の難しさは身

図表5-6　「ピンときたものを信じる」の実践事例

スーパー	寝具店	陶磁器メーカー
ある屋台村の店主たちの輝く表情を見て、自分の夢が実現できるとピンときた	高齢化社会では、シニア向けの機能性ベッドが求められるようになるとピンときた	海外のある郷土料理の鍋を食べた時のおいしさから、これはいけるとピンときた

にしみているであろうし、今後の会社の命運を握る新規事業をそのような直感で決めてしまっていいのかと迷うものである。しかし、本項で見た３つの事例からもわかるとおり、新規事業の創出に成功した経営者は、この直感を信じ、勇気を持って一歩を踏み出している。もちろん、独りよがりの直感だけで闇雲に進むのはよくないが、多くの人との話の中で得た直感であれば、これを信用すべきである。

　新規事業を実現するまでには、越えなければならない多くの壁が待ち受けているものである。その壁に当たるたびに自信が揺らぐことであろう。そのようなときの心の支えになるのが、この「ピンときたものを信じる」ことなのである。これはいけるという信念がなければ、それらの壁を越えることができず、新規事業も生まれないであろう。経営者としての直感と度胸が試されていると考え、「ピンときたものを信じる」ことで、勇気を持って進むべきである。うまく行かなければやり直せばよいが、進まなければ新規事業は決して生まれない。

【5】壁があっても決してあきらめない

　前項で、新規事業を実現するまでには、越えなければならない多くの壁が待ち受けていると説明した。この問題について、『岐阜発　イノベーション前夜』で紹介されている成功事例では、どのように克服しているのであろうか。前項までと同じように、３つの事例を取り上げ、そこに共通する考え方や行動を検証してみよう。

（事例）

1つ目は、ここまで何度か取り上げてきた屋台村の事業化に成功したスーパーの事例である。この経営者は、自らの夢である屋台村事業の実現に向けて動き出したものの、メインバンクの理解を得ることができず、事業に必要な資金が調達できないという壁に当たってしまったのだ。しかし、この経営者は決してあきらめることはなかった。思い切ってメインバンクの変更に踏み切り、新たな銀行と協議を重ねながら1年をかけて事業計画を作成したのだ。そして、その計画が評価されたことで、結果的に地域ファンドから出資を受けることができた。壁があっても決してあきらめない経営者の精神が、新規事業を実現させたのである。

2つ目も、何度か取り上げてきたシニア層向けのオリジナルベッドの商品化に成功した寝具店の事例である。商品のアイデアは固まったものの、自社で製造するノウハウがなかったため、製造を依頼できる相手先を探すことにしたのだが、どの製造工場からも「街の布団屋が何を言っているのか」という冷ややかな対応をされ、ことごとく断られてしまうという壁に当たってしまったのである。しかし、この経営者はあきらめず、一縷の望みをかけて、相手先を執念深く探し続けた。その結果、ついに製造してくれる木工所を探し当て、オリジナルベッドの商品化にこぎつけたのである。

3つ目は、和菓子職人と組んでオリジナル菓子の商品化に成功した調味料の卸問屋の事例である。オリジナル菓子の試作品の評判も良く、自信を持って既存の販路であるスーパーにその商品を持ち込んだところ、この経営者の味と品質へのこだわりを理解してもらえず、その他の一般的な菓子と同列に扱われてしまったのである。この商品は、日射しが当たることで味と品質が劣化するのを防ぐため、包装も遮光性のものにこだわっていたのだが、スーパーでは中身の見える透明な包装でないと売れないという理由から、包装を変更するよう条件がつけられてしまったのだ。商品の味と

図表5-7　「壁があっても決してあきらめない」の実践事例

スーパー	寝具店	調味料の卸問屋
メインバンクから資金調達ができなかったが、メインバンクを変更し、地域ファンドからの資金調達に成功した	製造の依頼先候補に次々と断られたが、あきらめずに探し続け、依頼を受けてくれる木工所を見つけた	既存の販路であるスーパーでの販売の道が断たれたが、粘り強く、新規の販路を開拓した

　品質を保持するためには絶対に譲れないこだわりのポイントであったため、このスーパーでの販売を断念せざるを得なくなった。商品はできたものの、販路がないという壁に当たってしまったのである。しかし、この経営者はあきらめることなく、新たな販路開拓という険しい道を突き進んだ。そして、新商品の持つこだわりや価値の高さを説明してまわり、一から少しずつ販路を広げていったのである。

　これら３つの事例を見てみると、いずれの経営者にも、「壁があっても決してあきらめない」という姿勢が共通している。スーパーの事例では資金調達の壁、寝具店の事例では製造の壁、また調味料の卸問屋の事例では販路の壁に当たっている。どの成功事例を見ても、すんなり行った例はないのである。いかに素晴らしいアイデアであっても、事業化に至るまでには、必ずと言っていいほど様々な壁が存在する。しかし、本項で取り上げた３つの事例を見ると、新規事業の創出に成功した経営者は、途中であきらめかけたり、くじけそうになったりしてはいるが、決してあきらめることなく、その壁を乗り越えているのである。

Ⅱ　５つのステップの重要性

　ここまで、成功事例を参考に、新規事業の創出に成功した経営者に共通する考え方や行動を見てきた。
　１つ目は「厳しいときにこそ前向きになる」、２つ目は「本当にやりたいこと

図表5-8 新規事業を創出する5つのステップ

ステップ1	ステップ2	ステップ3	ステップ4	ステップ5
厳しいときにこそ前向きになる	本当にやりたいことを明確にする	多くの人に会って話をする	ピンときたものを信じる	壁があっても決してあきらめない

を明確にする」、3つ目は「多くの人に会って話をする」、4つ目は「ピンときたものを信じる」、そして5つ目は「壁があっても決してあきらめない」であった。

　これらの共通点をあらためて見直してみると、それぞれが独立しているわけではなく、1つ前のものが土台になっているなど、相互に関係していることがわかる。例えば、厳しい中でも前向きになっているからこそ、初めて本当にやりたいことを考えることができるし、本当にやりたいことが明確だからこそ、多くの人に会ってそれについて意見を交わすことができる。また、多くの人と話すからこそ、ピンとくるものを得る確率が高まるし、そこでピンときたものを信じるからこそ、その先にある壁に当たってもそれを乗り越えていけるのである。つまり、新規事業の創出に成功するには、どれも欠かすことができないものであり、1つひとつステップを踏んでいかなければならないことがわかる。ここまで成功事例として取り上げてきたどの経営者たちも、しっかりとこの5つのステップを踏んで新規事業を実現してきたと言える。つまり、中小企業において新規事業を創出する、すなわち、両利きの経営の「探索」を行う際には、経営者はこの5つのステップを実践すべきなのである。

Ⅲ　5つのステップの難しさ

　ここまで、中小企業が新規事業を創出する際に重要となる考え方や行動の5つのステップについて見てきた。しかし、この5つのステップを実践するのはそう簡単なことではない。それは、どのステップも、しっかり意識して取り組まなければ、実践することが難しいものばかりだからである。

　例えば、**ステップ１**の「厳しいときにこそ前向きになる」であるが、一口に前向きになると言っても、それほど簡単なことではない。人間はどうしても厳しい状況に追い込まれると悲観的になりがちである。また、そのような状況では、目の前のことに追われるあまり、将来的なことを考える余裕すらなくなることも多い。その中で、前向きな姿勢を失わないようにするには、それなりの意識を持っておかなくてはならない。

　また、**ステップ２**の「本当にやりたいことを明確にする」ことも容易ではない。本当にやりたいことについて、普段はあまり考えないからである。ましてや、日々今の事業に追われる中で、そのようなことを考える余裕すらないのではないだろうか。つまり、これも敢えて意識をしないと、できないことなのである。

　ステップ３の「多くの人に会って話をする」ことも、いざ実践しようとすると難しい。そもそも、日々の業務に追われ、そのような時間が取れないと考える経営者が多いであろう。多くの人に会うにためには、忙しい中でも敢えて時間を捻出する必要がある。また、遠方に出かけることも多く、それを面倒だと感じるかもしれない。このステップも、相当意識をしないと実践できないことである。

　ステップ４の「ピンときたものを信じる」についても容易ではない。多くの人と話す中で、ピンとくるものを逃さないよう、常に注意を払っていなければならないからだ。これも、しっかり意識しておかなければならないステップである。

　ステップ５の「壁があっても決してあきらめない」については言わずもがなである。いくらピンときたものがあったとしても、度重なる壁に当たれば、ついあきらめたくなるものである。それだけ、意識をしっかりもっておかなければ、なかなか実践できないことである。

　このように、いずれのステップも容易に実践できるものではない。だからこそ、しっかり意識をしておく必要がある。繰り返しになるが、これまで見てきた成功事例のどれをとっても、容易に新規事業を創出した経営者はいない。それだけ新規事業を創出することは難しく、途中で挫折するケースが多いのであ

る。難しいからこそ、成功した経営者に共通する考え方や行動の「5つのステップ」をしっかり意識して取り組んでほしい。

Ⅳ　新規事業を創出する上で気をつけるべきこと

　ここまで見てきた「5つのステップ」を実践し、新規事業を創出していく上で、気をつけるべきことをいくつか指摘しておきたい。

過去の成功体験に固執しない

　経営状態が悪化してきたとしも、今の事業に将来性がないとは認めたくないものである。ましてや、今の事業における過去の成功体験があれば、なおさらである。しかし、顧客嗜好の変化や技術の進歩など、事業環境が変化すれば、その時代に合う事業もまた移り変わっていくものである。過去の成功体験に固執せず、その変化に柔軟に対応していくことが重要である。

　また、新規事業のアイデアを考える際にも、過去の成功体験が邪魔をすることがある。過去の体験をもとに判断してしまうことで、新しい事業の芽を摘んでしまうことも多い。過去は過去、未来は未来と切り分け、過去の成功体験に固執せずに、新しい発想で考える必要がある。

変わることに躊躇しない

　長年生き残っている老舗企業は、昔からの事業内容を変えることなくそのままの形を守っていると思われがちだが、実は生き残っている老舗企業ほど、社会の変化に柔軟に対応し、事業内容を変化させている。常に周りの環境に合わせ、変わることに躊躇しないからこそ、老舗企業として生き残っていると言ってもいい。伝統を守るということは、何を守り、何を変えていくかをきちんと考え、本当に守らなければいけないもの以外は、勇気をもって変えていくことなのである。

　生物学者のダーウィンの言葉[1] にもある。「生き残る種とは、最も強い種でもなければ、最も知的な種でもない。最も変化に対応した種である」。

他人のせいにしない

　経営状態が厳しくなってくると、それを他人のせいにする経営者がいる。確かに、そのようなときには「社会が悪い、政治が悪い」と言いたくなるものではあるが、原因を外部に求めているうちは、いつまで経っても状況は好転しない。なぜなら、社会や政治をはじめ、外部のことは自分では変えることができないからである。変えることができるのは自分や自分の会社だけだ。自分の経営に悪いところはなかったのか、改善すべきところはどこなのか。このように考え、行動することで初めて状況は変わってくる。他人のせいにしたい気持ちはよくわかるが、会社を存続させたいのであれば、現実から目をそむけず、変化する環境にあわせて、自社を変えていくことが重要である。

Ⅴ　まとめ

　経営資源の豊富な大企業と違い、中小企業で本当に両利きの経営ができるのか、というそもそもの疑問があるかもしれない。では、大企業の方が両利きの経営を実践する上で本当に有利なのであろうか。

　チャールズ・A・オライリー教授とマイケル・L・タッシュマン教授の著書『両利きの経営　「二兎を追う」戦略が未来を切り拓く』では、大企業において既存事業の「深化」と新規事業の「探索」を組織として両立させていく難しさが説明されている。ヒト・モノ・カネなどの経営資源が豊富な大企業が両利きの経営を行う場合、既存事業の「深化」を行う組織と、新規事業の「探索」を行う組織を別につくるのが一般的だが、その組織設計が不十分であれば、既存事業の組織の圧力によって新規事業の「探索」活動がうまく機能しないのである。その点で言えば、経営資源が少なく、経営者の考え方や行動に依存せざるを得ない中小企業の方が、そのような組織設計に余計な気を配る必要がなく、むしろ取り組みやすいとも言える。

1　ダーウィンの言葉ではないという説もある。

　同様のことは、小川正博教授や西岡正准教授等による著書『中小企業のイノベーションと新事業創出』でも指摘されている。経営資源の多い大企業は、それらの資源が既存事業に「ロック・イン」（固定化）される可能性が高く、そのような経営資源の足かせの少ない中小企業の方が、むしろ画期的なイノベーション（新規事業の創出）に取り組みやすいと説明している。しかし、中小企業の方が取り組みやすいとは言っても、少ない経営資源を補うために社外の経営資源を活用することがその条件であるということも、同書では指摘している。すなわち、本章で説明してきた**ステップ3**の「多くの人に会って話をする」ことや、**ステップ4**の「ピンときたものを信じる」ことで、外部の人たちのアイデアを積極的に取り込むことができれば、中小企業ならではの新規事業の「探索」は十分できるということになる。

　このように、やり方しだいでは、経営資源の少ない中小企業でも十分に両利きの経営を実践できることがわかる。しかし、それがうまくいくかどうかは、経営者の力量しだいである。本章では、中小企業の経営者が、新規事業の「探索」を行う上で、どのような考え方や行動を実践すればいいかという点について、成功事例に共通する5つのステップを提示した。この5つのステップが、中小企業における新規事業の創出、ひいては、両利きの経営における「探索」に少しでも役立てば幸いである。

（参考文献）
・『岐阜発 イノベーション前夜』三輪知生（生産性出版　2020年）
・『中小企業のイノベーションと新事業創出』小川正博・西岡正等（同友館　2012年）
・『世界標準の経営理論』入山章栄（ダイヤモンド社　2019年）
・『両利きの経営 「二兎を追う」戦略が未来を切り拓く』チャールズ・A・オライリー、マイケル・L・タッシュマン（東洋経済新報社　2019年）
・『2021年版　中小企業白書』中小企業庁（2021年）
・『2021年版　中小企業白書　～中小企業の新事業展開事例集 概要～』中小企業庁（2021年）
・『新連携・地域資源活用・農商工等連携 成功事例集』中小企業基盤整備機構（2019年）

・『「中小企業のイノベーション実態調査」報告書』東京商工会議所（2021 年）
・『平成 21 年度 ものづくり中小企業製品開発等支援補助金 成果事例集』中小企業庁
　（2009 年）

第６章 新規事業開発によって事業再構築を行う

北谷　康生

　企業は、コロナ禍の危機を乗り切り、飛躍するために、企業全体での事業再構築を行う必要がある。そのための重要な考え方が「両利きの経営」である。「両利きの経営」とは、両手を巧みに使いこなすがごとく、知の深化（既存事業の深探り）と知の探索（新規事業の発掘）の両方を進めていくことである。第６章では知の探索である新規事業開発に焦点を当てる。新規事業開発はリスクを伴うが、やらないこともリスクとなる。そして新規事業開発に成功すれば、企業の付加価値を向上し、成長できる可能性が高まる。さらに、新規事業開発を出発点として、そこで得た事業のやり方を企業全体につなぎ、事業の軸をずらすことにより、事業再構築を行うことができる。

　ここでは「なぜ新規事業開発が必要か」「新規事業開発プロセス」「新規事業開発のための外部連携」「新規事業開発により事業再構築を行う方法」について記述する。新規事業開発プロセス、外部連携、事業再構築への結びつけについては、多くの企業で活用されている経営理論を中小企業に使える内容にして説明する。そのため、できる限り中小企業の成功事例を記載した。

Ⅰ　なぜ新規事業開発が必要か

(1)　コロナ後の社会変化

　コロナ禍をきっかけとして社会の変化が加速している。政治体制や国際情勢、産業構造、人々の行動、環境問題への意識が大きく変化すると予想される。また、デジタルシフトや、都市集中から分散ネットワーク型社会への移行

も進みつつある。企業は、従来どおりの事業を従来通りのやり方で行っていると、存続が難しくなる可能性がある。逆に、この変化を飛躍の機会とすることもできる。新規事業開発は、危機を乗り切り、飛躍するための重要な手段である。

⑵　新規事業をやらないことのリスク

　新規事業をやらないことが企業存続の危機につながることがある。たとえ優良企業であっても、市場や技術の変化に直面したときに、その地位を守ることに失敗する例は多々ある。優良企業が変化に対して何もしなかったわけではない。むしろ、既存事業の顧客の要望に応えるため積極的に技術・製品・生産設備に投資した結果、異質な競争をしかける競合に敗北するのである。

　このメカニズムを理論化したのがクレイトン・クリステンセンによる「イノベーションのジレンマ」[1]である。「イノベーションのジレンマ」については第３章で詳細に述べられているため、その理論の説明については割愛する。持続的イノベーション（今ある製品・サービスを良くする、従来よりも優れた性能を実現して、更なる満足度向上を狙うこと）に固執し、異質な破壊的イノベーション（例えば、使い勝手が良く安上がりな製品・サービス）への対抗が遅れたために市場から退出せざるを得なかった例は多々あるということである。

　有名な例としては、フィルム世界大手のコダックが、デジタル技術の登場によって破綻に追い込まれたということがある。もちろんコダックはデジタルカメラなど新規事業に取り組んだのであるが、軸足をフィルムに置いたままでの中途半端な新規事業展開であった。破壊的イノベーションについては、優良中小企業も他人事ではない。例えば、回転寿司。最近は品質が向上し、老舗寿司店の顧客を侵食している。製造業では、3Dプリンターが試作ものづくり企業にとって脅威となっている。難加工材を使用した一部航空部品においては量産にさえ使用されている。現時点では精度において満足できる水準にない場合が多いが、今後精度が向上していけば、納期・コストにおいて従来の試作ものづ

1　『イノベーションのジレンマ』クレイトン・クリステンセン（翔泳社　2000年）

くり企業は太刀打ちできなくなる可能性がある。

　同じフィルム大手でも、富士フイルムは、果敢に新規事業に挑戦して企業存続の危機を乗り切り、さらに発展を遂げている。変化に対して、既存事業の改善だけでなく、新規事業に取り組むことが危機を乗り切る1つの方法と言える。

(3)　新規事業の利益への影響

　中小企業は新規事業開発に取り組むことで利益を増加させることができる。新規事業開発戦略は、市場と製品・サービスの組合わせで4種類に分けられる。

　新市場に既存製品・サービスを提供する「新市場開拓戦略」、既存市場に新製品・サービスを提供する「新製品開発戦略」、既存事業を維持しながら新市場に新製品・サービスを提供する「多角化戦略」、既存事業を縮小廃止して新市場に新製品・サービスを提供する「事業転換戦略」である。

図表6-1

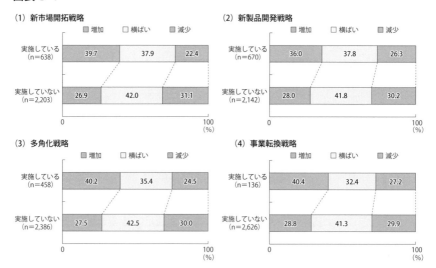

(出所：中小企業庁委託「中小企業の成長に向けた事業戦略等に関する調査」（野村総合研究所2016年11月）『2017年版　中小企業白書』より)

　図表6-1 は、4種類の新規事業開発戦略を実施している企業と実施していない企業における経常利益増加・横ばい・減少傾向のアンケートをとったものである。いずれの取り組みにおいても、新事業展開を実施している企業は、実施していない企業と比べて、経常利益率が増加傾向にあることがわかる。

　社会が変化する中で、新規事業に取り組まないことは企業存続にとってリスクがあり、逆に新規事業開発に取り組むことで利益を増加させる可能性が高くなる。新規事業開発には、資金を始め、ある程度の経営資源が必要となる。企業体力が弱り余裕がなくなる前に、中小企業は果敢に新規事業に取り組むべきである。

Ⅱ　新規事業開発プロセス

　ここでは、新規事業開発をどのように実行するかについて説明する。まず「新規事業開発プロセスの類型」を説明し、その類型の1つ「デザイン思考アプローチ」としての、「顧客観察から始まる新規事業開発のやり方」「新規事業のアイデアを形にするやり方」を述べる。次に「仮説検証アプローチ」としての「小さく始めて、素早く、大きく育てるやり方」、さらに「顧客の見つけ方」を記載する。

【1】新規事業開発プロセスの類型

　新規事業開発にあたっては、様々なやり方が存在する。井上達彦氏の「ゼロからつくるビジネスモデル」[2] では、「戦略的アプローチ」「パターン適合アプローチ」「デザイン思考アプローチ」「仮説検証アプローチ」が紹介されている。井上氏は、事業遂行の仕組み、つまりビジネスモデルをつくるためのアプローチとして4つを紹介している。新規事業開発には、ビジネスモデルが必要であり、このアプローチは新規事業開発にあたっての考え方としても使うこと

2　『ゼロからつくるビジネスモデル』井上達彦（東洋経済新聞社　2019年）

ができる。

①　戦略的分析アプローチ

　自社の強みと弱み、ビジネス環境の機会と脅威を分析し、そこから得られた発想を活かすアプローチである。多くの人が知っている SWOT 分析が典型的なものとなる。合理的なアプローチであり、大企業では当たり前のように行われている。新規事業にかけられる人員に乏しい中小企業にとっては、ビジネス環境・競合・仕入先・自社経営資源分析など、情報の収集とその分析に困難を伴う場合がある。

②　パターン適合アプローチ

　異なる地域や異業種でうまくいっている事業をお手本として新規事業を開発するアプローチである。単純にお手本を持ち込む場合、自分の業種に合わせて適応させる場合、お手本をヒントとして全く新しい事業を開発する場合がある。ひと昔前までは欧米で流行っているビジネスを日本にそのまま持ち込み、あるいは多少日本流に適応させてうまくいったビジネスが多くあった。情報が簡単に入手できる現代では、顧客の本質を見抜いた製品・サービスの提供と、他社に簡単に真似されない工夫が必要となる。

③　デザイン思考アプローチ

　現場の観察やインタビューを通して、新規事業につながるような顧客の潜在ニーズ（顧客インサイトと呼ばれることもある）を探ることから始めるアプローチである。デザインというと、製品のデザインなど意匠のような狭い概念を持ってしまうが、本来の意味は、製品の設計、さらには社会システムや生活の設計など広い概念を意味する。

④　仮説検証アプローチ

　仮説をもとに、試作品や、最低限の機能をもった製品・サービスを顧客に提案して、顧客の反応を見ながら改善したり方向転換をしたりするアプローチである。大規模な事前調査をしないので、コストや時間を節約することができる。経営資源のある大企業では新規事業開発にあたって大規模調査を行うのが普通である。大企業では稟議を通すために、どうしても事前の大規模調査が求められる傾向にある。しかし、大規模調査を実施し計画を立てたからといっ

て、新規事業開発がそのとおりに進むとは限らない。

　上記のうち、特に中小企業にとって使いやすいアプローチとして、「デザイン思考アプローチ」と「仮説検証アプローチ」について記述する。

【2】 顧客観察から始まる新規事業開発のやり方

　「デザイン思考アプローチ」は顧客の観察から始まる新規事業開発のやり方である。そして「デザイン思考」とは「イノベーションを生み出すために卓越したデザイナーの思考を活用すること」と定義されていることが多い。

　これは、優れたデザイナーが日常的に使用している、「人の行動を深く観察する」「ブレーンストーミングで大量のアイデアを出す」「素早くプロトタイプをつくる」といった手法を新規事業開発に応用するアプローチである。

　そしてイノベーションを生み出すには人間への有用性・技術的実現性・経済的実現性の３要素が必要とされ、デザイン思考では、このうち人を中心にまず有用性を考えて、次に技術的経済的実現性を探っていく。

　ただし、デザイン思考のやり方には決定版と呼べるものはなく、文献や実施組織によって様々なものが混在している。ここではトム・ケリーとディビッド・ケリーが「クリエイティブ・マインドセット）」[3]で述べている「着想」「統合」「アイデア創造・実験」「実現」という順番でのやり方を紹介する。

⑴　着想

　デザイン思考は人間中心のアプローチなので、まず、現場に出て人間を観察したりインタビューを行ったりして、その内容に「共感」することから始まる。顧客の行動を深く観察して、そこに隠されたニーズや秘められた価値の発見を目指す。人間のニーズ・欲求・動機を理解することでアイデアを出すのである。

　3　『クリエイティブ・マインドセット』トム・ケリー他（日経BP社　2014年）

　観察やインタビューの対象は、顧客、顧客候補、専門家などがある。時にはエクストリームユーザー、新しい技術に飛びつくテクノロジーマニアなどが対象となることもある。エクストリームユーザーとは、製品・サービスについて極端な使い方をしていたり、極端な問題意識やこだわりを持っていたり、極端な環境で使用していたりする人である。

　例えば、料理用品で言うと、メインユーザーである主婦・主夫に対して、プロの料理人、あるいは初めて料理をする子供が当てはまる。エクストリームユーザーは一般的な顧客層とは質的に違うアイデアをもたらすことがある。平均的な顧客をターゲットとしたアイデアではないため革新的なものとなる可能性がある。メインユーザーから出たアイデアは既に多くの競合が気づいており、競争になれば経営資源に勝る大企業に有利になる。エクストリームユーザーから得る革新的なアイデアこそ中小企業向きの製品・サービスに役立つのではないだろうか。

　観察の際に重要なのは「共感」である。先述のトム・ケリーとディビッド・ケリーによれば、共感とは「自分の先入観を疑い、自分が正しいと思うことをいったん脇にのけ、本当に正しいことを学ぶこと」とされている。つまり相手の立場になって考えること、と言える。

⑵　統合

　現場で観察し共感したら、次はその内容に意味づけする必要がある。具体的な観察内容や個々のストーリーから、パターンやテーマを見つける作業である。問題の枠組みを捉え直し、どこに力を注ぐべきかを決めるプロセスとも言える。

　なぜその人がそのような行動を取るのかという仮説や洞察を得たら、それを課題に変換するのである。その課題解決手段が新規事業のアイデアの元となる。

⑶　アイデア創造・実験

　ここでは統合プロセスで明らかになった課題解決手段として無数のアイデア

を次々に出して検討していく。無数のアイデアを出す方法としては多様なものがあり、例えば、多くの人にとって馴染みのあるブレーンストーミングが使いやすい。有望なアイデアがあればビジュアルイメージをつくり、人々の反応を確かめる。新規事業開発に関わる関係者が意見を出し合える具体的な土台づくりが目的であるので、ビジュアルイメージは手軽に低コストで短時間に創る必要がある。また、必ずしも立体模型である必要はなく、アイデアスケッチや、ビデオ、漫画、仕様書でも目的を果たすことができる。【3】でビジュアルイメージとしてのバリュープロポジションマップを紹介する。

(4)　実現

　アイデアを本格的に市場展開する前に、最低限の機能かつ小規模でテストとして市場に出してみて、顧客のフィードバックを受けながら改良を繰り返すプロセスである。つまり、小さく始めて、素早く、大きく育てるということである。これについては【4】で詳述する。

(5)　(事例) 株式会社稲本製作所

　　株式会社稲本製作所 (業務用洗濯機械設備販売・工事業など、石川県白山市、資本金9,630万円、現アイナックス稲本株式会社) は、顧客より業務用洗濯機のカラーリング要望を受けた。依頼内容の本質を見極めるために顧客の現場を観察し、現行機種が作業者の体格に合わない上に複雑過ぎることに気づいた。その結果、カラーのみでなく、操作しやすいデザイン、さらには製造原価の問題にまで踏み込むための新素材活用・工数削減・納期短縮を行った。同社はこれをきっかけに、下請メーカーを脱して業界トップの自社ブランドメーカーに成長した。共感を持って顧客を観察し、観察した結果を意味づけ、顧客の真の課題を解決するためのアイデアを出して実現した事例である。

(『「デザイン思考」活用講座解説書』中部経済産業局より)

【3】 新規事業のアイデアを形にするやり方

先に説明したように、顧客を観察し、その結果を意味づけし、課題解決手段としてのアイデアを無数に出した後、関係者がそれを基に意見を出し合うためのビジュアル化された試作品が必要となる。

単にアイデアを言葉で関係者と共有するのみでは、各人の間でイメージが異なり、具体的な製品・サービスが生まれない可能性が出てくる。ここではアイデアのビジュアル化手段の1つとしてバリュープロポジションマップを紹介する。

(1)　作成方法

右側の円に、顧客のやりたいこと、顧客の嬉しさ、顧客の不都合を記入する。顧客のやりたいことは、機能的なこと、社会的なこと、個人的・感情的なことに分けることができる。機能的なこととは、具体的な任務や解決したい特定の問題である。社会的なこととは、それをすることで周囲からよく見られるようになることや、権力やステータスを得られることである。そして個人的・

図表6-2　バリュープロポジションマップ

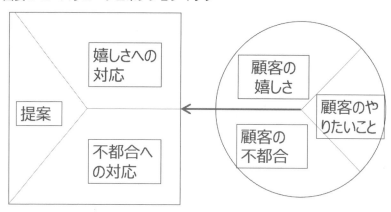

（出所：『バリュープロポジション・デザイン』アレックス・オスターワイルダー他（翔泳社 2015年）を加工）

感情的なこととは、それをすることで気分が上向いたり安心したりするような
ことである。顧客の嬉しさとは、顧客がやりたいことを行うことで得る望む結
果や恩恵のことを言う。顧客の不都合とは、やりたいことをするにあたって、
望ましくない結果やそれをもたらすリスク、あるいは障害を指す。右側の円の
内容は、【2】で述べた着想と統合プロセスから導かれる。

　左側の四角には、顧客のやりたいことに対する、顧客の不都合を取り除くも
の、顧客の嬉しさをもたらすもの、そしてその２つを達成できる製品やサービ
スを記入する。不都合を取り除くものと嬉しさをもたらすものについては、そ
れぞれ「必要不可欠なもの」と「あれば便利なもの」に分けて記述すると議論
の際の優先づけができる。左側の四角は企業が顧客に提供する価値を表してい
ると言える。

　右側と左側を記入できたら、両方が合致しているかを確かめる。バリュープ
ロポジションマップを１回で完璧に仕上げるのではなく、何度もアイデアを出
し、アイデアを詳細化し、段階的に仕上げていくことがよい製品やサービスに
つながる。バリュープロポジションマップは簡単にアイデアをビジュアル化で
きるため、創造・実験プロセスに適した手段と言える。

⑵　（事例）株式会社ダルマン

　　株式会社ダルマン（中古品小売業、東京都、従業員３名、資本金300万
　円）は古着のインターネット販売を手掛けてきたが、労力に見合うほど収
　益を得られていなかった。感染症の流行により、アパレル小売の業界でも
　非対面のニーズが高まり、これを好機と捉え、無人店舗「ムジンノフク
　ヤ」をオープンした。「ムジンノフクヤ」には、24時間営業であっても、
　常駐するスタッフが１人もおらず、顧客は店舗内に設置された券売機を利
　用して購入するという仕組みである。店員に気兼ねすることなくゆっくり
　商品を選べる形態が好評を博し、リピーターも徐々に増え、インターネッ
　ト販売の倍の売上高を達成している。顧客の嬉しさと不都合をよく観察
　し、それを解決するサービスを提供している事例である。

　　　　　　　　（『2021年版　中小企業白書　中小企業の新事業展開事例集』より）

図表6-3　「バリュープロポジションマップ」事例

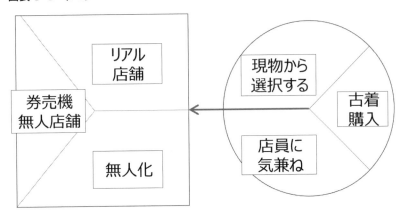

【4】小さく始めて、素早く、大きく育てるやり方

　「仮説検証アプローチ」は、「小さく始めて、素早く、大きく育てるやり方」とも言える。先に、アイデアを本格的に市場展開する前に、最低限の機能かつ小規模でテストとして市場に出してみて、顧客のフィードバックを受けながら改良を繰り返すプロセスを実験プロセスと説明した。不確実性が伴う新規事業開発において、どんなによいアイデアであろうと、市場に出した後に実際に顧客が受け入れるかどうかはわからない。完璧な事業計画を作成して、量産ラインを立ち上げたり、本格店舗展開したりした後で、それが受け入れられないと判明すれば、それまでに費やした、お金、時間、労力が無駄になる。さらに時間をかけて準備している間に競合がよりよい製品やサービスを市場に投入しているかもしれない。

　経営資源の乏しい中小企業は、企業の存続を脅かすような大きなリスクをとってはいけない。ロスを避けながら、新規事業を小さく始めて、素早く、大きく育てるプロセスが必要である。そのための手段として、リーン・スタートアップ[4]を紹介する。

4　『リーン・スタートアップ』エリック・リース（日経BP社　2012年）

図表6-4　構築・計測・学習ループ

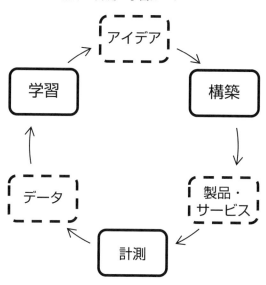

（出所：『リーン・スタートアップ』エリック・リース（日経BP社　2012年）より）

　リーン・スタートアップとは、**図表6-4**のように「構築」「計測」「学習」のループを通じて、できる限り早く、顧客が欲しがりお金を払ってくれるものを突き止めるプロセスである。

　「リーン」とは、直訳すると、やせた、引き締まったという意味があり、これをビジネスにあてはめると、生産方式などの企業活動で無駄を廃した様子のことを言う。

　無駄を徹底的に廃するトヨタ生産方式は海外でリーン生産方式と呼ばれており、実際リーン・スタートアップの名前の由来はリーン生産方式から来ている。起業や新規事業開発における製品やサービスの本格市場投入について、無駄なく、できるだけ短いサイクルタイムで実行するという意味である。ここで言う「無駄」とは「顧客にとってのメリットを提供するもの以外」のことを指す。最初から多様な機能のある製品やサービスを大規模に市場投入するのでなく、顧客にとって必要最低限の機能に絞ったものを投入し、構築・計測・学習

図表 6-5 顧客のタイプ

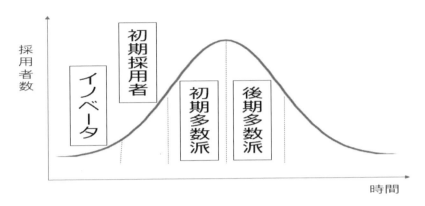

ループを通じて継続的に改善、あるいはある時点で方向転換を図ることで、大規模な計画策定とそのやり直しの無駄を排除するのである。

　必要最低限の機能の製品サービスはMVP（Minimum Viable Product）とも呼ばれる。工場で大ロットでの製品をラインに流した場合と、1個ずつ製品をラインに流している場合で、品質不良が発見された場合に、どちらの被害が大きいかというと、当然前者となる。MVPはこれと同じで市場に流す機能の数を小さくして、早く市場に投入し、早く不良を発見するためのものとも言える。

　リーン・スタートアップにおいて狙う顧客は**図表6-5**の「初期採用者」と呼ばれる人々である。平均的な顧客でなく、初期採用者を狙うのは、この層が新しいものが好き、多少欠ける機能があっても自分で工夫して使用する、フィードバックをくれる、適度な数、などの理由である。

(1)　**構築**
　まず、新規事業開発プロセスで共有されたアイデアを元に、事業についての仮説を構築する。次にその仮説に沿って、先に述べたMVPを作り上げて初期採用者に提供する。MVPの目的は新規事業の仮説を検証すること、つまり学びをすることなので、その学びに直接貢献しない機能やプロセス・労力はすべ

て取り除くことが必要である。

(2)　計測

　MVP を初期採用者に提供する際の仮説は、その製品やサービスが本当に顧客にとって価値があるか、および、それを多くの顧客が買う余地があるかを検証するためのものである。このプロセスではその仮説を検証するためのデータを計測する。そして計測するデータには定量的に測定できるもの、定性的に判断できるものがある。

　例えば、定量的データについては何人が買ってくれたか、定性的データについては製品やサービスのどの部分が満足または不満足かなどである。最近はクラウドファンディングを使ったテストマーケティングが多くなっており、ここでも顧客の反応を測定できる。

(3)　学習

　MVP に対するフィードバックを分析し、それを次のアクションに結びつける。アクションは MVP の改善、あるいはピボットと呼ばれる方向転換を行うことになる。ピボットについては、場合によっては新規事業開発の最初のプロセス（例えば、【2】①の着想プロセス）までさかのぼってやり直すこともあり得る。その場合、新規事業開発関係者は時間を無駄にしたように感じるかもしれないが、完璧な計画を立てて製品やサービスを市場投入した後に事業が失敗だったとわかることより、はるかに効率的である。

(4)　注意点

　リーン・スタートアップのデメリットには注意する必要がある。例えば、特許である。MVP がリリースされたときから出願特許期間カウントが始まる場合があり、その場合は競合の参入を止める期間が短くなる。また MVP だからとあまりに低品質であると、それが SNS などによる風評被害につながる可能性がある。リスクとのバランスを慎重に検討する必要がある。

(5) 事業の深掘り、磨き上げ、収益化

　構築・計測・学習プロセスを経て、初期採用者への製品・サービス浸透に成功すると次の段階が待っている。通常はMVPに機能を追加して多数派へのマーケティングを開始するのであるが、中小企業の場合は、その経営資源と相談する必要がある。特許ライセンスに特化、開発のみに特化、ニッチな顧客向け製品やサービスの改善の継続、大企業や中堅企業と組んで大量生産や多店舗展開など、選択肢をよく検討しなければならない。いずれにしても、事業を収益化するためには、発掘した新規事業を深掘りして磨き上げるプロセスが必要となる。

(6) (事例) 株式会社アールエフ

　株式会社アールエフ（歯科用無線口腔内カメラ等製造販売、長野市、従業員230名、資本金17.8億円）は、CCD技術を活かした、デジタルX線画像装置を主力製品として、国内外で顧客を獲得しており、2012年春にはインプラント治療に欠かせない、歯科用X線CT（コンピューター断層撮影）装置も上市している。同社は開業医にダイレクトメールを発送し、全国12か所に設けた店舗に来訪してもらい、その場で実機を確認しながら商談を進める。製品に関する様々な意見を直接聞いて、製品開発部門にフィードバックすることにより、迅速な製品改良や新製品開発につなげている。

　同社は、開発メーカーでありながら、営業が製品の仕様・価格・発売時期等の主導権を握っている。顧客ニーズを踏まえ、独自の技術を駆使し、高性能ながら他社では実現できない価格帯の製品を開発・販売し、業界トップのシェアを獲得している。開発した製品を直接顧客候補に試してもらいながら改良を重ねている事例である。

（『2013年版　中小企業白書』より）

【5】顧客の見つけ方

　ここで、そもそも顧客をどうやって見つけるのかについて述べる。新規事業開発プロセスにおいては、当初のターゲット顧客と最終的なターゲット顧客が変わるということはよくある。しかし、ターゲットがないと、まず誰を観察するのか、誰の課題を解決するための価値提案をするのか、誰からフィードバックを得るのかなどがわからず、曖昧な製品やサービスの開発となってしまう。

　よって、仮にでもターゲット顧客のあたりを決めて新規事業開発プロセスを始めることになる。

⑴　ターゲット顧客層

　中小企業にとっての第１ターゲット候補は、現状の顧客層である。現状の顧客層であれば、すでに接触があり、どのような顕在・潜在ニーズがあるのか直接観察したりインタビューしたりすることができる。また、ニーズについての仮説を立て、それを検証することも、全くの新規顧客層と比較すれば簡単である。

　ただし、現状の顧客層からは革新的な製品やサービスのアイデアが生まれにくいかもしれない。また、そこは競合が同じような提案をしてくる激戦区かもしれない。

　そこで、非顧客層に接触することが有効となる場合がある。

　Ｗ・チャン・キム他の『ブルーオーシャンシフト』[5] によると、非顧客層は「潜在的な非顧客層」「断固たる非顧客層」「未開拓の非顧客層」に分けることができる。

　潜在的な非顧客層とは、自社の顧客層ではあるが、仕方なく該当する製品やサービスを購入しているだけで、常にもっとよいものや代替品を探している層である。次の断固たる非顧客層は自社が属する業界の製品やサービスについて購入を検討した上で、購入しないと結論を出した顧客層である。最後の未開拓

5　『ブルーオーシャンシフト』Ｗ・チャン・キム他（ダイヤモンド社　2018年）

の非顧客層はこれまで潜在顧客と見なされず、業界内のどの企業からも売り込み対象にされない顧客層である。この非顧客層を見つけ出して、顧客の行動を観察・インタビューし、非顧客である理由を分析し、その課題を解決できる製品やアイデアを提供できれば、競合他社に先駆けてそれを販売できる可能性が高まる。

ただし、中小企業にとって、現業からあまりに離れた顧客層の観察については、何らかのつながりや知見がないと難しいものがある。また、見つかったとしても自社の強みを活かせる確率が高くはない。よって、現業の周辺分野で非顧客層を探す方が効果的である。

顧客の行動について、先述したクリステンセンは『ジョブ理論』でジョブ（なし遂げるべき仕事）という表現を使っている[6]。

このジョブを注意深く探せば、新しい顧客層を見つけられる可能性が高まる。クリステンセンによれば、ジョブが見つかるのは、「自分の生活の中」「ジョブを解決できる手段を見つけられず何も購入しない場面」「現在の課題解決策に満足できず自分で工夫している場面」「やりたくないが仕方なく購入している場面」「想定とは異なる使い方をしている場面」である。これらの場面に遭遇したら、何故そのジョブを顧客が採用しているのかを注意深く観察し分析することで理解が深まる。観察し分析する際は、そのジョブの機能面だけでなく、周囲からどう思われたいかなどの社会面、そしてそれを使用するときの感情面、に着目するとよりよい分析が可能となる。さらに観察時の基本は、先に述べた「共感」である。

(2) （事例）株式会社ハーツ

株式会社ハーツ（トラックレンタル業　東京都、従業員15名、資本金1,300万円）は大手物流会社の下請業者として順調に操業していたが、取引の8割を握る顧客企業の配送内製化によって倒産寸前に追い込まれた。その後、引っ越し産業に参入したが、見積もり依頼が来ても大手に契約を

---

6 『ジョブ理論』クレイトン・クリステンセン（ハーバーコリンズジャパン　2017年）

取られる状況が続いた。そんなとき、ある学生団体から運送依頼があり、その理由が、「本当はレンタカーを借りて安上がりにすませたいのだが、慣れないトラックを運転して都内を走り回るのは怖い。他方で大手運送業者に頼んでも相手にしてもらえるとは思えない」ということを聞いた。そして、そこからトラックに特化した時間単位制のレンタカーサービスとプロドライバーによる運転サービスを組み合わせた独自サービスの発想が生まれた。この発想を具現化して「レントラ便」を企画・開発した。

　「未開拓の顧客層」から「現在の課題解決策に満足できず自分で工夫している場面」を見つけ、それを掘り下げた結果、新規事業開発に結びつけた事例である。

（『2020 年版　中小企業白書』より）

Ⅲ　新規事業開発のための外部連携

　新規事業開発にあたって、中小企業がすべての経営資源を自社内部でまかなうことは難しい場合が多い。それを解決するための１つの手段が外部連携である。ただし、その大前提として、自社独自の強みを徹底的に磨いている必要がある。自社に何らかの魅力がなければ誰も連携するメリットを感じてくれないからである。

⑴　外部連携の類型

　企業同士の結合には大きく分けて、資本による結合と、契約による結合がある。資本による結合は、出資・ジョイントベンチャー・M&A などである。契約による結合には、技術ライセンス・販売協力・生産委託・共同開発といったものがあり、これを外部連携と呼ぶ。特に、共同研究開発の１つであるオープンイノベーションについて次に説明する。

⑵　オープンイノベーションの方法

　オープンイノベーションには外部技術の探索と自社技術の提供があり、ここ

では前者について記述する。あえて「オープン」というのは、付き合いのある近くの研究機関や企業と連携するだけでなく、付き合ったことのない機関・企業との連携を含むからである。

　また、「イノベーション」というのは、外注と違い何らかの共同研究をして新しい価値を生み出すからである。星野達也氏の『オープンイノベーションの教科書』によると、オープンイノベーションのステップは、社外に求める技術の選定、技術の探索、技術の評価、技術の取り込みとなる[7]。

　このうち、中小企業が技術探索する場合、自社独自探索、公的機関が主催する技術マッチング会参加といった手段がある。自社独自探索の際は、自社のネットワークや、論文・特許・新聞雑誌・学会発表・企業のニュースリリースなどを活用して探索することになる。

　相手に接触する場合、相手にとってもメリットがあると思わせないと、次のステップに進むことが難しい。残念ながら中小企業では、大企業に比べるとそのハードルが高くなる。よって接触の際は、当社がどのような課題を抱えていて、どういった技術を探しており、どういう背景で接触したのか、相手にどんなメリットがあるのかを具体的かつシンプルに伝える必要がある（もちろん知的財産漏洩には気をつける必要がある）。

⑶　（事例）シタテル株式会社

　シタテル株式会社（アパレル業、熊本市、従業員82名）は中小・零細縫製工場をネットワーク化し、国内外の小売店等からの注文を受け、これまで難しかった15〜100枚単位の発注を可能とする仕組みを構築した。国内外で衣料品を作りたい顧客（小売店、メーカー、ブランド等）がホームページから作りたい衣料品のイメージ画像などを入力する。同社は、生産の可否を確認後、CADを用いて「パターン」を作成し、同時にサンプルを作成する。あわせて縫製工場データベースに基づいた「最適な工場」を選定し、価格と納期を連絡、サンプルを顧客が確認後、本生産へ移行す

7　『オープンイノベーションの教科書』星野達也（ダイヤモンド社　2015年）

る。完成後は、縫製工場から直接顧客に納品される。顧客は小ロット、短納期、リーズナブル価格での生産が可能で、縫製工場は、現有施設、人材、生産システムで仕事量を増やせるメリットを実現できる。自社で生産設備をもたずに外部の経営資源を活用する事例である。

（『中小企業基盤整備機構　新連携サービスモデル開発事業先進事例集』より）

⑷　(事例) 株式会社東亜電化

　株式会社東亜電化（めっき処理および特殊表面処理業、盛岡市、従業員111名、資本金3,500万円）は、創業以来、装飾や防さびなどの一般的な金属めっき事業を継続的に受注していたが、かねてより、従来のめっき事業に代わる オンリーワンの技術を模索していた。そんな中、岩手大学が研究開発を進めていたトリアジンチオール（岩手県の松尾鉱山からとれる硫黄の有効活用を目的に開発された有機化合物）に関する新聞記事を見て、同物質は表面処理に活用できるのではないかと考え、同大学の研究室を訪れた。翌年から同大学との研究開発をスタートし、国や県による各種補助金を受けながら、共同研究を続け、表面処理技術「TRI System」の開発に成功した。同社では 研究開発フェーズごとに提携先を広げ、基礎研究は岩手大学と共同で、応用研究は岩手県工業技術センターと共同で実施した。また、現在は商用化・事業化のステージで、更なる事業拡大に向けて民間企業との研究開発に注力している。開発におけるオープンイノベーションの事例である。

（『2020年版　中小企業白書』より）

Ⅳ　新規事業開発によって事業再構築を行う方法

　本章の題名は「新規事業開発によって事業再構築を行う」である。中小企業庁による2021年度中小企業等事業再構築促進事業の事業再構築指針では、事業再構築を、新分野展開・事業転換・業種転換・業態転換または事業再編のいずれかを行う計画に基づく中小企業等の事業活動としている。新分野展開は新

たな製品を製造し又は新たな商品もしくはサービスを提供することにより新た
な市場に進出すること、事業転換は新たな製品を製造し又は新たな商品もしく
はサービスを提供することにより主たる事業を変更すること、業種転換は主た
る業種を変更すること、業態転換は製品又は商品若しくはサービスの製造方法
または提供方法を相当程度変更すること、事業再編は会社法上の組織再編行為
等を行い新たな事業形態のもとに新分野展開・事業転換・業種転換・業態転換
のいずれかを行うこと、としている。

　そして、ここまで述べてきた新規事業開発は、これらのすべてにあてはま
る。しかし、単に小規模の新規事業を単発で実施しても、本当の事業再構築に
はならない。企業は、新規事業開発をきっかけに、コロナ禍の危機を乗り切
り、飛躍するために、企業全体での事業再構築を行う必要がある。

⑴　ゆらぎ、つなぎ、ずらし

　名和高司氏の『企業変革の教科書』[8] によると、企業が変革を続けるために
は、「ゆらぎ」「つなぎ」「ずらし」のステップが効果的である。これは生物の
外部環境に接している周辺細胞が環境変化を捉えてゆらぎ、それを中核へとつ
なぎつづけることで、全体のずらしを誘導する、という自己組織化メカニズム
になぞらえている。この章でのゆらぎとは、新規事業のことである。最初は小
規模な新製品やサービスかもしれないが、そこでの事業のやり方を企業全体に
つなぎ、事業の軸をずらすことにより、事業再構築を行うのである。

⑵　つなぎ

　つなぎができないと、いつまでも単一の小さな異質の事業のままであり、時
間が経つとともに、せっかくの新規事業が消えてしまうことになりかねない。
ここで言うつなぎの対象は、新規事業のスケールアップ、さらなる新規事業開
発、またはそこで得た知見・ノウハウ・仕事のやり方の全社展開といったもの
である。

8　『企業変革の教科書』名和高司（東洋経済新聞社　2018年）

　新規事業のスケールアップについては、先のリーン・スタートアップで製品サービスを購入してもらえた市場の初期多数派への浸透である。ここでは中心となる機能以外でも不便と感じられる製品やサービスは購入してもらえないため、単に MVP を提供するだけというわけにはいかない。機能や提供方法の改良など様々な施策が必要となる。

　さらなる新規事業開発については、先に市場浸透に成功した新製品やサービスの類似市場をターゲットとした新市場開発、新たに得た経営資源を活用した新製品サービス開発がある。横展開あるいは染み出しと呼ばれる概念である。

　知見・ノウハウ・仕事のやり方を企業全体につなぐためには、中小企業であっても社長の孤軍奮闘だけでは難しく、組織としての活動が重要となる。社長を含め新規事業に関わった人の知見・ノウハウ・仕事のやり方を組織として共有するための１つの考え方として、野中郁次郎氏が提唱した SECI モデルを紹介する[9]。SECI モデルのプロセスは「共同化（Socialization）」「表出化（Externalization）」「「連結化（Combination）」「内面化（Internalization）」を繰り返すものである。例えば、社内でいろいろな人とコミュニケーションをとってアイデアを共有し（共同化）、うまくいった事例を会議など公式な場で発表し（表出化）、うまくいくこつを体系化し（連結化）、実践してみて各自が新しい知見・ノウハウ・仕事のやり方を獲得する（内面化）というプロセスである。そして、これらの基礎となるのは風通しのよい企業風土創りとなる。

⑶　ずらし

　新規事業のつなぎが順調に進めば、ずらし、つまり事業の中心軸を現業から移し、企業全体での事業再構築に進むことになる。場合によっては、今の仕事の仕組みを根本的に変えることがあるかもしれない。あえて、現業という言葉を使ったのは、本業と現業を区別するためである。経営理念がやどる本業を変える必要はない。本業の意味を捉え直し、新規事業開発に伴って得た新たな経営資源と、もともと本業で持つ経営資源を融合させて、付加価値が高く、成長

9　『知識創造企業』野中郁次郎、他（東洋経済新報社　1996 年）

し続けられる事業再構築を行うのである。

⑷ （事例）株式会社ハーツ

　先述した同社は、トラックレンタル業に進出した後、現在は下請業務が
ほぼなくなり、売上高も毎年前年比＋10〜15％の増収基調で、利益面で
も一定の水準を維持できている。同社では、「レントラ便」の他にも、大
手旅行会社と提携して、手荷物を空港からホテルなどに当日配送できる
サービスの提供も開始しており、現在も BtoC を軸に新たなサービスの開
発に取り組む。「世の中には、不安、不足、不便、不幸、不快、不満、不
明瞭など、様々な『不』が存在すると言われる。新規事業を考える際に
は、人々が抱える『不』の解消を意識することが、事業発展の近道になる
と思う」と山口社長は語る。トラックレンタルという新規事業開発をきっ
かけに、運送による「不の解消」を本業と捉え直し、事業再構築を行った
事例である。

V　最後に

　ここまで、なぜ新規事業開発が必要か、新規事業開発のプロセス、新規事業
開発を進めるための外部連携、そして新規事業開発による事業再構築、につい
て記述した。企業が存続していくには環境変化への対応が必要であり、そのた
めには、「両利きの経営」の一方としての「知の探索（新規事業の発掘り）」が
不可欠である。忘れてはならないのは、発掘した新規事業を深掘りし、磨き上
げて、収益化するプロセスが必要ということである。この収益化プロセスは
「知の深化（既存事業の深掘り）」と言える。そして、新規事業を単なる一事業
ではなく、これを利用して企業全体の事業再構築に結びつけることができれ
ば、企業が存続し、さらに成長できる可能性が高まる。本章が事業再構築の一
助となれば幸いである。

（参考文献）
・『イノベーションのジレンマ』クレイトン・クリステンセン（翔泳社　2000年）
・『ゼロからつくるビジネスモデル』井上達彦（東洋経済新聞社　2019年）
・『クリエイティブ・マインドセット』トム・ケリー他（日経BP社　2014年）
・『バリュープロポジション・デザイン』アレックス・オスターワイルダー、他（翔泳社　2015年）
・『リーン・スタートアップ』エリック・リース（日経BP社　2012年）
・『ブルーオーシャンシフト』W・チャン・キム、他（ダイヤモンド社　2018年）
・『ジョブ理論』クレイトン・クリステンセン、他（ハーバーコリンズジャパン　2017年）
・『オープンイノベーションの教科書』星野達也（ダイヤモンド社　2015年）
・『企業変革の教科書』名和高司（東洋経済新聞社　2018年）
・『知識創造企業』野中郁次郎、他（東洋経済新報社　1996年）
・『2013年版　中小企業白書』中小企業庁
・『2017年版　中小企業白書』中小企業庁
・『2020年版　中小企業白書』中小企業庁
・『デザイン思考』活用講座解説書（中部経済産業局）
・『2021年版　中小企業白書』「中小企業の新事業展開事例集」
・『中小企業基盤整備機構　新連携サービスモデル開発事業先進事例集』

第7章 第二創業で先代を超える

香川　和孝

　いざ両利きの経営に取り組もうと思っても目の前の課題が山積みで、そう簡単に取り組むことができないというのが実情ではないだろうか。そんな状況を打開する最適なタイミングの１つが、第二創業である。

　一般に第二創業とは、事業承継によって後継者を迎え入れるタイミングで行う新しい取り組みのことを指す。新しい取り組み自体は単にカイゼンや、経営革新と言われることがあるが、これらは両利きの経営では既存事業の深化の域を出ない。後継者によって、まさに第二の創業をするのだ、というマインドをもって新しい取り組みと向き合うことで、探索ができるのである。なお、ここで言う後継者とは現社長よりも少なくとも一世代若返ることを前提とする。

　本章では後継者がどのように新しい取り組み、第二創業をすることで両利きの経営を実現させることができるか、解説していきたい。

Ⅰ　高齢化が進む中小企業経営者

【1】社長の高齢化の現状

　そもそも第二創業を両利きの経営に取り組むきっかけにすると言っても、第二創業の前提である事業承継が必要な中小企業はどれくらい存在するのであろうか。

　2017 年に中小企業庁が取りまとめた「事業承継 5 ヶ年計画」では 2020 年頃に団塊世代の経営者の大量引退期が到来すると予想されている。**図表 7-1** の

図表 7-1　中小企業の経営者年齢の分布（年代別）

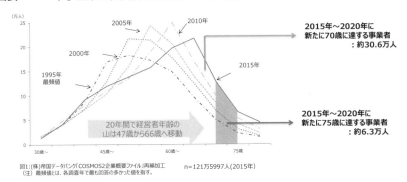

図1:(株)帝国データバンク「COSMOS2企業概要ファイル」再編加工　　n=121万5997人(2015年)
(注) 最頻値とは、各調査年で最も回答の多かった値を指す。

（出所：中小企業庁「中小企業の事業承継に関する集中実施期間について（事業承継５ヶ年計画)」）

とおり、中小企業経営者のうちもっとも多い年齢は 1995 年には 47 歳であった
が、2015 年には 66 歳となっている。20 年間で 19 歳プラスされたということ
は、ほとんど世代交代が行われずに、時間が経過したということである。無
論、この数年で解決が図られるわけもなく、帝国データバンクの調査によれ
ば、2020 年の社長の年齢は、ついに平均 60 歳を超えた。日本が超高齢社会に
なっていることを踏まえれば不思議な話ではないが、多くの中小企業で社長の
高齢化が年々進んでおり、事業承継をしなければいけない状況にあることは明
らかである。

　このように多くの中小企業において事業承継は他人事ではない。それは、第
二創業、そして第二創業をきっかけとした両利きの経営に取り組むチャンスが
あるということになる。

【2】社長の高齢化により起こること

　ところで、社長が高齢化することは果たして問題なのだろうか。一般に、社
長の高齢化に伴う問題としてよく取り上げられるのは、後継者が決まっていな
いというものである。人間には寿命がある一方、法人はゴーイングコンサーン
と言われ、将来にわたって存続することが前提とされる。

　しかし、中小企業の社長は企業と一体になっていることが非常に多い。そのため、適切に事業承継が行われないままに社長の体力が尽きてしまえば、中小企業は廃業せざるを得なくなる。その結果、様々な技術やノウハウ、雇用が失われてしまうということが起きる。

　例えば「痛くない注射針」で世界的にも有名になった岡野工業株式会社（東京都墨田区、当時従業員6名、資本金1,000万円）は、社長の高齢化に伴い、高い技術力によって黒字にもかかわらず、惜しまれつつも廃業することとなった。

　このような、わが国にとって重大な損失を回避するため、中小企業の第三者承継、つまりM&Aが本格化しているわけである。M&Aについては別の章に譲るとして、本章ではもう1つの問題について考えたい。

　図表7-2は中小企業庁が取りまとめる中小企業白書で発表された「経営者の年齢別に見た今後3年間のリスクテイク行動への意欲」である。

　綺麗に右肩下がりの並ぶグラフから、社長が年齢を重ねるにつれ、リスクテイク行動への意欲が低下していることがよくわかる。心理学の分野における現状維持バイアスの話を持ち出すまでもなく、年齢を重ねるにつれ新しいことに

図表7-2　経営者の年齢別に見た今後3年間のリスクテイク行動への意欲

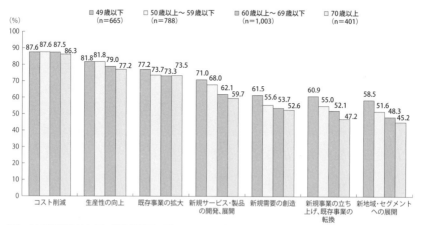

資料：中小企業庁委託「中小企業の成長と投資行動に関するアンケート調査」（2015年12月、（株）帝国データバンク）
（注）　複数回答のため、合計は必ずしも100%にならない。

（出所：『2016年版　中小企業白書』中小企業庁）

取り組むことが億劫になるのは、ある意味で当たり前のことである。しかし、両利きの経営における探索は、リスクテイク行動以外の何物でもない。特に探索と関係が深い項目を見てみると「新規サービス・製品の開発、展開」は、49歳以下と70歳以上で11.3ポイント、「新規事業の立ち上げ、既存事業の転換」では13.7ポイントも差がある。

チャールズ・オライリーは、両利きの経営に取り組まなければ生き残っていくことができないと説いている。つまり、事業承継をしてリスクテイク行動が得意な若い世代に経営を任せていかなければ、いずれにしても生き残っていくことは難しいということである。

事業承継を通じて社長が若返ることによって、リスクテイク行動、つまり探索に対する感度を高めることが可能である。次節からは具体的にどのように第二創業によって、両利きの経営を成功させるかということを述べていきたい。

【3】第二創業ストーリー①

第二創業を通じて両利きの経営に取り組む必要があるとは言っても、心情的に「そう簡単に後継者に任せられない」という気持ちを持ってしまう経営者が多い。

そこで本章では、第二創業に取り組む必要性のある企業の事例を設定した。

図表 7-3　事例企業のプロフィール

企業名	ニソウ工業株式会社
業種	自動車関連部品製造業
所在地	地方都市近郊
創業	もうすぐ 40 周年
従業員	30 名（最盛期は 50 名）
売上高	20 億円（最盛期は 40 億円）
社長	尼僧 二郎（68 歳）
後継者候補	尼僧 嗣子（36 歳）

彼らの取り組みに少しばかり感情移入していただきながら、どのように第二創業に取り組んでいくか、具体的に把握をいただければと思う。

　　ニソウ工業株式会社は創業者の尼僧二郎氏が約40年前に20代後半で創業した製造業である。先祖は出家した尼さんらしく、代々お寺の家系であったが、実家は兄の一郎氏が継いだため、二郎氏はとあるものづくりの企業に就職した。数年勤めるうちに独立心が沸き、当時の社長に直談判して円満に独立して現在に至る。元の会社は残念ながら今は廃業して存在しない。

　　近くに自動車大手の一大生産拠点があり、創業からほどなくして自動車関連部品の製造を大手自動車会社から孫請するようになった。そして、今日まで金属加工と表面研磨の技術を磨いてきた。特に難加工材のチタンの加工に強みがある。最盛期は40億円以上の売上があったが、製造拠点が海外に移る中で仕事が減少、現在は20億円前後である。

　　売上の減少をカバーするために①食料品製造用機械の部品製造に進出しようと試みているが、あまりうまくいっていない。利益率は発注元からの値下げ圧力、最低賃金の上昇などで低下している。②社長が既に68歳ということもあって自身の役員報酬を下げてなんとか黒字を確保している状況だ。

　　二郎社長には1人娘の嗣子（つぐこ）がいる。高校を卒業するときに「東京の専門学校に行って服飾デザイナーになる！」と息巻いて出ていったきり、地元には正月くらいしか戻ってこない。仕事は順調なようで若者に有名なアパレルブランドで商品開発をやっているそうだ。

　　そんなある年の秋、二郎社長が急に倒れて病院に担ぎ込まれた。タバコの吸いすぎが原因だろうか、肺ガンということらしい。手術も無事に成功し、年内には仕事に復帰したが、③メインバンクの八十八銀行からは「ひとまずご無事で何よりですが後継者のことも考えてください」と言われてしまった。翌年のお正月、帰省する嗣子を地元の駅まで車で迎えに行くと、嗣子は1つ目の交差点に差し掛かる手前で、助手席に座ったままこう

宣言した。「お父さん、私、会社継ぐから。仕事も 3 月末でやめるから
ね！」

　さて、嗣子の第二創業はうまくいくのであろうか。

〈ポイントの解説〉

　ニソウ工業は、②のとおり二郎社長自身の役員報酬を下げなければ黒字が確
保できないほどに利益率が低下している。年金も理由にしながら役員報酬を減
額する経営者は多いが、既存事業が行き詰っているということを直視なければ
ならない。

　二郎社長もそこは理解しているようで、①のとおり食料品製造用機械の部品
製造に進出しようと試みているが、あまりうまくいっていない。やはり高齢の
社長にとって、新たなリスクを取ろうとする行動は難しく、中途半端な姿勢で
臨んでしまうと、このように芽が出ない状況が続き、しっかりとした探索とす
ることができない。

　しかし、二郎社長の行動だけを責めるのもかわいそうな側面もある。高齢の
社長がリスクテイクできない理由の 1 つに、③のような金融機関の姿勢も挙げ
られる。社長が高齢で後継者がいないと、金融機関が融資に対して消極的にな
るため、新たな取り組みをしたくてもできないという事情も存在する。

　このように、探索によって生き残りを図るしかない状況のニソウ工業は、嗣
子の突然の宣言をきっかけに、第二創業ができるかもしれない状況となった。
二郎社長がこのタイミングを活かせるかどうかによって、ニソウ工業の未来が
決まると言っても過言ではない。

Ⅱ　第二創業に取り組む前にすべきこと

【1】 自社の事業を見つめ直す

　第二創業と一般的な創業の違いは、既存の事業の有無である。ゼロベースで
ある創業と異なり、第二創業は今日まで築いてきた礎をもとに、新しいことに

取り組むことができる。新しい取り組みを検討するにあたり、自社にどのような武器があるのか、見つめ直す必要がある。今日まで築いてきた礎とは何だろうか。

(1) 経営資源と「見えざる資産」の把握

　各企業はヒト、モノ、カネという経営資源を用いて、日々カイゼンをすることで利益を生み出してきた。これは両利きの経営で言うところの深化である。どのようなヒト、モノ、カネを持っているかは一目見ればわかる。ここで重要なのは、その経営資源をもって培われてきた「情報」である。

　この情報という経営資源には、様々な定義がなされているが、伊丹敬之氏によれば、「見えざる資産」とは、技術や生産のノウハウ、顧客情報の蓄積などの環境情報、企業の信用やイメージなどの企業情報、組織風土や経営管理能力などの内部情報処理特性のそれぞれが蓄積されたものと説明されている。まさに、今日まで築いてきた礎、自社の武器そのものである。

　また「見えざる資産」は多重利用ができるのも特徴とされる。既存事業で培われたものを、第二創業で行う新しい取り組みに対して活用することができ、活用しても減ることはない、ということである。

　ヒト、モノ、カネというわかりやすい経営資源と、それから培われてきた「見えざる資産」。これらを適切に把握し、どのように活用ができそうか、という検討を進めたい。

(2) ドメインの把握

　「ドメインの把握」とは、自社はどのような土俵で競合他社と戦っているのかということである。この戦う土俵のことを事業領域やドメインと呼ぶ。要は、誰に、何を、どのように提供するか、ということである（**図表 7-4**）。

　ここで注意したいのはドメインとは業界や製品そのものを指すものではないということである。例えば、株式会社タニタ（東京都板橋区、グループ従業員1,200名、資本金5,100万円）は、元々は計測器のメーカーであるが、体重計を製造したことなどをきっかけに「健康」分野にドメインを広げ、現在は「タ

図表 7-4　事業領域・ドメインの概念図

ニタ食堂」を展開するようになった。もし同社が製造業であることにドメイン
を置いていたら、飲食事業など考えもつかなかっただろう。

　このように、ドメインは企業の存在意義と発展の方向性を決めるものであ
る。自社がどこで戦っているのかについても、しっかりと見つめ直したい。

【2】後継者の特徴を活かす

　第二創業に取り組むのは長きにわたって会社を発展させてきた現社長ではな
く、後継者である。そこで本節では後継者にスポットを当てて考えていきた
い。

⑴　後継者のアントレプレナーシップ
　第二創業に向いている後継者はどのような人物だろうか。経営学においては

「企業家的人物」が向いているとされている。英訳は entrepreneur、つまりアントレプレナーである。つまり、起業家精神を持っている人物、アントレプレナーシップを持っている人物が、第二創業を担う後継者に向いているということである。

アントレプレナーシップの定義は様々に解釈されているが、おおよそリスクを厭わない、リーダーシップがある、好奇心が強い、そしてビジョンがあると言ったところではないだろうか。

リスクを厭わないという点では、両利きの経営にはリスクを伴う探索が必要であるため、やはり適任である。リーダーシップについても、探索と深化を両立させるために必要とされているため、こちらも申し分ない。好奇心が無ければ、そもそも探索などしないであろうから、やはり必要なことが頷ける。ビジョンを持っているかについては、この段階の後継者に問うのは酷であろう。現社長のビジョンを後継者に共有し、後継者が入社して様々なことを感じる中で、新たなビジョンを掲げることができれば構わないと考える。

(2) 後継者の経歴を活かす

後継者はどのような経緯で入社するのであろうか。多くは入社前に様々な経験をしてきているはずである。学校で学んできたこと、卒業後に就職した他の企業での経験、あるいは打ち込んでいた趣味、海外を放浪していたなど、現社長や自社の役員、従業員が経験していない何かを経験しているはずである。

これと言った経験がないとしても、若い、あるいは現社長と性別が異なるというだけでも構わない。この後継者の経験や感性の違いというのが、第二創業では非常に重要となる。

オープンイノベーションなど、新しい取り組みを始める際に、外部と連携することの必要性が多く指摘されている。

第二創業では、同じ釜の飯を"食っていない"後継者が入社することで、外部との連携と同様の効果が得られるのだ。後継者が入社後に様々なムダに気がつく、その業界では当たり前とされていることの技術力の高さに気がつくなど、実はよくある話である。

　例えば、精密金属加工業のダイヤ精機株式会社（東京都大田区、従業員 36 名、資本金 1 億 8,700 万円）の諏訪貴子氏は 32 歳で専業主婦から男性だらけの町工場の社長に就任し、女性ならではの視点も含めて経営改善に取り組んだ。後にドラマ化もされており、いろいろと苦労されたようである。

　また、入社前に後継者を行政や商工会・商工会議所が開催している後継者塾のようなところに通わせることでも、他社の状況を知ることで新たな外部の視点を得ることにつながる。

　この既存の枠にとらわれずに、経営に新しい視点を持ち込むという観点では既存事業のプロセスの指摘や、「見えざる資産」およびドメインの捉え直しによる新規事業開発が考えられる。両利きの経営で言えば、前者が深化、後者が探索に該当する。

【3】第二創業ストーリー②

　本当にニソウ工業に入社した嗣子は二郎社長によって総務部に配属され、経理を担当することとなった。あわせて地元の商工会議所の青年部が主催する勉強会に顔を出すことになる。経理を担当しながら自社の数字を眺めつつ、勉強会で経営者として把握するべき売上や利益率について勉強をしていくうちに、食料品製造用機械部門の利益が全く出ていないことに気がつく。そんな折、勉強会では第二創業がテーマに挙げられていた。「これなら別の事業を立ち上げた方がいいかもしれない」と思った嗣子は真剣に自分の会社のことを勉強し始める。

　嗣子がやたらと仕入額が高いと思っていた金属はチタンだった。しかも、かなり純度の高いチタンらしい。前職で一部アクセサリーも扱っていた嗣子は貴金属の仕入ルートを開拓するのが難しいことを何となく理解していた。

　また、勉強会に出席している自社と同じような製造業の人にも聞いてみたが、④職人たちがいとも簡単にやっていて気がつかなかったけれど、チタンを精密に加工できる技術はどうも特別なようだ。表面を研磨する技術

も細かい部品を磨くことは難しいらしい。

　それなのに、自動車関連部品の単価はなんて安いのだろうか。あんなに細かい加工を綺麗に仕上げられればもっと高く売れそうなのに・・・。そう言えば、自動車関連部品を扱っているだけあって在庫管理もしっかりしている。商品開発部で在庫管理の重要性を理解していた嗣子はこの点にはこっそり感心していた。これはもしかして・・・嗣子はニヤリと笑っていた。

　その夜、嗣子は「金属アレルギー　チタン」と検索サイトで調べながら、⑤何やらデザインのラフ画を一生懸命描いていた。手元のスマホのメッセージアプリの画面には「ねえ、マミって副業 OK になったんだよね？　EC とかマーケティングとか得意？　ちょっと手伝って！」とのメッセージ。相手からはハテナマークがいっぱい浮かんだキャラクターのスタンプが返されている。

　そんな嗣子の様子を見て二郎社長は心配していた。妻の情報によれば、嗣子は服飾だけでなくアクセサリーのデザインもやるようになっており、⑥なんでも新商品開発の方向性の違いで上司と意見が相違し、前職を飛び出してきたらしい。二郎社長は若き日の自分を見ているような気がしていた。

　さて、嗣子の第二創業の取り組みはいったいどこに向かうのだろうか。

〈ポイントの解説〉

　第二創業に取り組むには、まず自社の事業を見つめ直す必要がある。④の職人たちのチタン加工技術のように、社内の人間にとっては当たり前のことでも、嗣子のような第三者の目で見たときには大きな差別化要素になっている、ということはよくある。この「見えざる資産」の後継者による発見は、後々大きなポイントとなってくる。

　また、後継者の特徴も活かす必要がある。⑤でラフ画を描く姿に代表されるように、嗣子の学生時代、前職で培ってきた経験から生まれる後継者の特徴を活かすことができそうだ。また後継者の過去の人脈を活かすことも外部連携に

なり得る。なお、副業人材については、2018年が副業元年と呼ばれ、徐々に広がりを見せていたが、コロナ禍によるテレワークの拡大を受けて一気に増加している。外部との連携という意味では第二創業に限らず、今後、中小企業が活用を検討すべき方法であろう。

　⑥では、嗣子が前職を飛び出してきた様子が書かれているが、これは嗣子のアントレプレナーシップの一端を表しているシーンである。粗削りでもアクティブに挑戦しようとしている姿に二郎社長は共感を覚えている。二郎社長のように、後継者に対して協力的な姿勢で臨むことも第二創業を成功させる重要な要因である。

Ⅲ　第二創業で両利きの経営に取り組む

【1】事業の立脚地を変える

　後継者の特徴を活かして自社の事業を見つめ直した結果、後継者はどのような第二創業に取り組み、両利きの経営における探索を行って新規事業開発に取り組めばいいのだろうか。

⑴　立脚地を変える「転地」と方向性

　「企業寿命30年説」という言葉がある。企業の寿命は30年程度で尽きてしまうものだ、という説であるが、なぜだろうか。

　それは、その企業が、あるいはその企業が営む事業が立脚している業種業態が、大きなダイナミズムの中で入れ替わっていくからであると考えられる。つまり、古い業種業態が新しい業種業態に追い越されることで、古い業種業態に留まっている企業が利益を確保することができなくなり、寿命を迎えてしまうのである。両利きの経営で示されているサクセストラップがまさにこれに該当する。

　サクセストラップとは、過去の既存事業の成功にばかり目が当てられ、そこから抜け出せなくなることであるが、古くなってしまった業種業態で深化を続

図表 7-5　多角化型新規事業のベクトル

既存製品との関連性		生産技術的関連性	
		ある	ない
マーケティング的関連性	ある	水平的新規事業	マーケティング関連型新規事業
	ない	技術関連型新規事業	コングロマリット型新規事業

ければ、未来が見通せないことは明らかである。

　ということは、第二創業で取り組むべき探索は、サクセストラップを抜け出し、既存事業と異なる立脚地にある事業において行うべき、ということになる。事業の立脚地を変えるということに主眼を置く場合、これを経営学では「転地」と言う。

　既存事業と違う立脚地にある事業への転出は、経営学で著名な「アンゾフの成長マトリクス」も定義している。製品と市場が既存のものか、新規のものか４マスに分けて新規事業の方向性を定義しているが、製品も市場も異なる分野に進出することは「多角化」と定義されている。

　この多角化も、既存製品と生産技術やマーケティングでどのような関連性があるかによって整理されており、**図表 7-5** のように分類することができる。

　水平的新規事業とは、生産技術的関連性も、マーケティング的関連性もある分野への新規事業を指す。例えば、飲食業大手のワタミ株式会社がポストコロナを見据えて居酒屋の「和民」を焼肉店の「焼肉の和民」に転換する取り組みが該当するだろう。

　大勢でお酒を飲む宴会から、少人数での食事が増えるという顧客層の捉え直しは、同じ飲食業という点ではマーケティング的関連性がある。また既存店舗で提供するメニューの調理ノウハウや、セントラルキッチンの活用ができる点は生産技術的関連性がある。

　マーケティング関連型新規事業とは、マーケティング的関連性がある先に対して、生産技術が関連しないものを展開していく新規事業である。例えば、セントラルスポーツ株式会社をはじめとしたスポーツジム運営会社は会員に対し

てプロテインを製造販売していることが多い。

　これも、対象とする顧客を同一として、新たな製品・サービスを提供するマーケティング関連型新規事業である。

　技術関連型新規事業とは、既存の生産技術を活かしながらマーケティング的関連性が無い先に対して展開していく新規事業である。本章の第二創業ストーリーで取り上げられている例がこれに該当する。詳細はストーリー③を確認して欲しい。

　コングロマリット型新規事業とは、既存事業と関連性が無い事業を展開することであり、いわゆる一般的な多角化のイメージにもっとも近いだろう。既存事業の「見えざる資産」を活用できないことが多いため、もっとも難しい選択となる。例えば、既存事業とは関係性の低いフランチャイズチェーンに加盟して新規事業に取り組む例などが考えられるが、詳細は別章に譲りたい。

⑵　ドメインを拡張する

　これらの「転地」においてポイントとなるのは、関連性をどう捉えるかである。後継者が第三者的目線でドメインを捉え直したときに、どのようにドメインを拡張するかによって、関連性を持てるかどうかが変わってくる。

　前掲の例で言えば、タニタは、ドメインを「健康」に広げたことにより、「タニタ食堂」をマーケティング的関連性があると判断できたが、「計測器メーカー」とドメインを置いていたらマーケティング的関連性があるのはクッキングスケール（キッチンの秤）に関連したまな板や包丁の製造であったかもしれない。ドメインが発展の方向性を決めるとされるのは、このためである。

　ところで、関連性がないところへの進出と言っても全く門外漢のところに出て行って成功できるのであろうか。そこで重要になってくるのが前節で説明した後継者の経歴である。

　上記の例で言えば、スポーツジム運営会社の後継者が食品製造業に勤務した経験があれば、プロテイン製造販売の成功の可能性は飛躍的に高まるであろう。このように新規事業の方向性、探索の方向性の決定は、後継者にしかできない重要な要素なのである。

【2】先代や従業員の理解を得る

　第二創業、新たな取り組みには既存の「見えざる資産」の活用が必須条件であるが、それらを生み出しているのは現場で働いているヒトに他ならない。このヒト、つまりベテランの従業員や、あるいはときには先代経営者が、後継者が新たな取り組みを提案した際に拒否反応を示すということが往々にして起こる。前述してきたとおり、後継者は第三者的な目線により既存事業を評価し、従来とは異なる内容を提案する。このような状況において、人は今までのやり方を否定された気になったり、何もわからないヨソ者に偉そうに言われたくない、という気持ちになったりするものである。どうすればこの溝を埋めることができるだろうか。

⑴　コミュニケーションにより理解を得る

　まずは時間をかけてコミュニケーションを取るということが重要である。自分の意見を言う前に、相手の話を聞き、理解をするように努める。理解をするために、自社の利益の源泉となっているところに携わらせてもらう機会を設け、同じ経験をするというのも1つの方法だ。例えば、製造業であれば製造の現場で機械を触らせてもらう、営業力が強みであれば客先に同行させてもらうなどが考えられる。自分たちのことを理解してもらえたとなった上で、後継者が明確なビジョンを先代経営者やベテラン従業員に伝えることで、お互いの理解が深まるだろう。

　なお、このとき先代経営者やベテラン従業員の強い意向があり、折衷案をとらざるを得ないケースがあり得る。しかし、第二創業を完遂するためには、安易な折衷案に乗ってはいけない。中途半端な探索は、むしろ良くない結果を招くことになる。ただし、先代経営者やベテラン従業員が言っていることの方が的を射ている場合も、もちろんある。そのときは真摯に受け止め、事業計画を練り直すことも必要だ。

⑵ 実力や実績を示して認めさせる

コミュニケーションで折り合いがつかない場合、実力や実績を示すという方法もある。全く協力を得ることができなければ、第二創業のメリットである既存事業の経営資源を使うことができないために、新規事業を立ち上げるのは難しくなる。しかし、「見えざる資産」は多重利用が可能である。そのため、創業よりはアドバンテージがあることは間違いない。また、先代経営者も後継者を試す意味で、この予算の範囲であればやっても構わない、という許可の出し方を出す場合もある。これも後継者としてはありがたい話である。

何を以って先代経営者やベテラン従業員が実力や実績を認めるか、というのはケースバイケースではあるが、まずは売上や利益の確保があるだろう。数値で示すことができれば、この上ない実力、実績の証明になる。

他にも行政や商工会・商工会議所などが主催するビジネスコンテストに応募し、表彰されるというのもよい方法だ。事業計画がブラッシュアップされることは元より、外部の評価を得ることで、認めざるを得ない状況をつくり出すことができる。このような表彰を受けることで、地元の新聞に取材されるなどマスメディアに取り上げられることもメリットである。同じように認めざるを得ない状況になるとともに、その後のマーケティングなどの展開にも有利に働くため、もし機会があれば挑戦して損はない。

予算が限られている場合は、補助金の申請も検討したい。こちらも事業計画のブラッシュアップに繋がるし、補助金に採択されれば金銭的なメリットが得られる。また公的なお墨付きが得られた事業計画という点も実力、実績の証明になるだろう。

⑶ 第二創業の事業と既存事業を分ける

最終的には既存事業はそのまま残して分業体制になっていく、というのがもっとも現実的な解であるだろう。先代経営者やベテラン従業員の居場所を奪うことなく第二創業に取り組めるのであれば悪い話ではない。

イノベーション論で有名なシュンペーターは、イノベーションは非連続のものであることを看破した。従来の技術が普及しきったとき、非連続の新たな技

図表7-6 既存事業と第二創業事業の経過イメージ

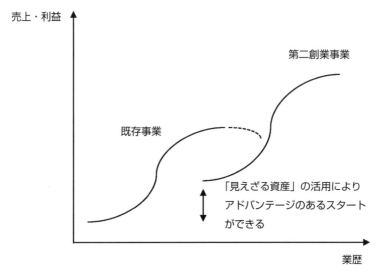

（出所：フォスターの2重のS字曲線を参考に筆者作成）

術によるイノベーションが起こり、担当者が変更されるというものである。これを、後にマッキンゼーのフォスターが、真空管とトランジスターのイノベーションによって示したのが「フォスターの2重のS字曲線」と呼ばれる図である。この非連続のイノベーションという関係は、既存事業と第二創業による事業との間にも応用が可能である（**図表7-6**）。

　前述のとおり、既存事業は立脚地の業種業態が古くなることにより、いずれは衰退をせざるを得ない運命にある。そのため当面は、既存事業において深化を続けることで残存者利益を得つつ、徐々にフェードアウトしていくという選択肢は十分に検討し得る。なお、この選択肢は中小企業でこそ優位に働くものと考えられる。大企業であれば、既存事業に従事する従業員は若手からベテランまで幅広く、フェードアウトさせていくのは困難である。一方、中小企業はそもそも従業員が高齢化している場合が多い。このため、既存事業に従事する従業員が定年になるまでの数年間、事業が維持できればリストラなどのドラスティックな方法論を取らずとも、徐々にフェードアウトさせていくことが可能

となるのだ。

【3】 第二創業ストーリー③

　それから半年ほど経ったある夜、嗣子は食卓で二郎社長にこう切り出した。「お父さん、食料品製造用機械部門、利益が全く出てないよ。私によいアイディアがあるからやらせてもらえない？」嗣子の指摘した内容は二郎社長が課題と思っていたことと概ね一致している。しかし、キツい言い方は妻そっくりだな、と思いながら１週間考えた二郎社長であったが、本当に嗣子が会社を継ぐなら試してみてもと思い、いろいろと条件を付けながらゴーサインを出した。

　嗣子が言い出したアイディアとは、⑦チタンの複雑形状加工と表面研磨技術を活かして、金属アレルギーがある人向けのアクセサリーを作るということだった。確かに食料品製造用機械部門は二郎社長が中途半端に取り組ませていたため芽が出ず、自動車関連部品もいつまで利益を確保できるかわからない。アクセサリー市場はブランド品至上主義から、個人に合ったものを身につける時代になってきていると嗣子は言っていたし、敢えて武骨にしたデザインはメンズアクセサリーの需要も獲得できるかもしれない。二郎社長は賭けに出たのだ。

　次の日、意気揚々と食料品製造用機械部門の３人を前にアクセサリーの説明を始めた嗣子はあまりの反発に面食らう。自動車関連部品に求められる精度と、アクセサリーに求められる精度は全く違うため、自動車関連部品に慣れた職人たちからすれば、今からおもちゃを作れと言われているに等しい。幸い、もっとも若手で35歳の浜銀太は「まあやってみてもいいじゃないか」という反応であったが、ともに63歳の古株２人は「何を言ってるのお嬢ちゃん」状態。そこから１週間くらいだろうか。⑧作業場に張り付き、アクセサリーの良さと将来性をプレゼンする嗣子に浜はうんざりしてきた。そこで、浜は古株の２人が帰宅したあと、夜中にこっそり嗣子の作ったデザイン画をもとに指輪を加工することになる。翌朝、でき

あがったアクセサリーを見て「これならいける！」と喜ぶ嗣子。古株の2人は浜をこっぴどく叱りつつ、「たしかにカッコいいかもしれないな」なんて言い始める。

そこから約半年、試行錯誤を重ねながら納得のいく製品の目途が立つと、嗣子の動きは早かった。前職の協力会社に所属し、仕事を通じて仲良くなったマミに副業人材としてECサイトの構築を依頼、ステキな販売サイトを制作していた。また、地元の市が主催する「創業・第二創業コンテスト」に応募、優秀賞を受賞して新聞にも取り上げられる。ブランディングには箔付けが大事だと商工会議所の指導員が言っていたのを覚えていたのだ。

それから1年後、二郎社長が70歳になったのを機に嗣子が社長に就任した。その頃にはチタンアクセサリー事業の年商は約2億円と売上全体の10％を占めるようになっていた。食料品製造用機械からは完全撤退、自動車関連部品部門からアクセサリー部門に若手を2名配置転換し、アクセサリーの生産能力を強化している。デザイナーとECサイトを管理するシステムエンジニアも入社し、少しずつ社内の空気も変わってきた。⑨自動車関連部品部門は現在60歳の工場長を筆頭に粛々と仕事をしてくれている。しかし、5年後には電気自動車もさらに普及するだろう。従業員の平均年齢も高いため、このまま徐々にフェードアウトしていく可能性が高いが、職人たちは「こっちは俺たちに任せてくれ」と言ってくれている。

嗣子新社長の第二創業による両利きの経営は、既存の自動車関連部品の深化を職人たちの理解を得て成り行きに任せて縮小していきつつ、チタンアクセサリー事業の探索を成功させるという転換が無事に成功したように見える。二郎会長は、浜の顔を盗み見ながら「孫の顔が早くみたいな」と娘に怒られそうなことを思うのであった。

〈ポイントの解説〉

事業の立脚地を変えることが成功の要因である。本事例の取り組みは技術関連型新規事業である。⑦のとおり、チタンの加工という生産技術的関連性があ

り、いわゆる BtoB から BtoC への転出というマーケティング的関連性が無い「転地」を行っている。嗣子に一般消費者向けの服飾品、宝飾品の知見があることは既にご紹介のとおりである。

　また、ベテラン従業員の理解を得ることも重要なポイントである。⑧のように、嗣子は若干強引な方法で若手従業員の浜の協力を得て、実際にモノを作ることに成功したことで、ベテラン従業員の理解を得ることに成功したが、このあたりは性別の違いにもよるかもしれない。後継者の経歴を活かした嗣子のデザイン画が実際にモノになったとき、ベテラン従業員は実力が示されたように感じたようだ。

　既存事業の年商はストーリーが進む間に年商 20 億円から既に 2 億円程度減少しているが、それでもニソウ工業の中核事業である。一方、利益率では BtoC の方が粗利が高いため、数年後には追い付かれるだろう。⑨に記載のとおり、ベテラン職人たちの理解があり、棲み分けができていることで、まさに今、両利きの経営が実現していると言える。

Ⅳ　事業承継の留意点

【1】承継を失敗しないために

　前節まで後継者が第二創業を成功させて先代を超えるための方法を解説してきた。成功させる要素も重要であるが、その反面、企業の存続には失敗しないための要素もまた重要である。そこで本節では、失敗しないための留意点を述べておきたい。

⑴　後継者に任せる

　先代社長はもちろん会社を今日に至るまで発展させてきた功労者である。自社のことを誰よりもよく知っており、業界のこともよくわかっている。後継者との実力差があるのは当然である。だからこそ、後継者に任せる覚悟を持っていなければならない。口を出したい気持ちはわかるが、あまりに口を出しすぎ

図表 7-7　事業承継後の先代経営者の関与について

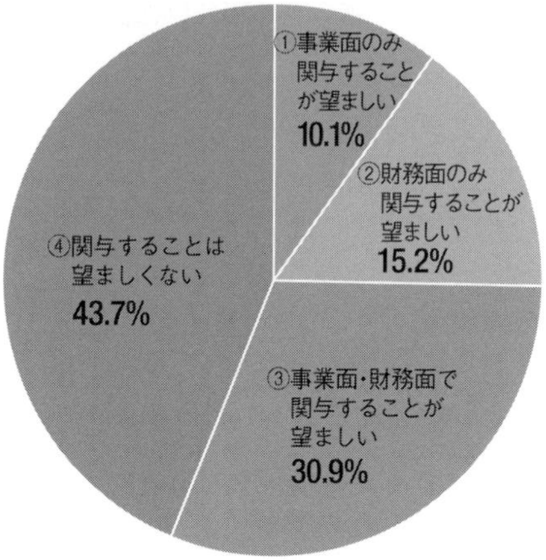

（出所：東京商工会議所「事業承継の実態に関するアンケート調査」）

ると、後継者が先代の顔色を窺いながら経営をすることになる。そうなれば、リスクテイク行動への感度は下がり、事業承継をした意味が無くなってしまう。先代に気を使えば、探索行動などする気にもならないだろう。ぐっとこらえることが重要である。

　実際に東京商工会議所が2018年に行った「事業承継の実態に関するアンケート調査」によれば、事業承継後の先代経営者の関与について、後継者の43.7％が関与を望ましくないと回答している。財務面のみ関与することが望ましいと答えた15.2％も合わせれば、事業面では約6割が関与して欲しくないと回答したことになる（**図表 7-7**）。

　また、前節で分業体制について触れたが、先代が口を出し過ぎると、分業ではなく分断が起こる可能性があることも把握しておきたい。例えば、後継者派と先代派に社内が分かれてしまうと、「見えざる資産」の多重利用もできなくなり、空中分解が起きてしまう。

　これらのデメリットを防ぐためにも、任せることになったからには一歩身を引くということを、肝に銘じるべきであろう。

(2)　最悪の事態を防ぐ

　後継者に経営を任せてみたものの、必ずしも適任かどうかは、残念ながら任せてみてからでないとわからないという部分がある。試用期間と思って専務にしている間は問題なかったとしても、社長は務まらなかったということもあり得るのが悩ましいところである。

　実際に後継者に問題があり、承継後に会社が傾いてしまったという例は上場企業にすら存在する。例えば、家具大手の株式会社大塚家具、婚礼大手のワタベウェデイング株式会社の例は記憶に新しいところであろう。

　会社の経営権を支配するために必要なのは、株式である。株式の相続の観点の話は本章では触れないが、社長を任せるということは、後継者が基本的には少なくとも過半数の株式を保有するということになる。もし万が一、後継者のやり方と完全に決裂したときに、後継者が株式の過半数を握っていれば、会社法的には先代に勝ち目はない（**図表 7-8**）。

　そこで検討をしておきたいのが、黄金株である。黄金株とは拒否権付種類株式のことであり、1 株でも所有しておけば、株主総会での重要な決議事項に対して拒否権を行使することができる。税金の観点も含めほとんどの株式を後継者に渡していたとしても、1 株だけこの黄金株を残しておけば、最悪の事態が生じそうな場合に拒否権を行使して食い止めることが可能なのだ。

　先代社長は、後継者が社長に就任するときよりも、株式を手放すときに寂しさを感じると聞く。黄金株を保有しておくことは、心理的に余裕をもって後継

図表 7-8　主な株主の権利

株式の保有割合	権利内容
議決権または発行済株式の 3 ％以上	取締役、監査役、清算人等の解任請求権など
議決権または発行済株式の 10 ％以上	会社解散請求権
議決権の 1/3 以上	特別決議に対する拒否権の行使
議決権の 1/2 超	普通決議（取締役の選任・解任、監査役の選任）など
議決権の 2/3 以上	特別決議（定款変更、事業の譲渡等、解散）など

者のことを信用し見守ることにも繋がるかもしれない。

【2】 外部の理解を得る

　前節まで解説してきた内容は、社内あるいは事業についての取り組みが中心
であった。第二創業を成功させるためには、もちろん社外の関係者の理解を得
ることも重要である。事業承継にあたり、押さえておくべきポイントを説明し
ておきたい。

(1)　取引先

　中小企業の取引は、性能やコストだけによるものではなく、社長が築いてき
た人間関係によって成り立っていることが多い。そこで、先代経営者の引退前
に営業に同行させるなどして、近い将来に事業承継をすることを伝え、変わら
ない付き合いをお願いしておくとよい。

　合わせて対応をしておくと望ましいのが、組織化である。特に社長がワンマ
ン経営を行ってきた場合、社長以外は取引先の決裁権者と話ができないという
例もよくある。後継者をリーダーとした組織的な活動ができるように、部署や
社内規定、人事評価の整備などをしておくのも重要である。

(2)　金融機関

　「経営者保証に関するガイドライン」が策定され、一定の条件下で経営者の
個人保証が求められない場合がでてきたが、いまだ中小企業が金融機関から融
資を受ける際には、個人保証をすることが大前提となっている。そのため、社
長交代にあたっては、金融機関への相談も忘れてはならない。このとき、事業
承継を行うということだけでなく、簡単で構わないので第二創業の内容も含め
た経営計画書を提出できると、なおよいだろう。後継者がいる、ということが
わかれば金融機関の貸し出し姿勢も異なってくるはずである。

図表 7-9　事業承継の形態別、後継者決定後、実際に引き継ぐまでの期間

凡例：□ 1年未満　□ 1年以上3年未満　■ 3年以上5年未満　□ 5年以上

	1年未満	1年以上3年未満	3年以上5年未満	5年以上
全体 (n=2,543)	55.1	27.9	8.5	8.5
親族内承継 (n=1,408)	48.2	28.2	10.9	12.8
役員・従業員承継 (n=486)	52.9	34.4	7.8	4.9
社外への承継 (n=420)	69.5	25.5	3.3	1.7

資料：みずほ情報総研（株）「中小企業・小規模事業者の次世代への承継及び経営者の引退に関する調査」（2018年12月）
（注）1. 引退後の事業継続について「事業の全部が継続している」、「事業の一部が継続している」と回答した者について集計している。
　　2. 「全体」には、後継者との関係について「その他」と回答した者も含まれる。

（出所：『2019年版　中小企業白書』中小企業庁）

【3】 時間をかけて承継する

　事業承継と、それに伴う第二創業による探索によって、両利きの経営を実現する方法について、理解を深めていただけただろうか。本章で示した第二創業ストーリーのように、そもそも後継者がいるというだけで大変恵まれた状態である。ぜひ先代、後継者双方でコミュニケーションを取り合い、協力して進めていってほしい。

　本章の第二創業ストーリーや、様々な書籍などで紹介されている事例では、何の苦労もなく成功したように見える。しかし、実際の事業承継は一朝一夕にいくものではない。最後に中小企業白書で示された、後継者が決定された後に実際に引き継ぐまでの期間のデータを示したい。**図表 7-9** のように、全体の約半数は 1 年以上の時間をかけて承継が行われている。

　焦らずに、小さな探索によるトライ＆エラーを繰り返しながら、第二創業を成功させて先代を超えていけることを願っている。

（参考文献）

・『経営戦略の論理（第 3 版）』伊丹敬之（日本経済新聞社　2003 年）

・『事業承継で生まれ変わる　後継者による中小企業の経営革新』日本政策金融公庫
　総合研究所（きんざい　2015 年）

・『戦略不全の因果：1013 社の明暗はどこで分かれたのか』三品和広（東洋経済新報
　社　2007 年）

・『中小製造業の進化のための戦略モデル ―山本貴金属地金（株）第二創業の事例
　―』山本裕久（高知工科大学博士論文　2011 年）

・「アンゾフの企業戦略」『熊本学園商学論集』第 18 巻第 2 号　喬晋建（熊本学園大
　学　2014 年）1-29 頁

・「中小企業の成長と多角化・事業転換戦略」『三田商学研究』27 巻 4 号　清水龍瑩
　（慶應義塾大学商学部　1984 年）1-11 頁

・「中小ファミリー企業の第二創業 ― 事業立地の戦略論パースペクティブからの理
　論化―」『日本ベンチャー学会誌』30 巻　林 侑輝・山田 仁一郎（日本ベンチャー
　学会　2017 年）19-34 頁

・Ansoff, H. I.（1965）Corporate Strategy, McGraw-Hill.（『企業戦略論』広田寿亮
　（産業能率大学出版部　1969 年））

・Clayton M. Christensen（1997）The Innovator's Dilemma, Harvard Business
　Review Press.（『イノベーションのジレンマ』伊豆原弓（翔泳社　2001 年））

・Foster, Richard N.（1986）Innovation: The Attacker's Advantage, Summit
　Books.（『イノベーション―限界突破の経営戦略』大前研（TBS ブリタニカ　1987
　年））

・『2016 年版　中小企業白書』中小企業庁

・『中小企業の事業承継に関する集中実施期間について（事業承継 5 ヶ年計画）』中
　小企業庁（2017 年）

・『2019 年版　中小企業白書』中小企業庁

・『事業承継の実態に関するアンケート調査』東京商工会議所（2018 年）

第8章 DX戦略により競争を勝ち抜く

須永　達也

　本章では、デジタルトランスフォーメーション（以下「DX」という）について取り上げる。

　Ⅰでは、DXについての基本的な事柄についてまとめている。昨今DXについては、書籍やウェブなど多岐にわたる情報があるが、本書では経済産業省が発表している公表データを整理・解説することでDXの理解を深めていく。

　Ⅱでは、中小企業が実際にDXに取り組む上での対応をまとめている。具体的に何をするべきかを明らかにしているので、ご覧になったらすぐに実行をしてほしい。

　Ⅲでは、両利きの経営を行う上での、デジタル技術の活用についてまとめている。デジタル技術を活用することで、両利きの経営を実現してほしい。

図表8-1　経済産業省およびIPAにおけるDXの公開文書

※出典・引用については、下記の経済産業省および独立行政法人情報処理推進機構（以下「IPA」という。）の公開文書より行っている。

名称	内容	URL	日時
DXレポート	DXを実現していく上での、ITシステムに関する現状の課題の整理とその対応策をまとめた報告書	https：//www.meti.go.jp/press/2018/09/20180907010/20180907010.html	平成30年9月7日
DX推進ガイドライン	DXの実現やその基盤となるITシステム構築を行う上で押さえるべき事項を明確にすること、取組をチェックする上で活用できるものとしたガイドライン	https：//www.meti.go.jp/press/2018/12/20181212004/20181212004.html	平成30年12月12日

名称	内容	URL	日時
DX 推進指標とそのガイダンス	企業が簡易な自己診断を行うことを可能とし、社内の関係者間で現状や課題に対する認識を共有し、アクションにつなげる気付きの機会を提供する指標	https：//www.meti.go.jp/press/2019/07/20190731003/20190731003.html	令和元年 7 月 31 日
DX 銘柄	デジタル技術を前提として、ビジネスモデル等を抜本的に変革し、新たな成長・競争力強化につなげていく DX に取り組む企業を、DX 銘柄として選定	https：//www.meti.go.jp/policy/it ＿ policy/invest-ment/keiei ＿ meigara/keiei ＿ meigara.html	令 和 2 年 8 月 25 日
DX 認定制度	「情報処理の促進に関する法律の一部を改正する法律」に基づく認定制度で、国が策定した指針を踏まえ、優良な取組を行う事業者を認定する制度	https：//www.ipa.go.jp/ikc/info/dxcp.html	令 和 2 年 11 月 9 日
デジタルガバナンス・コード	デジタル技術による社会変革を踏まえた経営ビジョンの策定・公表といった経営者に求められる対応	https：//www.meti.go.jp/policy/it ＿ policy/invest-ment/dgc/dgc.html	令 和 2 年 11 月 9 日
DX レポート 2	DX を加速するために企業がとるべきアクションと政府の対応策をまとめた報告書	https：//www.meti.go.jp/press/2020/12/20201228004/20201228004.html	令 和 2 年 12 月 28 日
ワーキンググループ 1 報告書	DX を推進する上での企業の課題を整理し、それらに対する施策を検討・とりまとめた報告書	https：//www.meti.go.jp/press/2020/12/20201228004/20201228004.html	令 和 2 年 12 月 28 日
DX 推進指標 自己診断結果 分析レポート	「DX 推進指標」を用いて各企業が自己診断した結果を収集し、2020 年までのデータを分析したレポート	https：//www.ipa.go.jp/ikc/reports/20210614.html	令 和 3 年 6 月 14 日
DX レポート 2.1	DX レポート 2 を補完する形で、デジタル変革後の産業の姿やその中での企業の姿を示した報告書	https：//www.meti.go.jp/press/2021/08/20210831005/20210831005.html	令 和 3 年 8 月 31 日
プラットフォームデジタル化指標	各企業の IT システムを技術面から評価し、経営者や IT 責任者が IT システムの技術的負債を把握するための指標	https：//www.ipa.go.jp/ikc/our ＿ activities/dx.html ＃ section6	令 和 3 年 9 月 27 日

Ⅰ　DX について

【1】DX の定義

　経済産業省における DX の定義は、「企業がビジネス環境の激しい変化に対応し、データとデジタル技術を活用して、顧客や社会のニーズを基に、製品やサービス、ビジネスモデルを変革するとともに、業務そのものや、組織、プロセス、企業文化・風土を変革し、競争上の優位性を確立すること」[1] である。

　2000 年代前半から、インターネットの普及とデジタル技術の発展により、業務効率と生産性が劇的に向上した。2010 年代になると、スマホの普及、IoT の一般化などにより、パーソナルデータや多様なログデータの収集が可能となった。収集したデータ（ビッグデータ）の分析により、多様化したマーケティング戦略が可能となり、デジタル技術を起点にビジネスの優位性を築くビジネスモデルが頭角を表した。このようにデジタル技術とデータを活用したビ

図表 8-2　デジタルビジネスの時代[2]

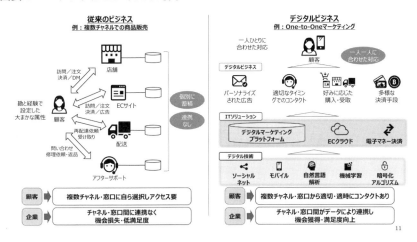

1　DX 推進ガイドライン　2 頁
2　ワーキンググループ 1 報告書　対話に向けた検討ポイント集　第 1 章　11 頁

ジネスモデルを、デジタルビジネスと総称している。

　デジタル技術の普及により、技術革新が加速し、顧客ニーズの変化も早まるなど市場環境が劇的に変化するようになった。環境変化にいち早く対応するためには、データを分析し、ビジネスとITシステムを迅速かつ柔軟に対応させる必要がある。デジタルビジネスの時代では、社内のビジネス部門とIT部門が一体となり共同で戦略立案を行い、新たなビジネスを創出していく必要がある。

　例えば、業務上の各種データを根拠に新しい施策に取り組み、その結果をデータで検証し改善活動に繋げる。戦略立案と検証を何度も繰り返しビジネスモデルを創出していくのだ。

　デジタル技術の進歩によって各種データを速やかに得られるようになり、その量と質はそれ以前と比較にならないほど増加した。データを活用し、意思決定までのリードタイムを短くすることが、ビジネスの競争力に繋がる。デジタル技術を活用しビジネスモデルを変革し、デジタルビジネスを創出できる企業

図表 8-3　ビジネスと IT の関係性の変化[3]

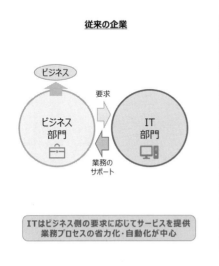 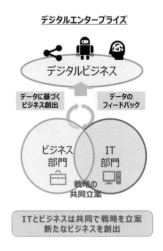

をデジタルエンタープライズと呼ぶ。

　DX（デジタルトランスフォーメーション）とは、従来の企業が、デジタル技術の進展に合わせてデジタルエンタープライズに変革する取り組みであり、動詞のようなものと捉えるとわかりやすいであろう。

　経済産業省が立ち上げたワーキンググループの報告書では、「デジタルトランスフォーメーションはデジタルエンタープライズになるまでのプロセスのことである。つまり、デジタルトランスフォーメーションとは河の渡り方であり、河を渡った先の世界そのものではない。」[4] とまとめられている。

図表 8-4　デジタルトランスフォーメーションとは[5]

デジタルトランスフォーメーションは**デジタルエンタープライズになるまでのプロセス**のことである。つまり、デジタルトランスフォーメーションとは河の渡り方であり、河を渡った先の世界そのものではない。

DXは取り組みであって、ゴールではない。ゴールのためのプロセスだ。DXのゴールは既存企業がデジタルエンタープライズになることだ。 デジタルエンタープライズが何かといえば、デジタルプロダクトやデジタルサービスを顧客に提供する企業だ。従来製品や従来サービスを提供する企業がデジタル企業へと変身を遂げる手段がDXということになる。したがって、DXのあるべき姿は、「デジタルエンタープライズを実現する上で最適な取り組みになっていること」になる。

国立大学法人 名古屋大学 大学院 情報学研究科 教授 山本 修一郎 博士（工学）
（出典）山本レポート：システム安全性向上─世界の最前線、9.デジタルトランスフォーメーションの課題
月刊ビジネスコミュニケーション 2019年4月号

デジタルエンタープライズの世界

現行ビジネスの世界

デジタルトランスフォーメーション

取り組み方がわからないと上手く渡れない

　4　ワーキンググループ１報告書　対話に向けた検討ポイント集　第１章　26頁
　5　ワーキンググループ１報告書　対話に向けた検討ポイント集　第１章　26頁

【2】経済産業省の取り組み

　ここからは、経済産業省の取組みを時系列で説明する。「ガイドライン」や「指標」の設定などの<u>企業内部からの取組みを促す</u>とともに、「DX 銘柄」や「認定制度」など、<u>企業外部から積極的な取組みを促す施策</u>が取られている。ご覧になり参考にしていただきたい。

(1)　平成 30 年 9 月「DX レポート」

　あらゆる産業において、デジタル技術を使った新しいビジネスモデルを展開する企業が新規参入し、競争環境の変化が起きていた。企業では、社内に DX 推進部門を設置するなどの取り組みが行われてきたが、ビジネス変革にまで繋がったケースは稀であった。その主たる原因は、「IT システムの技術面での老朽化、システムの肥大化・複雑化、ブラックボックス化等の問題」[6]（レガシー

図表 8-5　DX レポート　2025 年の崖[7]

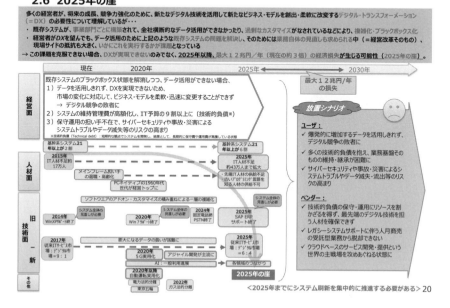

<2025年までにシステム刷新を集中的に推進する必要がある>[20]

システム）により、高コスト構造でデータが活用できていないことであった。DXレポートでは、この問題を放置すると、「2025年以降、最大12兆円／年の経済損失が生じる」と問題提起した（2025年の崖）。

　これをきっかけに、日本ではDXという言葉がビジネス界でも頻繁に語られるようになった。しかし、レガシーシステムがDX推進の障壁となるとの問題提起により、「DX＝レガシーシステムの刷新」などという、本質ではない解釈を生んでしまった。

⑵　平成30年12月「DX推進ガイドライン」

　前述のDXレポートにおいて、「DXを実現していく上でのアプローチや、必要なアクションについてガイドラインによる取りまとめが必要である」との指摘がされた。それをうけ、約3か月後に「DX推進ガイドライン」を公表した。

　このガイドラインは、「DX推進のための経営のあり方、仕組み」（経営面）

図表8-6　DX推進ガイドラインの構成[8]

6　DXレポート（PowerPoint版）　7頁
7　DXレポート（PowerPoint版）　20頁
8　DX推進ガイドライン　3頁

と、「DX を実現する上で基盤となる IT システムの構築」（IT システム面）の 2つで構成されている。

　経営面では、経営トップ自らが変革に強いコミットメントを持ち、経営戦略・ビジョンを提示し、DX 推進のための体制を整備することを求めている。IT システム面では、ベンダーに丸投げせず企業自らがシステムの企画・要件定義を行い、全社最適な IT システムの構築を行うべきであると求めている。

　企業にはこれらのアクションを通じて、スピーディーにビジネスモデルの変革を行い、ビジネスモデルの変化に迅速に追従できる IT システムを構築することが求められている。

⑶　令和元年7月「DX 推進指標」

　DX の推進において、企業が直面している課題や、それを解決するために押さえるべき事項を明確化した「DX 推進指標」を公表した。

　この指標は、企業のビジネスモデルの優劣を評価するものではなく、企業の変化への対応力を可視化するものである。良い点数を取ることが目的ではなく、「経営者や社内の関係者が、自社の取組の現状や、あるべき姿と現状とのギャップ、あるべき姿に向けた対応策について認識を共有し、必要なアクションをとっていくための気付きの機会を提供すること」[9] を目指している。DX 推進を6段階で評価し、自社が現在どのレベルで、次にどのレベルを目指すか、そのためのアクションを社内で共有する。

　また、DX によって伸ばそうとしている経営指標を選択し、3年後の数値目標を立て、進捗管理を行う。自己診断を行い、IPA に提出することで、他社の分析結果の提供を受けることができ、自社と他社との取り組みを比較することが可能である。

⑷　令和2年8月「DX 銘柄」

　企業の積極的な DX への取り組みを促す方策として、東京証券取引所と共同

9　「DX 推進指標」とそのガイダンス　2頁

図表 8-7　DX 推進指標の構成[10]

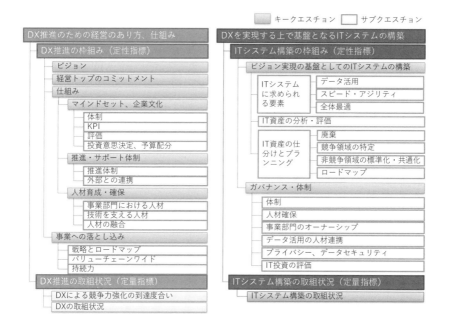

で上場企業の中から、DX 推進に取り組み優れた実績を出した企業を、業種ごとに選定し「DX 銘柄」として公表した。35 社が選定され、そのうち 2 社がグランプリ企業として選出された。それまでは、IT 活用によるビジネスモデル変革・競争力強化に取り組む企業を「攻めの IT 経営銘柄」という名称で評価していたが、DX に焦点を当てる形に変更し、「DX 銘柄」に名称を改めた。

　さらに 2021 年以降は、後述するデジタルガバナンス・コードと連動させた評価基準に変更し、目標となる企業モデルを広く波及させることにより、デジタル技術活用の重要性を経営者に伝え、意識改革を促している。また、投資家などのステークホルダーへの認知を向上させることで、株式市場の評価を受ける枠組みにより、DX の更なる促進を図った。

10　「DX 推進指標」とそのガイダンス　8 頁

図表8-8　DX銘柄について[11]

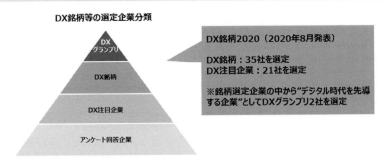

DX銘柄について

- 東京証券取引所に上場している企業の中から、企業価値の向上につながるDXを推進するための仕組みを社内に構築し、優れたデジタル活用の実績が表れている**企業を業種ごとに選定**することで、**目標となる企業モデルを広く波及させる**とともに、**IT利活用の重要性に関する経営者の意識変革を促す**ことを目的とします。
- また、**投資家を含むステークホルダーへの紹介を通して　評価を受ける枠組み**により、企業によるDXの更なる促進を図ります。

DX銘柄等の選定企業分類

DX
グランプリ

DX銘柄

DX注目企業

アンケート回答企業

DX銘柄2020（2020年8月発表）

DX銘柄：35社を選定
DX注目企業：21社を選定

※銘柄選定企業の中から"デジタル時代を先導する企業"としてDXグランプリ2社を選定

⑸　令和2年11月「DX認定制度」

　令和2年5月に改正された「情報処理の促進に関する法律」（以下「情報促進法」という）に基づく認定制度として「DX認定制度」が創設された。これは、情報促進法の指針を踏まえ、優良な取組を行う企業を、申請に基づいて認定する制度である。本制度の認定を受けるには、DXを推進する上での「経営ビジョン」、「DX戦略」、「戦略推進管理体制」を策定し、それらをステークホルダーへ示すことが必要となる。「企業がデジタルによって自らのビジネスを変革する準備ができている状態」[12]である企業を認定するのだ。

　具体的に取り組む事項については、後述するデジタルガバナンス・コードの「基本的事項」の部分を対応させるなど、各施策や公表データとの整合性をとっている。

11　デジタルトランスフォーメーション銘柄（DX銘柄）2021の狙い　1頁
12　DX認定制度 申請要項（申請のガイダンス）11頁

図表 8-9　DX 認定制度概要[13]

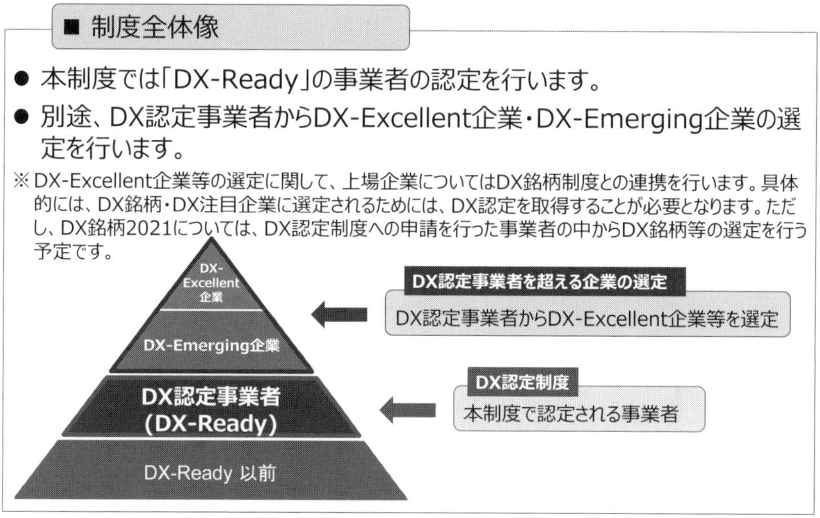
■ 制度全体像
● 本制度では「DX-Ready」の事業者の認定を行います。
● 別途、DX認定事業者からDX-Excellent企業・DX-Emerging企業の選定を行います。
※ DX-Excellent企業等の選定に関して、上場企業についてはDX銘柄制度との連携を行います。具体的には、DX銘柄・DX注目企業に選定されるためには、DX認定を取得することが必要となります。ただし、DX銘柄2021については、DX認定制度への申請を行った事業者の中からDX銘柄等の選定を行う予定です。
DX-Excellent企業
DX-Emerging企業
DX認定事業者 (DX-Ready)
DX-Ready 以前
DX認定事業者を超える企業の選定
DX認定事業者からDX-Excellent企業等を選定
DX認定制度
本制度で認定される事業者

本認定を受けることで、DX に積極的に取り組む企業としての対外的な信用を得ることができる。また、令和 3 年に新設された「DX 投資促進税制」の税制優遇を受ける上で、認定を必須要件とするなど、政策間の連動を行っているが、令和 3 年 8 月時点で認定を受けている事業者は 161 社と少なく、まだまだ認知度が低い状況である。

(6)　令和 2 年 11 月「デジタルガバナンス・コード」

あらゆる要素がデジタル化する時代変化の中で、企業価値向上に向け実践すべき事柄を「デジタルガバナンス・コード」として公表した。企業価値向上のために重要視されたのは、「① IT システムとビジネスを一体的に捉え、新たな価値創造に向けた戦略を描いていくこと、②ビジネスの持続性確保のため、IT システムについて技術的負債となることを防ぎ、計画的なパフォーマンス向上を図っていくこと、③必要な変革を行うため、IT 部門、DX 部門、事業

13　DX 認定制度 申請要項（申請のガイダンス）　13 頁

部門、経営企画部門など組織横断的に取り組むこと」[14] である。具体的には、「ビジョン・ビジネスモデル」、「戦略」、「組織づくり・人材・企業文化に関する方策」、「IT システム・デジタル技術活用環境の整備に関する方策」、「成果と重要な成果指標」、「ガバナンスシステム」の6つを柱とし、各々を「基本的事項」「望ましい方向性」「取組例」、の3つの切り口で整理している。

「基本的事項」は前述した DX 認定制度と対応しており、「望ましい方向性」までを満たすことで、上位概念の DX-Excellent 企業、DX-Emerging 企業の選定基準に達することができる。

(7)　令和2年12月「DX レポート2」

これまでの DX 政策の結果や、コロナ禍で明らかになった DX の本質、今後の課題などをまとめ公表した。まず、DX レポートから2年が経過したが、企業の DX 推進指標の結果より、95% の企業が DX にまったく取り組んでいない段階（取り組み始め含む）であることが判明した。また、先行企業と平均的な企業の DX 推進には大きな差があり二極化が進んでいた。

一方で、東京都の調査によると、2020 年4月緊急事態宣言を受けてテレワー

図表 8-10　デジタルガバナンス・コードと DX 認定制度の関係[15]

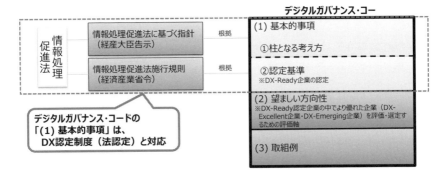

14　デジタルガバナンス・コード　1頁
15　DX 認定制度 申請要項（申請のガイダンス）　9頁

図表 8-11　DX 推進指標の自己分析結果[16]

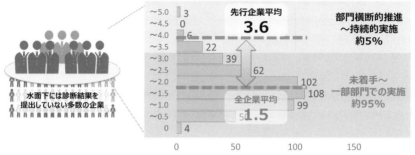

DX推進指標自己診断結果の分析レポートより

自己診断結果提出企業の"現在"全項目平均値の分布

先行企業平均 **3.6**

部門横断的推進
～持続的実施
約5%

全企業平均 **1.5**

未着手～
一部部門での実施
約95%

水面下には診断結果を
提出していない多数の企業

～5.0	3
～4.5	0
～4.0	6
～3.5	22
～3.0	39
～2.5	62
～2.0	102
～1.5	108
～1.0	99
～0.5	5
0	4

クに取り組む企業が前月比 2.6 倍と大幅に増えるなど[17]、経営トップがリーダーシップを発揮することで速やかに環境変化に対応することができた。今まで、当たり前だった仕事のやり方（出社、押印、対面販売）など固定観念を変革することと、IT システムの柔軟な変更、その双方に着手できるかどうかが、成功の分岐点になったのだ。

　現在、コロナ禍により、人々の仕事に対する固定観念が変化しだしている。このタイミングでデジタルビジネスに変革できない企業は、デジタル競争の敗者になる。今後の企業の目指す方向性として、「企業が競争上の優位性を確立するには、常に変化する顧客・社会の課題をとらえ、素早く変革し続ける能力を身に付けること、その中では IT システムのみならず企業文化（固定観念）を変革することが重要」[18] とまとめている。

　また、コロナ禍を契機に企業が「直ちに取り組むべきアクション」と「短期的対応」、「中長期的対応」がまとめられた。従業員や顧客の安全を守りつつ事業継続するには、市販製品・サービスの活用を検討し、ツールの迅速かつ全社的な導入には経営トップのリーダーシップが重要であるとまとめている。

　DX 推進をする上で、企業内面への働きかけとして「DX 推進指標」や、企

16　DX レポート 2（概要）　5 頁
17　DX レポート 2（概要）　7 頁
18　DX レポート 2（概要）　8 頁

図表8-12 コロナ禍を契機に企業が直ちに取り組むべきアクション[19]

直ちに取り組むアクション

業務環境のオンライン化	業務プロセスのデジタル化
・ テレワークシステムによる執務環境のリモートワーク対応 ・ オンライン会議システムによる社内外とのコミュニケーションのオンライン化	・ OCR製品を用いた紙書類の電子化 ・ クラウドストレージを用いたペーパレス化 ・ 営業活動のデジタル化 ・ 各種SaaSを用いた業務のデジタル化 ・ RPAを用いた定型業務の自動化 ・ オンラインバンキングツールの導入
従業員の安全・健康管理のデジタル化	**顧客接点のデジタル化**
・ 活動量計等を用いた現場作業員の安全・健康管理 ・ 人流の可視化による安心・安全かつ効率的な労働環境の整備 ・ パルス調査ツールを用いた従業員の不調・異常の早期発見	・ 電子商取引プラットフォームによるECサイトの開設 ・ チャットボットなどによる電話応対業務の自動化・オンライン化

短期的対応
　DX推進体制の整備
　DX戦略の策定
　DX推進状況の把握

中長期的対応
　デジタルプラットフォームの形成
　産業変革のさらなる加速
　DX人材の確保

業外面からの働きかけとして「デジタルガバナンス・コード」「DX認定制度」「DX銘柄」を政策展開してきた。しかし、前述したとおり、実に全体の9割以上の企業がDXにまったく取り組めていない状況であることが明らかになった。DXという言葉の普及とは裏腹に、令和2年12月現在、企業でのDXはまったく進んでいないといっていいほどの状況である。

(8) 令和3年8月「DXレポート2.1」

　DXレポート2では、「ユーザー企業とベンダー企業の共創の推進」の必要性を示した。しかし、既存産業の業界構造は、ユーザー企業は委託による「コストの削減」を、ベンダー企業は受託による「低リスク・長期安定ビジネスの享受」という状態になっていて、両者はデジタル時代において必要な能力を獲得できず、デジタル競争を勝ち抜いていくことが困難な「低位安定」の関係[20]

19　DXレポート2（概要）　12〜19頁より筆者にて抜粋し編集
20　DXレポート2.1（DXレポート2追補版）（概要）5頁

図表8-13　デジタル産業の構造と企業類型[21]

3.4 デジタル産業の構造と企業類型（2／2）

● デジタル産業を構成する企業は、その特色を踏まえて4つに類型化できる。

デジタル産業の企業類型

① **企業の変革を共に 推進するパートナー**	・新たなビジネス・モデルを顧客とともに形成 ・DXの実践により得られた企業変革に必要な知見や技術の共有 ・レガシー刷新を含めたDXに向けた変革の支援
② **DXに必要な技術を 提供するパートナー**	・トップノッチ技術者（最先端のIT技術など、特定ドメインに深い経験・ノウハウ・技術を有する）の供給 ・デジタルの方向性、DXの専門家として、技術や外部リソースの組合せの提案
③ **共通プラットフォームの 提供主体**	・中小企業を含めた業界ごとの協調領域を担う共通プラットフォームのサービス化 ・高度なIT技術（システムの構築技術・構築プロセス）や人材を核にしたサービス化・エコシステム形成
④ **新ビジネス・サービスの 提供主体**	・ITの強みを核としつつ、新ビジネス・サービスの提供を通して社会への新たな価値提供を行う主体

になっていた。

　デジタル産業を構成する企業は、ユーザー・ベンダーという区別なく、価値創出にデジタル技術を活用し、他社・顧客とつながりエコシステムを形成していく必要がある。既存産業の企業が、デジタル産業の企業へと変革をするための方向性を取りまとめ「DXレポート2.1」として公表した。その中で、デジタル産業を構成する企業の特色を4つに類型化し、今後それらを推進するために、「デジタル産業指標（仮）」を策定することを示した。

⑼　令和3年9月「プラットフォームデジタル化指標」

　DXを進めるには、既存のITシステムの状況を経営者自らが把握することが第一歩である[22]。企業がITシステムを正しく把握し、評価するための指標として、「プラットフォームデジタル化指標」を公表した。この指標では、企

21　DXレポート2.1（DXレポート2追補版）（概要）13頁
22　プラットフォームデジタル化指標概要説明　2頁

業の既存 IT システムについて①DX への対応力、②IT システムとして備えるべき基本機能の達成度、③IT 資産の健全性の3点を可視化することができる。

　前述した「DX 推進指標」の結果から、経営に関する指標の成熟度が低い企業は IT システムに関する指標でも成熟度が低く、逆に経営の成熟度が高い企業は IT システムの成熟度が高い、すなわちデジタル化を意識して経営する企業は IT システムの状況がよいと言える[23]。「DX 推進指標」と「プラットフォームデジタル化指標」を活用することで、DX 推進のロードマップを策定し、実行に移していくことを促進している。

図表 8-14　プランフォームデジタル化指標について[24]

1．プラットフォームデジタル化指標とは

- ●プラットフォーム（PF）デジタル化指標の目的
  企業がDXを推進する中で、DX推進指標などによりITシステムに何らかの問題があると判断した場合に、
  　①ITシステムの詳細な評価により問題を可視化する
  　②対策が必要なITシステムの部位を特定し、優先順位決定のためのビジネス上の重要性などについて明確にする
  　③優先順位に従って対策を実行するためのロードマップを策定して実行に移していくことを促進する

- ●PFデジタル化指標想定利用者
  　①DXを推進する企業（経営者の判断のもとに企業IT部門が実施する）
  　②コンサル・ITベンダなど（企業から委託を受けてITシステムの評価を客観的に企業と共に実施する）

- ●PFデジタル化指標利用方法
  　①すでに問題がありそうなシステムがわかっている場合や、あるいは試験的にスモールスタートをしたい場合は評価項目を絞って適用することが可能。
  　②コンサル・ITベンダなどの既存の評価指標での評価と組み合わせて利用することも可能。

- ●経済産業省DX推進指標との関係

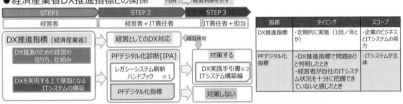

　※1：「DX実践手引書 ITシステム構築編 レガシーシステム刷新ハンドブック」
　　　…現行ITシステムの整理、仕様復元に関して記載。
　※2：DXで必要となる基本的な考え方、ITシステムの要件、技術要素などを記載。

23　プラットフォームデジタル化指標概要説明　2頁
24　プラットフォームデジタル化指標紹介資料　2頁

II　DX 推進のための具体的な対応

【1】DX の進め方

　中小企業で DX が進まない原因は、①ビジネスを変革するメリットを感じない（ビジネス変革を迫る危機がない）、②体制が整っていない、③経営戦略が描けない、④具体的な推進方法がわからない、⑤既存 IT システムでは対応ができない、などと考えることができる。

　IT ツールの利用については、一部企業では進んでいるものの、ビジネス変革まで取り組めている企業は少ない。

　現在、筆者は従業員 1,000 人超の中小企業に勤務している。自社の DX 推進に取り組んでいて、先日 DX 認定申請を行い、無事認定を受けることができた。しかし、認定をとるための労力は想像以上に大きく、費用対効果を考えると申請を断念する企業も多いと推察する（労力をかけて取得するメリットが少ないと感じてしまう）。

　また、勤務先において中小企業とかかわることが多いが、ほとんどの企業で DX の取り組みが進んでいないどころか、IT ツールの導入も十分に進んでいないことに気づく。DX の推進には、経営者がリーダーシップを発揮し、経営ビジョンを明示し、経営戦略の立案を行うことが不可欠だと言われているが、中小企業ではとてもハードルが高い。デジタル活用をできていない企業が、デジタル技術を用いた経営戦略（ビジネスモデルの変革）を立案するのは困難であろう。

　さらに、DX を推進するにあたり、IT 投資や教育投資が必要になるが、どの程度の金額を投資するべきか、難しい問題である。その場合は、従業員 1 人当たりの投資額とそれに伴い増加した、従業員 1 人当たりの売上（利益）で考えると、費用対効果を導きやすい。

　「企業 IT 動向調査報告書 2020」によると、「IT 予算の売上高に対する比率」は、全業界平均値は 2.21 ％であった[25]。また、「2020 年度教育研修費用の実態調査」によると、「従業員 1 人当たりの教育研修費」は 35,628 円であった[26]。

　これらの数値を目安として、IT 投資額については「従業員１人当たり売上高 × 1%」を、教育投資額については「従業員１人当たり 20,000 円」当たりと考えるとよいであろう。

　この場合の、従業員１人当たりの売上高とは、売上高 ÷ 従業員数とし、部門など問わず、全従業員数で割った数値を基準とする。また、すでに他で IT 投資をしている場合では、これから行う DX 関連の IT 投資のみを対象として考える。投資額を１人当たりで考えるのは、IT 投資などでは、ユーザー当たりの利用料金制が増えており、導入可否をイメージしやすくするためである。

　下記に、<u>投資の費用対効果を図る計算例</u>を記載した。

　投資した分を回収できる売上高である。　※すべて１人当たりの計算

現状：売上高 1,000 万円、売上総利益 500 万円（売上総利益率 50%）、販管費 400 万円、営業利益 100 万円

A.　売上高の 1% の IT 投資 ………… 売上高 2% 増加

B.　１人当たり２万円の教育投資 … 売上高４万円増加

　上記のように、（投資額 ÷ 売上総利益率）の売上向上が必要になる。売上総利益率 50% であれば、投資額の２倍の売上が必要となる。

　投資額に対する効果を分析した上で、毎年度、投資額の見直しを行う必要がある。

図表 8-15　IT 投資と教育研修費の投資効果（筆者作成）

単位：万円

	現状	A 売上の 1% の投資	B.1 人あたり 2 万円の投資
売上高	1,000	1,020	1,004
売上原価	500	510	502
売上総利益	500	510	502
販管費	400	400	400
IT/教育投資		10	2
営業利益	100	100	100
		売上を 2% 上げる	売上を 4 万円上げる

25　「企業 IT 動向調査報告書 2020」　一般社団法人日本情報システム・ユーザー協会　57 頁
26　2020 年度（第 44 回）教育研修費用の実態調査　産労総合研究所　1 頁

【2】 データ入力のルールをつくる

　まず、これから DX を進める上で、基礎の考えになるのは、「入力（収集）したデータを元に分析する」ということである。データは分析するために入力しているのだ。そのためには、データの入力方法について社内で統一する必要がある。

　例えば、「株式会社」と「㈱」などの表記がバラバラであったり（表記ゆれ）、Excel などの入力形式がバラバラであると、データを正しく迅速に分析することができない。

　（事例）

　　ここで、筆者のエピソードを紹介したい。筆者は、中小企業のシステム導入に関わる業務を行うことがあるが、顧客のシステム上に、<u>同じ人物や同じ企業のデータが、重複（分散）して登録されているケース</u>を多く見てきた。その場合、データを統合する作業（名寄せ）が必要で、それだけでも多くの時間を消費する。複数の業務ソフトを使っている場合や、Excel 中心で管理している場合は、データの整合性が取れていないケースが多々ある。そういった企業の場合、データを分析するまでに多くの手間がかかってしまい、データを保持していても分析までにいたらないケースがほとんどである。

　データ入力に関しては、令和 2 年 12 月に総務省より発表された「統計表における機械判読可能なデータ作成に関する表記方法」が参考になる。この資料では、Excel データを取り扱う際の注意点が、具体的に 15 点ほど書かれている。Excel を使っている企業は多いと思うが、ここに記載された事項をしっかりと守られているケースは少ないと思われる。この資料を配布するか、自社で入力マニュアルを作って配布をするかなどしてほしい。細かなことではあるが、「データを迅速に正しく分析する」には、「<u>データが正しく入力されている</u>」ことが最も重要であり、社内で共有し入力を徹底することが必要である。こういったプロセスを経てデータを活用する組織文化がつくられるのだ。

図表8-16 「統計表における機械判読可能なデータ作成に関する表記方法」の目次[27]

【3】 ビジネスチャットを導入し、
　　　コミュニケーションをデジタル化する

　ビジネスチャットは、コロナ禍によるテレワークの普及をきっかけに、導入率が大幅に増加したツールである。主には、従業員間のコミュニケーションを取るために利用され、office ファイルや Web 会議などと連携し利用することができる。チャットとは「おしゃべり」の意味をもつ言葉で、メールと比較して気軽にリアルタイムでやり取りできるという特徴をもつ。Microsoft

---

27 「統計表における機械判読可能なデータの表記方法の統一ルールの策定」の別紙　令和２年12月18日 総務省

Teams、Slack、Chatwork、LINE WORKS などがサービス提供している。ビジネスという括りを外した「チャット」で考えると、LINE がそれに該当し、多くの方が利用しているので、その利用イメージは想像しやすいだろう。

「企業 IT 動向調査報告書 2021」によると、2020 年度のビジネスチャットの導入率は 48.0%[28] であった。しかし、売上規模別でみると 100 億円未満は 37.9% となっており、さらに売上規模の小さな中小企業では、導入率が低いと考えられる。DX を推進する上では、このビジネスチャットの導入が重要だと考える。

今まで、社内のコミュニケーション手段の中心は、対面でのコミュニケーション（対話、会議）であったと思われる。対面コミュニケーションでは、言語情報（話す内容）と非言語情報（態度、表情、声のトーン）とを、話し手と聞き手が個別で認識し、コミュニケーションを進める。聞き手は相手を見て、言語情報だけではつかめない感情や、その奥にある目的をつかむのだ。対面コミュニケーションでは、非言語情報（態度、表情、声のトーン）が相手に強い印象を与えることが多く、内容が論理的でなくても、話し手の態度などで目的を伝えることができる。このような特性により、話す内容については論理性が低くても、コミュニケーションを取ることができる。

また、対面コミュニケーションは、双方が同時に時間を消費し（同時性）、話した内容は時間とともになくなる（消滅性）という特徴をもつ。話した内容を他に伝えるには、同じ話を同じ時間をかけてする必要があり、手間と時間（コスト）がかかる。極端な表現をすると、「論理性が低く、転用ができない、コストの高いコミュニケーション手段」と言える。

ビジネスチャットを利用することで、社内の主たるコミュニケーション手段がデジタル化（テキスト化）される。テキストでのコミュニケーションは、書き手に論理性が求められ、簡潔に要点をまとめなければならない。なんとなくあやふやなコミュニケーションが減り、誤解が生じるのを防ぐことができる。会話は双方の時間をリアルタイムで消費するが、チャットであればパソコンや

スマートフォンを使い、場所や時間を問わず自分の好きなときに確認できる。当然、メッセージのテキストをコピーすれば他に転用することも容易だ。テキストでのコミュニケーションは、「論理的で、転用可能な、コストの低いコミュニケーション」だと言える。また、やり取りは履歴として残るので、実行まで含めて透明化されやすい。ビジネスチャット上でタスク管理もできるので、進捗状況の確認ができる。電子メールと比較しても、チャットは双方向性の会話に近いコミュニケーションで迅速にレスポンスでき、スタンプなど気軽な応対もあり、複数人でのコミュニケーションも容易にできるなどの利点がある。チャットツールの便利さは、LINE などの個人での普及率を見れば一目瞭然だろう。

　ビジネスチャットを使うからといって、対面コミュニケーションをなくすわけではない。どちらも効果的に使うことが重要だ。会話した後に、その内容を備忘録的にテキストで送るなどのハイブリッドな活用もできるはずだ。ただし、あくまでメインとなるのはデジタル（テキスト）である。対話、電話、内線などの音声コミュニケーションはチャットをメインに置き換えたい。

　（事例）
　　ここで、筆者の勤務先にて、ビジネスチャットを導入した際のエピソードを紹介したい。
　　当社は営業担当者とフィールドスタッフが全体の8割を占める職場で、電話および対面のコミュニケーションを好む人たちが多く所属している。ビジネスチャットの導入に対しては、「対面でのコミュニケーションはなくせない。」「パソコンでのやり取りは冷たくて人間関係が希薄になる」「文字だと真意が伝わらない」などネガティブな意見が多かった。
　　しかし、当社の経営者が積極的にチャットを使ったコミュニケーションを取ることで、多くの従業員はそれに従い、一気に利用を始めた。その結果、簡易的なやり取り（連絡事項、情報交換）はチャットを中心に活用し、対面で会うほうが効果的と判断した場合は、従来どおりの対面コミュニケーションを取るなど、使い分けをすることにより、コミュニケーショ

ンの質と量が向上した。それにより、社内での連携や重点事項の情報共有が強化され、顧客対応スピードの向上にもつながった。

　ビジネスチャット導入時には、経営者が「今後 DX を推進するために、業務のデジタル化に取り組む」という意思を伝えることが重要だ。ビジネスチャットの導入をきっかけに、主たる社内コミュニケーションをデジタル化（テキスト化）し、その先の DX 推進に繋げていくのだ。ビジネスチャットが、全社でDX 推進に向けた共通理解を形成する上で、重要なプラットフォームになるのだ。

　従業員のやり取りの中心が、テキストになることで日常的にデジタル技術に触れ合う機会が増える。量が増えることで、質は洗練される。デジタル技術を活用することで、他の業務プロセスとの連携や、顧客とのやり取りのデジタル化がイメージできるようになる。

　例えば、クラウドストレージと連携させることで、office ファイル（Excel、Word、PowerPoint）の同時編集やファイルのバージョン管理ができるようになる。ファイル共有やバックアップの運用など業務効率の向上が見込める。ビジネスチャットを起点に業務のデジタル化が進み、ビジネスモデル変革のきっかけとなるのだ。そのために、まずビジネスチャットを導入し、コミュニケーションのデジタル化（テキスト化）に取り組みたい。

【4】Web 会議システムを活用し、会議の在り方を変える

　コロナ禍で一番利用された IT ツールは Web 会議システムではないだろうか。「企業 IT 動向調査報告書 2021」によると、2020 年度の Web 会議の利用率は 82.1%[29] と、とても高かった。2020 年 4 月、コロナ禍による緊急事態宣言の発出により、テレワークが一気に普及した。それと時を同じくして Web 会議が一気に利用されるようになったのだ。テレワークによる離れた環境下で

---

29 「企業 IT 動向調査報告書 2021」　一般社団法人日本情報システム・ユーザー協会　96 頁

も、すぐに繋がり、コミュニケーションを取れることが利点となり多くの方が利用した。画面共有機能を活用することで、両者が同じ資料を同時に閲覧できるなどの利点があった。

　しかし、本項で推奨するWeb会議とは、ただ単純に今までの会議をWeb会議に置き換えることではない。Web会議に最適化された会議を行うことが重要なのである。Web会議は、地理的に離れた方と会議をする場合に利用することが一般的だ。

　しかしWeb会議を使って効率的な会議ができるのであれば、隣の席の方と会議するのに活用してもよい。パソコンがあれば会議ができるので会議室に集まる必要もない。今までの会議のやり方に捉われず、より効率的な会議を行うのだ。

　本来会議の目的は、情報の共有と、議論し意思決定をすることである。Web会議の利点はリアルタイムで、画面共有ができることである。ここでいう画面共有とは、PowerPointで作られた資料を表示するための共有ではなく、議論の内容を表示し、意思決定までのプロセスを共有することだ。

　具体的に、Web会議システムの活用方法について説明すると、議論を開始する際には司会者が、白紙のExcelファイルを起動し画面共有する。議題を書き、出席者の発言をそこに追記していく。リアルタイムで書き加えながら議論を進めていくのだ。議論時に、事前に準備された資料を画面共有すると、参加者は見ることに集中し、独自の解釈で理解したつもりになってしまう（資料閲覧だけで、議論には参加しない方が多数でてしまう）。

　白紙のファイルからスタートし、参加者は何もない状態から、議論を重ねていくので、集中力が高まり議論が活性化する。Excelを用いているので、その場で数値や係数を変えてのシュミレーションも可能だ。調査が必要なことがあればその場でウェブ検索し、画面キャプチャで貼り付けることもできる。そうした中で、議論が発散と収束を繰り返しまとまっていくのだ。次回への課題やアクションプランがある場合は、そこに書き加えることで、進捗状況の確認も容易にできる。議事録をとるのが目的ではなく、議論を活性化させるために、Excelファイルに書いていくのだ。会議が終わった後には、そのまま議事録代

わりに共有することができる。

　この Web 会議は、会議室にホワイトボードを置き、参加者の意見を書きながら議論を進めるものと似ている。それをさらにブラッシュアップしたものと考えてもらっていいだろう。比較しての利点は、情報量を多く書けること、書き換えが容易なため進行中の議論を整理しやすいこと、手書きよりきれいで見やすいこと、参加者は自席からパソコンで参加できること、記録が動画で残せること、他情報を検索し参照が容易なこと、数値のシュミレーション計算ができること、などが挙げられる。

　また、録画機能を活用することで、参加者の緊張感が高まり、不参加者との情報共有が容易になり、会議運用ノウハウの共有が可能となるなどのメリットがある。

　さらに、こういった会議を運用するには、司会者の論理的思考力、パソコンの操作スキル、問題解決能力が必要となる。会議開催を重ねることで、人材育成にもつながる。

　こういった Web 会議の運用ができるようになれば、通常の会議以外にも、上司と部下の 1on1 ミーティングや、営業活動における顧客との商談、顧客サポート、採用面接などにも活用できる。Web 会議システムの活用が、多くの業務に活かされることで、成果に繋がっていくことが期待できる。

　（事例）

　ここで、筆者のエピソードを紹介したい。筆者は業務上、多くの方と会議を行う機会がある。顧客、社内関係部署、取引先などと 2 ～ 5 人で開催することが多い。会議では資料を配布し説明した後、質問や意見を求めることになる。しかし、質問は資料に書いてあることが中心となり、単発で、議論が発展しないことが多い（質問のための質問）。会議の中心が、議論というより資料の説明と同意取りになっていた。

　そこで、会議で白紙の Excel ファイルを共有し、意見を書き加えることで、参加者が議論に集中するようになった。参加者同士の理解度が同時進行するため発言がかみ合い、議論が議論を呼び発展していくのだ。このよ

図表8-17 Web会議でリアルタイムでExcelに記録するイメージ

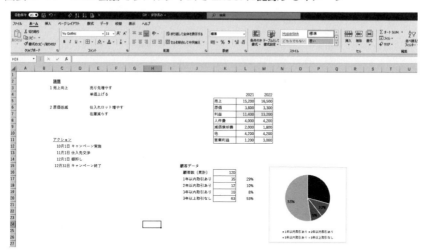

うに会議における議論の質が上がったと感じた。

繰り返しになるが、ただ単純に今までの会議をWeb会議に置き換えることが目的ではない。Web会議に最適化された会議を行うことが重要なのである。Web会議システムを活用し、質の高い議論を行い、質の高い意思決定をすることが重要なのだ。

【5】 データをすぐに出力できるように整理する

DXを推進する上で重要なのはデータである。必要なときに必要なデータを取得できることが求められる。例えば、下記は一般的によく使われるデータの例である。試しにどのくらいの時間で抽出できるか試してほしい。

上記は一例であり、業種や業界より求めるものは違うと思うので、自社で関連するデータを選別・追加してもらいたい。

ここで、重要なのはデータを必要な時にすぐ出力できるようにしておくことである。

　具体的に言うと、データが速やかに出力できること（3 時間以内）、加工しやすい形式で出力できること（csv や Excel）、出力した 2 つ以上のデータを加工し分析できること、が求められる。

　経営者がデータを必要とするのは、戦略を決定（意思決定）するためである。

　意思決定までかかる時間は、データの取得（3 時間）、データの分析（3 時間）、意思決定（2 時間）の合計 8 時間（1 日）を基準として考える。

　重要な検討事項や、金額の大きいものはこの通りではないかもしれないが、基本的には意思決定までのリードタイムは 1 日を基準とするのだ。DX を推進する上で、データの活用が重要とされているが、そのリードタイムを短くし、戦略変更の試行回数を増やし、フィードバックにより改善回数を増やすことだ。意思決定までのリードタイムを 1 日にできれば、競合と比べても高い競争力を持つことができるだろう。新しい戦略を試行する回数、改善する回数が 2 倍以上違ってくるからだ。そもそも基準となる時間を定めないと組織は動かないということと、また人は、2 日目になると熱が冷めてしまうことや忘れることが発生し、他の仕事が入り優先順位が下がることが多々ある。そのため、意思決定までのリードタイムは 1 日を基準とすることである。

①顧客に関するデータ	②受注に関するデータ	③業務プロセスに関するデータ
顧客数	商品ごとの売上、受注数、利益率、単価	サービスごとのリードタイム
顧客平均売上	販促ごとの売上、受注数、利益率、単価	商品ごとの製造リードタイム
顧客平均取引回数	今期の月別売上高と受注数（商品、販促ごと）	Web アクセス（PV、UU、CVR）
売上高分布ごとの顧客比率	年度ごとの売上高と受注数（商品、販促ごと）	
最終取引からの平均経過月数	顧客獲得単価	
顧客満足度調査の点数ごと顧客比較	顧客生涯単価（LTV）	

　このような、データを活用した経営がDX推進する上で重要になるのだ。そして重要なのは、経営者がデータの重要性を理解し経営に臨むと同時に、従業員もデータの重要性を理解し、それを事業活動に活かすようになることである。最近の言葉でいうと、データドリブン企業（データをビジネス判断の根拠とする企業）になることである。データを重要とする考えやデータを扱うスキルを、組織として持っていると、それ自体が競争優位になり、組織の持続的成長に繋がるであろう。

図表8-18　デジタルエンタープライズ＝データドリブン企業[30]

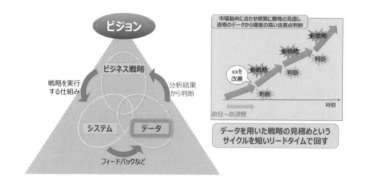

1節　データを活用するということ
デジタルエンタープライズ＝データドリブン企業

デジタルエンタープライズにおける意思決定では、データが大きな役割を担う。市場の変化がスピードを増すなかで前例のない新しい課題に取り組むにあたり、データをビジネス判断の根拠とするデータドリブン企業となることが求められる。

【6】直ちに取り組むべきアクションへの対応

　経済産業省はDXレポート2で、企業が直ちに取り組むべきアクションを明示した。

　上記の取り組みをどの程度行えているだろうか。業種や業界によって異なるが、「業務環境のオンライン化」と「業務プロセスのデジタル化」について

は、すべてのツールを導入しておくべきと考える。こういった IT ツールは、無料で試用することが可能である。そのため一度利用してみて、業務に活用できるかを判断すべきである。

　必要だから導入するのではなくて、導入してみて必要かどうか判断することだ。そして、これら IT ツールは導入して初めてその価値を感じられることと、導入した IT ツール同士が連携して更なる価値を生み出すことが特徴として挙げられる。

　積極的に取り入れる企業は、それにともなう恩恵をより多く得られ、取り入れてない企業との差を大きくしていくことができる。こういった IT ツールの導入に関しては、積極的に試行することが重要である。導入に関しては、従業員（現場）の声を積極的に取り入れて、部門ごとの活用などから始めると良い。また、該当する IT ツールを見つけることができない場合は、中小機構が作っている「ここからアプリ」というサイトより検索することができる（https://ittools.smrj.go.jp/）。

図表 8-19　コロナ禍を契機に企業が直ちに取り組むべきアクション[31]

3.2 コロナ禍を契機に企業が直ちに取り組むべきアクション

- コロナ禍でも従業員・顧客の安全を守りながら**事業継続を可能とするにあたり、以下のようなカテゴリの市販製品・サービスの活用による対応を検討すべき**
- こうしたツールの迅速かつ全社的な導入には経営トップのリーダーシップが重要。**企業が経営のリーダーシップの下、企業文化を変革していくうえでのファーストステップとなる**

業務環境のオンライン化	業務プロセスのデジタル化
・テレワークシステムによる執務環境のリモートワーク対応 ・オンライン会議システムによる社内外とのコミュニケーションのオンライン化	・OCR製品を用いた紙書類の電子化 ・クラウドストレージを用いたペーパレス化 ・営業活動のデジタル化 ・各種SaaSを用いた業務のデジタル化 ・RPAを用いた定型業務の自動化 ・オンラインバンキングツールの導入
従業員の安全・健康管理のデジタル化	**顧客接点のデジタル化**
・活動量計等を用いた現場作業員の安全・健康管理 ・人流の可視化による安心・安全かつ効率的な労働環境の整備 ・パルス調査ツールを用いた従業員の不調・異常の早期発見	・電子商取引プラットフォームによるECサイトの開設 ・チャットボットなどによる電話応対業務の自動化・オンライン化

Ⅲ　両利きの経営におけるデジタル技術の活用

【1】経営者のリーダーシップを支援する

　両利きの経営を実践する上で、経営者の重要な役割としては、新規事業と既存事業の両立に伴う矛盾を調整し解決することである。<u>経営者の意思決定に必要なものは「情報」である</u>（※ここでいう情報とは、前述した「データ」に分析や考察を加えたもの）。

　新規事業においては、成長、スピード、柔軟性が重要であり、素早く適応できる組織能力が必要となる。柔軟に戦略を見直し、新規顧客を獲得し、事業を成長させていかなくてはならない。そのためには、営業活動など現場で発生している情報を迅速に把握し、戦略策定・実行・フィードバック・改善などにつなげることが重要である。

　既存事業においては、効率性、確実性を上げ、バラツキをなくすことが重要であり、これまで以上にうまく事業を行うことが必要となる。そのためには、既存顧客の理解を深め、業務プロセスの状況を把握し、生産性（利益）向上につなげることが重要である。

　必要な情報を迅速に集めるには、<u>仕組み（インフラ）の問題とマインドの問題がある</u>。前節で説明した DX 推進のための具体的な対応が進めば、情報が集まる仕組みは整う。マインドを醸成するには、従業員に対して情報を積極的に伝えるよう促すことである。よい情報はすぐに上がってくるが、悪い情報をいかにして、集めることができるかである。そのためには、組織の心理的安全性[32]（対人関係においてリスクのある行動をしてもこのチームでは安全であるという、チームメンバーによって共有された考え）を高めることだ。どんな情報であっても、速やかに上げさせる、情報を上げてきた行為に対しては称賛することが重要だ。簡単な話だが、現場で起きた情報は、速やかにビジネス

---

[32]　Google re:Work「効果的なチームとは何か」を知る　心理的安全性を高める
　　https://rework.withgoogle.com/jp/guides/understanding-team-effectiveness/steps/foster-psychological-safety/

チャット上にて報告し、経営者（上司）はそれを確認したら、すぐにリアクションをすることだ。簡単なことを徹底して行うことが重要である。経営者が、情報を上げたことに対して速やかにアクションすれば従業員のマインドは変わってくるはずだ。このようにデジタル技術を生かすには、組織風土が重要になり、組織風土を作るためにデジタル技術の活用が必要となるのだ。

【2】 デジタル技術を使いビジネスモデル変革に取り組む

両利きの経営を実践する上で、新規事業に参入するにあたっては、戦略立案時から、デジタル技術を活用したビジネスモデルを検討するべきだ。業界の市場環境、競合他社動向、顧客などを調査するなかで、デジタル技術を使っていかに差別化できるか、新しい付加価値を創出できるかを考えるのだ。

既存の事業者は、従来の固定観念に捉われ、デジタル技術の活用が進んでいないケースが多い。既存事業者のビジネスモデルの部分的デジタル化をきっかけに、総デジタル化をイメージして戦略立案していくことで新たなサービス、新たなビジネスモデルが生まれてくる。新規事業においては、業務コスト削減よりも付加価値創出（顧客に与えるメリット）を中心にデジタル技術の活用を検討したい。

既存事業においては、デジタル技術により顧客接点の強化を最優先として取り組むべきだ。例えば、顧客接点を多様化（各デバイスでの受付、24時間対応チャットボットなど）することで、顧客の要望にあったサービス提供が可能となり顧客満足度の向上につながる。

また、顧客の声を拾いあげること仕組みを作ること（アンケートなど）で、顧客の意見を活かしたサービス展開が可能になり、業務改善にもつなげることができる。顧客接点強化はWeb改修やITツールなどの活用により、比較的取り組みやすいであろう。既存事業においては、顧客満足度向上や業務コスト削減を中心にデジタル技術の活用を検討したい。

図表8-20 デジタル技術を新規事業のビジネス戦略に活用する[33]

1節 ビジネス戦略とデジタル技術
デジタル技術をビジネス戦略に活用する

ビジネス戦略の立案時からデジタル技術の活用を検討する。これにより、新たなサービスや新しいビジネスモデルのアイディアが生まれ易くなるからである。

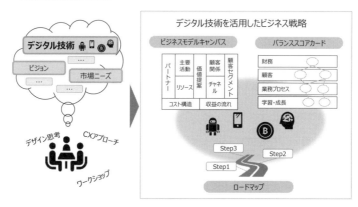

図表8-21 顧客接点の強化[34]

3節 テーマ別ケーススタディ
(テーマ1) 顧客接点の強化

テーマ1では、コールセンター業務における顧客接点強化の例を示す。将来像を考える上では、単なる作業の効率化だけでなく、顧客との関係をデータの活用を含めて見直すことが重要である。

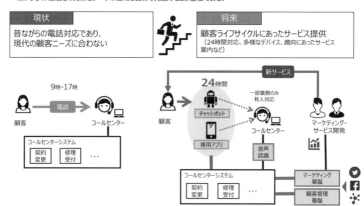

外部連携・M&A

第9章 フランチャイズ契約を活用した新規事業の立ち上げ

松井 智

　両利きの経営では探索による新規事業の立ち上げが重要であるが、両利きの経営の理論は経営資源が豊富にある大企業を前提としたものである。中小企業における両利きの経営を語る上では、経営資源に乏しい中で、どのように両利きの経営を実現すべきかという問題が避けられない。本章では、両利きの経営の理論における探索や新規事業の立ち上げを行うための方法の1つとして、フランチャイズの活用を提案する。具体的には、フランチャイズ本部の構築ではなく、フランチャイズチェーンへの加盟という形で外部資源を活用することを通じ、新規事業の成功の可能性を高め、両利きの経営における探索を成功させることや、探索の簡略化を通じて深化への注力を可能にすることを提案する。

　フランチャイズ・システムを提供する者を「フランチャイザー」、フランチャイズに加盟する者を「フランチャイジー」と呼ぶのが一般的であるが、本章では、「フランチャイザー」を「本部」、「フランチャイジー」を「加盟者」と呼ぶこととする。

Ⅰ　フランチャイズ契約の基礎知識

【1】 フランチャイズとは

　「フランチャイズ」と聞くと何を想像するだろうか。コンビニチェーンや飲食チェーンを想像する人が多いだろう。実際は、飲食店のみならず学習塾やハウスクリーニングなどのサービス業まで、広くフランチャイズが浸透してい

図表 9-1

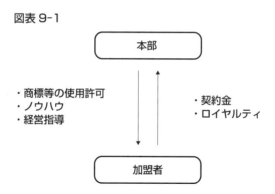

る。しかし、わが国には、フランチャイズという形態を対象とした法律、すなわち「フランチャイズ法」はなく、「フランチャイズ」についての公的な定義はない。一般社団法人日本フランチャイズチェーン協会では、「フランチャイズ・システム」について、「フランチャイザー（※本部）が、フランチャイジー（※加盟者）と契約を結び、フランチャイジーに対して、自己の商標、サービス・マーク、トレード・ネームその他の営業の象徴となる標識および経営のノウハウを用いて、同一のイメージのもとに事業を行う権利を与えるとともに経営に関する指導を行い、その見返りとしてフランチャイジーから契約金、ロイヤルティなど一定の対価を徴するフランチャイズの関係を組織的・体系的に用いて行う事業の方法である。」と定義している（※部分は筆者挿入。**図表 9-1**）。

　以下、本章で説明する「フランチャイズ」はこの定義に従うこととする。

【2】 フランチャイズの特徴

　フランチャイズでは一般的に、本部はブランド価値も含めたパッケージ化したビジネスシステムを加盟者に提供し、加盟者は本部からは独立した地位で自己責任で経営を行う。具体的には、本部との間に資本関係はなく、事業に必要な資金の調達は加盟者が自ら行う。人材の獲得についても、直営で雇用契約を

締結している従業員に店舗の運営を任せる場合であれば本部が従業員を雇用することになるが、フランチャイズであれば加盟者が自らの責任と負担で行うこととなる上、残業代の支払いを含む労務管理も加盟者が行うこととなる。

本部と加盟者の間のルールはフランチャイズ契約により定められ、加盟者が全く自由に経営を行うことはできないが、本部から経営指導を受けたり、販売商品や事業に用いるための備品などを購入したりすることができる。

雇用契約と異なり相互に独立した地位であるため、原則として、本部と加盟者の関係は対等であるが、事実上はフランチャイズ・システムを提供する本部の力が強いことが多い。しかし、あくまで対等が原則なので、本部が自らの優位な地位を前提に不当な契約の締結を強いる場合には、独占禁止法上の問題が生じる。

【3】 フランチャイズのメリット

⑴ 店舗展開の速さによるスケールメリット

フランチャイズは本部と加盟者が独立した関係にあり、加盟者が自らの事業として店舗の経営を行うことから、本部が新店舗の開業資金を拠出したり、人材を採用したりする必要がない。このように他人の資金で店舗を増やすことができるので、店舗展開のスピードを上げることができる。「最近、急にあの店をいろんなところで見るようになったな」と感じる場合、フランチャイズ展開されたものであることが多い。

店舗網の拡大というと、どちらかというと加盟者側というよりは本部側のメリットのようにも思えるが、加盟者にとってのメリットもある。店舗網の拡大により、本部はスケールメリットを得ることができる。その結果、本部を通じた商品の仕入れや本部が提供するシステムを利用する場合であれば、本部のスケールメリットにより、安価で高品質な商品やサービスの提供を受けられることになる。

両利きの経営の観点からいえば、探索事業としてフランチャイズに加盟することで新規事業を立ち上げる場合、安価で品質の高い商品の提供が可能にな

り、新規事業を運営するに際して、提供する商品やサービスのコストを低減させることができる。

⑵　事業の成功率の高さ

　成功した事業をパッケージとして販売していること、一定のブランド価値があることが前提となっていることから、事業として成功する確率はゼロから新規事業を立ち上げる場合よりも高い。また、本部からの指導を受けられることにより、経験の乏しい分野であっても進出をすることが可能になる。本部からは、飲食店であれば調理技術・接客技術に関する指導や従業員の採用のサポートなどに関する指導など、フランチャイズ事業を行う上で必要となるサポートを継続的に受けられるのが一般的である。

　商品開発については、豊富な顧客データや商品の開発ノウハウを有する本部が開発をするため、ヒット商品が開発される可能性が高まるし、加盟店は商品開発をせずに売上拡大に集中することが可能になる。

　広告や宣伝も、加盟者に費用負担が求められるものの、豊富なデータやマーケティングについてのノウハウを有する本部が主導して行うため、効率的かつ有効な販促活動が可能になる。近年では、いわゆる SEO 対策（自社のウェブサイトへのアクセスを増加させるため、ウェブでの検索結果で自社サイトが上位に表示されるようにすること）が重要であるが、フランチャイズチェーンであれば、本部が十分な SEO 対策を行っていたり、知名度の高さから検索順位が上位になっていたりするなどの効果もある。

　ブランド価値や本部による直接的なサポートだけでなく、これらの本部による効果的な商品開発や広告宣伝活動も、事業の成功率の向上につながっている。

　このように両利きの経営における探索としてフランチャイズへ加盟することで、新規事業の成功の可能性を高めることができる。

⑶　ノウハウの取得

　パッケージ化された事業を、本部のサポートを受けながら行うことができる

ため、事業に関する経験を積むことができ、後にそのノウハウを活用することができる。

　家具大手のニトリが、いきなりステーキのフランチャイズに加盟し、その後、そこで得たノウハウを活かして飲食店事業に進出した例がある。もっとも、一般的なフランチャイズ契約では、競業避止義務が規定されていることが多く、フランチャイズ契約期間中や契約終了後数年程度の期間、同種の業態の事業を行うことが契約上禁止されていることも多い。その場合は、禁止されている「競業」の範囲に抵触しないように業態を変える、本部と交渉し競業避止義務を免除してもらう、などの対応が必要となる。

　また、フランチャイズに加盟することでその事業分野のノウハウだけでなく、フランチャイズの運営そのもののノウハウを得ることも可能である。自社の事業でフランチャイズ化できそうな事業があれば、フランチャイズへの加盟で身に着けたノウハウを用い、今度はフランチャイズの本部として新事業を立ち上げることも考えられる。実際に、当初は新事業としてフランチャイズに加盟し、新事業が軌道に乗り、加盟者としての経験を活かし、新規事業をフランチャイズ化した中小企業もある。

　両利きの経営における探索では、企業のノウハウなどの内部資源を新規事業に活用することが重要であるが、中小企業ではこのノウハウが十分でないことが多い。そこで、フランチャイズへの加盟を通じ、ノウハウを取得することができれば、探索による新規事業の成功の可能性を高めることが可能になる。

⑷　その他のメリット

　フランチャイズチェーンを展開していることによるネームバリューから、人材の獲得をしやすいというメリットがある。本部から人材獲得についてアドバイスを受けることができたり、本部が人材獲得そのものをサポートしたりするケースもある。大手コンビニチェーンのローソンでは、本部が外国人を対象に研修を受けさせ、人材が不足する店舗に派遣するというサポートを行っている。

　また、大手のフランチャイズチェーンであれば、十分な信用があるため、開

業資金を調達する際に銀行から融資を受けやすい、というメリットもある。

　このように、中小企業で不足しがちな自社のブランド価値という経営資源をフランチャイズチェーンへの加盟により得ることができ、両利きの経営における探索に基づく新規事業の成功の可能性を高めることにつながる。また、フランチャイズチェーンへの加盟で得た外部資源を活用することで、探索を簡略化することができるので、既存事業の深化に注力しやすくなる、というメリットもある。

【4】　フランチャイズのデメリット

⑴　経営の自由度の低さ

　フランチャイズ契約により定められた範囲での経営となるため、自由に経営をすることができない。両利きの経営との関係では、探索による新規事業が成功しても、事業の進め方に制限が加わることになる。

　あまりに不当な制限は違法となるが、取り扱い商品の指定のほか、商品の仕入先の指定、一定量の仕入れが義務づけられることもある。ほかにも店舗のデザインの指定、定休日や営業時間が指定されることがある。最近は認められるようになってきたが、大手コンビニチェーンでは、賞味期限または消費期限の近い食品の値引き販売が禁止されるなどの例もあった。

　このように、フランチャイズでは経営の自由度が低いのが一般的であるが、近年、「ステルスFC」と呼ばれるシステムが生まれている。ラーメン店の「町田商店」を展開する株式会社ギフトは、加盟店の店名、店舗内装、メニューについては加盟店が決められ、加盟金やロイヤルティが無く、本部は原材料を加盟店に販売することで利益を得る、というビジネスモデルを展開している。ラーメン店はチェーン店よりも非チェーン店で個性がある方が消費者から評価される傾向があるために有効なシステムとなっている。

　このステルスFCのような形であれば、本部のブランド価値を利用することができるというメリットが失われるものの、経営の自由度は向上する。経営の自由度を重視するのであれば、ステルスFCのような形態を選択することも考

えられる。

　さらに、事業からの撤退のタイミングを自由に決められないというデメリットもある。他人の資本で事業を開始するとはいえ、本部としても加盟店を募集するために一定の資本を投下することとなるため、本部としては加盟者にすぐにやめられては困る。また、加盟者の短期間での撤退率が高いというデータが残るのも本部にとってはマイナスである。これらの理由から、フランチャイズ契約は契約期間が定められた上で、中途契約は可能だが違約金を請求することとされていることが多く、中には中途解約を認めないものもある。

　そのため、「想像していたものとは違う」と感じても簡単にやめることはできない。フランチャイズに加盟後、しばらくしたタイミングで、加盟者が「本部から『優れたビジネスモデルで、すぐに黒字化できる』などとよいことばかりを言われて加盟したが、全然話が違った。うまく行かないので脱退したい」となるトラブルは非常に多い。

　事業の成功が見通せないと判断した場合でも即座に撤退し、別の新規事業に経営資源をつぎ込む、ということが難しいので、両利きの経営との関係では、探索において柔軟な対応がしにくくなるというデメリットにつながる。

(2)　直営と比べて利益が少なく、初期費用がかかる

　フランチャイズにおいては、加盟者による売上の一部から、固定額もしくは一定割合、またはその両方のロイヤルティを本部に支払うのが一般的であるため、その分加盟者が得られる利益は減少することとなる。そのため、直営で同じ売上げ額の店舗を経営することができるのであれば、その場合よりも得られる利益は少なくなる。

　もっとも、フランチャイズチェーンのブランド価値が売上の向上につながること、効率化されたシステムにより利益率が向上することなども踏まえると、直営店でフランチャイズに加盟した場合と同等の利益を得るのは容易ではないため、一概に直営の方がよいと言えるわけではない。

　また、店舗の開設費用に加え、加盟金の支払いや、後で返金されることが前提ではあるものの、保証金の預託を求められることがあり、初期費用は、自ら

新規事業を始める場合よりも、フランチャイズチェーンに加盟する方が高額になることが多い。

　もっとも、最近では加盟者を増やすことを目的に、初期費用を本部が負担することで加盟しやすくするプランなどを採用しているフランチャイズチェーンも増えている。

(3)　フランチャイズ特有の経営リスク

　フランチャイズだからこそ生じる経営リスクも存在する。1つはいわゆるテリトリー権（**図表9-2**）の問題である。テリトリー権とは、本部が一定の地域内に同じフランチャイズチェーンまたは直営の店舗を開設しないことを保障する権利である。

　都市部では、道路を挟んで反対側や数十メートル離れただけのところに同じ系列のコンビニがある、ということもある。このように、自店舗の商圏内に同一チェーンの店舗が開店すると、顧客の奪い合いが起きてしまい、経営状況が大きく変化することとなる。テリトリー権が加盟者に認められているケースでは、一定範囲の商圏が確保された状態となるが、テリトリー権が保障されてい

図表9-2

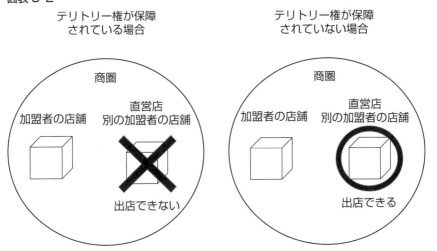

ない場合には、自店の商圏内に同一チェーンの店舗が開店し、売上が大きく下がるリスクが生じるおそれがある。テリトリー権については、フランチャイズ契約において保障されているケースもあるが、保障されていない場合も多いため、注意を要する。

　さらに、いわゆるレピュテーションリスクの問題がある。一時期、「バイトテロ」などという言葉が流行したが、同一チェーンの他の店舗でアルバイトが不衛生な行為をした場合、別の店舗についても、「あのチェーンは不衛生だから行きたくない」と敬遠されてしまうことがあり得る。ほかにも、同一チェーンの他の店舗でパワハラやセクハラなどの労働法違反行為があった場合、人材が集まりにくくなってしまうということもある。このように、他の加盟者による不祥事があった場合、フランチャイズチェーン全体のイメージが悪化して、自らの店舗にも影響が生じてしまう。

　以上のように、本部や他の加盟者の行動という自らがコントロールできない事情により、経営環境が大きく変化してしまうという経営リスクがある。

　図表9-3は、これまで述べたメリットとデメリットをまとめたものである。

図表9-3

メリット	デメリット
・スケールメリット ・事業の成功率の高さ 　・経営指導 　・商品開発 　・広告宣伝 ・ノウハウの獲得 ・その他 　・人材獲得のしやすさ 　・資金調達のしやすさ	・経営の自由度の低さ 　・取扱商品、仕入先、店舗のデザイン、営業時間等の指定 　・自由なタイミングでの撤退が困難 ・利益が少額で初期費用が多額 ・特有のリスク 　・商圏内への同一チェーンの出店（テリトリー権） 　・他の加盟者によるレピュテーションリスク

【5】M&A（株式譲渡、事業譲渡）との比較

　両利きの経営の探索のためには、M&A（「Mergers and Acquisitions」の

略）、すなわち企業買収の手段も有効である。フランチャイズへの加盟とM&Aは、外部資源を活用した新規事業の立ち上げという点で共通するため、ここではフランチャイズとM&Aとの比較を行う。M&Aには様々な方法があるが、ここではよく利用されている株式譲渡と事業譲渡を前提に説明する。

　株式譲渡は、対象企業の株式を取得することで対象企業の経営権を取得することをいう。企業を従業員や什器・設備を含めてまるごと買い取るという方法である。大企業を中心に広く行われるようになっており、最近では中小企業による「スモールM&A」も増加傾向にある。

　事業譲渡は、企業全体ではなく、特定の事業のみを買い取る方法である。株式譲渡の場合は、負債なども含めてすべてを一括して買い取ることになるが、事業譲渡では買収の対象を自由に選択することができる。一方で、許認可などをそのまま引き継ぐことはできない。M&Aの場面では、買受人がM&Aにより何を実現したいかを踏まえた上で、買収の手段が決定されるのが通常である。

　M&Aとフランチャイズは、ともに自社での人材育成や技術開発などにかかる時間を省略したり、外部のノウハウを利用するために対価を払う。すなわち、「対価を払って時間を買う」という形になる。また、すでに十分な利益を上げている事業を買収する場合であれば「成功を買う」ということになるし、フランチャイズにおいては、成功の可能性を高めるための対価を支払うことになる。このようにM&Aとフランチャイズは、時間の節約や成功の可能性を高めるために対価を支払い、外部の経営資源を活用するという点で共通する。

　一方で、事業を軌道に乗せるためのプロセスが必要か否かが異なる。M&Aの場合には、企業あるいは事業そのものを購入するため、人材も一緒に獲得することができる。買収の対象となる企業や事業は、すでに事業活動が開始されている状態にあるため、創業に必要な作業を省略することができるほか、黒字化されている事業であれば、事業を軌道に乗せるためのプロセスをも省略できる。フランチャイズの場合は、本部によるサポートが受けられるものの、人材の採用を含めた開業のための作業は自らが行うこととなり、自らの努力により黒字化させる必要がある。

　必要となる対価については、M&Aにおいて、黒字化している事業や企業を取得する場合は、高額となる場合が多い。得られる利益については、フランチャイズではロイヤルティの支払いが必要となる分だけ減少する一方、M&Aでは事業で得られた利益がそのまま帰属することになるので、フランチャイズよりはM&Aの方が高額になる場合が多い。また、M&Aにおいては、不採算企業を安く買って経営改善することで大きな利益を上げる、という方法も考えられるが、フランチャイズではそういった方法はできない。

　以上の内容をまとめると**図表9-4**のようになる。

図表9-4

	M&A	フランチャイズ
前提	すでにある事業そのものを買い取る	これから事業を始める
人材	経験のある人材をそのまま獲得	自ら獲得し育成（本部によるサポート有）
事業のノウハウ	すでにあるものを取得	本部による指導でこれから獲得する
成功の見込	成功事業をそのまま買うことも可能	自ら事業を軌道に乗せる必要がある（本部によるサポート有）
対価	成功事業を買うのであれば高額	一般に成功事業を購入するよりは低額
その他	赤字事業を低額で買収し、黒字化することでリターンを最大化するという選択肢もある	加入するかどうかの選択肢しかない

　実際は、様々な事情を踏まえての総合判断となるが、大まかにいうと、黒字化のノウハウがあるのであれば、M&Aにより赤字の事業を低額で取得して経営改善を行うという方法が一番リターンが大きい。黒字化のノウハウがない場合は、資金があり、リターンを考慮して適切な買収価格であると評価できる場合にはM&Aにより黒字企業を買収する方がリスクが低い。一方で、黒字企業を買収するほどの資金が無かったり、得られる利益を考慮しても買収価格が高額と考えられる場合には、フランチャイズに加入するのがよいと考えることができる。

Ⅱ　フランチャイズを選択すべき理由

【1】成功率の高さ

　実際に両利きの経営を実践できるような大企業であっても、すべての新規事業が成功しているわけではなく、事業の成功が約束されているわけでは当然ない。経営資源に余裕のある大企業であればある程度の失敗も許容できるが、経営資源に乏しい中小企業では、1回の失敗が命取りになる可能性もある。そのため、両利きの経営における探索として新規事業の立ち上げを行うにあたっては、大企業よりもシビアに成功の可能性を検証する必要がある。

　このような観点からすれば、先に述べた成功率が高いというフランチャイズの特徴は、中小企業における新規事業の立ち上げにおいて、大きなアドバンテージとなる。

図表9-5

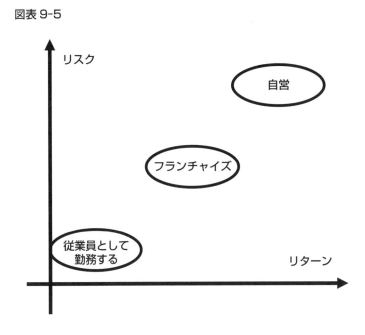

　ここまでの説明を踏まえ、リスクおよびリターンの観点から考えてみると、個人がフランチャイズチェーンに加盟する場合は、自らが経営者として事業を行う場合（自営）と従業員として企業に雇用され定額の給与をもらう場合の中間に位置するようなイメージとなる（**図表9-5**）。

　本章が想定している、中小企業が一事業としてフランチャイズに加盟する場合も基本的な考え方は同じである。すなわち、一から自社で新規事業を興す場合（**図表9-5**でいうならば「自営」）よりも失敗のリスクは低く、リターンは小さくなる。もっとも、「メガフランチャイジー」と呼ばれる、加盟者の立場で複数の店舗を経営するなどの方法により、多額の売上・利益を上げるような企業も存在している。「メガフランチャイジー」については、後述する。

　以上のように、得られるリターンは小さくなるが、成功率の高さという点でフランチャイズは優れており、両利きの経営における探索としてフランチャイズを利用することは非常に有益である。

【2】 多角化のしやすさ

　多角化には、水平型多角化、垂直型多角化、集中型多角化、集成型多角化の4つがある。

　水平型多角化は、現在の分野での事業を広げていくことであり、例えば、牛丼チェーンの吉野家は、創業時は個人商店の牛丼店であったが、現在は、はなまるうどんを展開する株式会社はなまるをグループ会社化してうどんチェーンも展開しているほか、ラーメンチェーンも傘下に収めている。

　垂直型多角化とは、バリューチェーンの川上または川下に事業を広げていくことであり、よくある事例は、いわゆるD2C、すなわちメーカーが消費者に直販をする事例である。NIKEなど直販サイトを通じて自社製品を販売する企業が増えている。

　集中型多角化とは、企業が保有する技術などの競争優位性を全く違う分野に展開する場合である。具体例としては、富士フイルムがデジタルカメラに搭載するレンズを医療機器分野へ転用した例が挙げられる。両利きの経営の成功例

図表9-6

水平型多角化
・吉野家：牛丼チェーンがうどんチェーンに進出

垂直型多角化
・NIKE：メーカー直販

集中型多角化
・富士フイルム：デジカメレンズの医療機器分野への応用

集成型多角化
・ソニー：エレクトロニクスメーカーによる金融事業

として挙げられる事例には、この集中型多角化に分類されるものが見られる。

　集成型多角化とは、現在の製品・市場分野と関連のない分野への多角化のことであり、具体例としては、ウォークマンで有名なエレクトロニクスメーカーであるソニーが、金融や保険に進出したことが挙げられる。以上をまとめたのが**図表9-6**である。

　一般的には、水平型多角化や垂直型多角化のように、既存事業との関連が強く、既存の経営資源をより多く活かすことのできる分野への多角化の方が成功しやすい。この場合、既存の事業と同じ、あるいは類似する業種のフランチャイズに加盟することで多角化が可能になる。

　例えば、カレー店を直営で経営している企業が、ラーメン事業にも進出したいと考え、ラーメン店のフランチャイズチェーンに加盟するなどの方法が考えられる。

　一方、集中型多角化や、集成型多角化は、既存事業との関連が弱くなるので、既存の経営資源を活かすことが難しくなり、水平型多角化や垂直型多角化に比べると、事業の成功率は低くなる。しかし、リスクヘッジという観点からすると、関連が弱い方が優れている面がある。先に例として挙げたソニーでは、かつてエレクトロニクス事業が不振だった時期があったが、金融事業など

で売上の落ち込みをカバーすることができ、ゲーム事業が不振になった時期はエレクトロニクス事業が好調だったためにカバーすることができた。集成型多角化のような関連性の弱い多角化をしていれば、外部環境の変化による影響を小さくすることができる。

　フランチャイズは、パッケージ化された事業を行うため、事業内容や売上に関する予測を立てやすく、また、企業を退職した個人を加盟者のメインターゲットとしたものなども多く、知識が少なかったり、スキルが乏しかったりする段階から事業を始めることができる仕組みが整っている。そのため、関連の弱い分野に事業を広げるにあたっても非常に有効な手段といえる。

　このように、フランチャイズには多角化につなげやすいというメリットがある。このメリットを活かすことで、両利きの経営における探索を効果的に行うことができる。

【3】 事業再構築における活用

　昨今、中小企業においては、既存事業からの事業転換が注目されている。フランチャイズはこの事業再構築の場面においても有効である。

　事業再構築を実現する上での最大の困難は、これまでに経験のない新たな事業に進出し成功させなければならないという点にある。フランチャイズであれば成功の可能性はゼロから新規事業を始める場合よりも高い上、開業資金や経営が軌道に乗るまでの期間などについては、先行する加盟店の事例を参考にすることができ、経営計画を立てやすい。

　例えば、タクシー事業者が食料品などの宅配サービスに事業転換する場合であれば、タクシー会社が高齢者向けの配食サービス事業のフランチャイズに加盟することが考えられる。フランチャイズに加盟することで、本部からの指導を受けながら自社のドライバーや車両などの経営資源を活かして、経験のない分野での成功率を高めることが可能になる。

　両利きの経営との関係では、衰退事業から撤退し、探索により立ち上げた新規事業に業態を転換するためにフランチャイズを活用することができることと

なる。このように、事業再構築を実現するためにもフランチャイズは有効といえる。

【4】事業承継における活用

　事業承継に際し、既存の事業分野は今後衰退が予想されるというケースでは、事業承継をきっかけに事業再構築に取り組む必要がある。その際に前記したようにフランチャイズを活用することが考えられる。

　また、事業承継においては、例えば、親族内承継で後継者候補が社長の息子であるような場合、社内で新事業や新プロジェクトを任せて実績をつくらせることで経験を積ませるとともに、従業員に後継者として適任であると認めてもらう、というプロセスを経ることがある。

　その際にフランチャイズを活用すれば、経営経験に乏しい後継者候補が本部のサポートを受けながら経営者としての経験を積むことができ、事業承継をスムーズに実現することが可能になる。

【5】まとめ

　以上に述べたフランチャイズを選択する理由をまとめると、**図表9-7**のとおりとなる。

図表 9-7

フランチャイズを選択すべき理由
○事業の成功率が高い
○多角化がしやすい
・関連の強い多角化のほか、関連の弱い多角化によるリスクヘッジ
○事業再構築における活用
・フランチャイズを利用した業態転換
○事業承継における活用
・事業承継のタイミングでの事業再構築
・後継者育成のための新規事業立ち上げ

Ⅲ　どのようにフランチャイズを選ぶのか

【1】フランチャイズを選ぶ前にすべきこと〜ゴールの明確化〜

　加盟するフランチャイズチェーンを選ぶ前提として、ゴールを明確に決めることが非常に重要である。すなわち、何を目的としてフランチャイズに加盟するのか、ということを明確にする必要がある。「とりあえず儲かりそうだから」というだけの理由で選んでしまうと、「思っていたのと違う」ということになりかねない。

　考えられるゴールは様々だが、どれが正解ということはない。自社の状況に合わせ、何をゴールにするかを決めるべきである。例えば、現在の事業分野に近い分野の他事業に進出してシナジーを得たい、現在の事業に加え、安定した事業や現在の事業のリスクをヘッジできるような新事業に進出したい、現在の事業は廃業し、今後は加盟者として複数店舗を経営し、いわゆる「メガフランチャイジー」を目指したい、フランチャイズ事業を立ち上げて黒字化させたのちに売却することで利益を得たい、将来的にやりたい事業のためにノウハウを取得したい、などといったことが考えられる。

⑴　現在の事業分野に近い分野の他事業への進出

　例えば、不動産管理業を行っている企業が、ハウスクリーニングのフラン

チャイズに加盟することが考えられる。

　自らが管理する賃貸物件の退去時に必要となる清掃を引き受けることが可能になり、本業との間でシナジーが生じる。フランチャイズであれば、技術面での指導を受けることができるほか、必要な道具を本部から購入することが可能になるので、早期にノウハウや技術を取得することが可能になる。また、顧客獲得のノウハウを得ることにより、自社の管理物件以外の物件を対象とした事業で収益を上げることも可能になるといったメリットがある。

　既存の経営資源を活かし、シナジーを期待できるフランチャイズへの加盟は、両利きの経営における探索の成功確率を高めることが可能になる上、既存事業の深化をさらに進めることにつながる。

⑵　安定した新事業やリスクヘッジ可能な新事業への進出

　例えば、不動産の売買を主な事業としている企業では、どうしても売上が安定しない。そこで、コインパーキングのフランチャイズチェーンに加盟し、自社が購入した土地のうち駐車場として使えそうな土地をコインパーキングとすることで、安定的に売上を得ることが可能になる。

　また、居酒屋を経営している企業が、テイクアウト・デリバリー専門の海鮮丼店のフランチャイズに加盟すれば、昼間の調理場を使用していない時間を使って料理を作ってテイクアウトやデリバリーを行うことができ、設備を効率的に利用することができる上、余った食材を居酒屋事業でも使用することを通じてロスを減らすこともできる。加えて、居酒屋での酒類を中心とした売上と、海鮮丼による酒類以外を中心とした売上を得ることができ、リスクヘッジにもつながる。

　これらの方法により、財務基盤を強固にすることができる。両利きの経営の観点からすれば、フランチャイズ事業から生じた収益を新たな探索のための資金としたり、安定的な探索事業を得ることで深化により注力することも可能になる。

⑶　メガフランチャイジー化

　「メガフランチャイジー」とは、加盟者でありながら多くの店舗を経営している企業のことを言う。特に決まった公的な定義があるわけではないが、店舗数や年商が一定の規模を超えた、大規模な加盟者を「メガフランチャイジー」と呼ぶことが多い。

　ジャスダックに上場している企業として、株式会社ホットマンという企業がある。同社ウェブサイトによると、イエローハット、TSUTAYA、アップガレージ、ザ・ダイソー、自遊空間、コメダ珈琲店、宝くじ売場のフランチャイズに加盟していると公表されている。イエローハットが中心であるが、それぞれの加盟店舗数を合計すると2021年2月現在で100店舗を超えている。このように、自社独自の事業ではなく、加盟者としての地位に特化し、店舗数を増やしていくことで利益を上げている企業がある。ロイヤルティの支払いのため、フランチャイズでは直営に比べてどうしても得られる利益が少なくなってしまうが、それを数でカバーしようという考え方である。

　メガフランチャイジー化のメリットは、業態の異なる複数のチェーンに加盟することで、リスクヘッジが可能になることや経営資源の有効活用が可能になることである。例えば、前記した株式会社ホットマンのウェブサイトによると、宝くじ売場はいずれもイエローハットの店舗に隣接して併設されており、狭い面積があれば運営できる宝くじ販売事業を他のチェーン店の敷地内や敷地付近で行うことで、経営資源を無駄なく活用するとともに、カー用品を購入しに来た客の「ついで買い」を促すなどのシナジーも生じる。

　このようなメガフランチャイジー化をゴールとすることも考えられる。

　両利きの経営との関係では、探索として始めた新規事業を軌道に乗せ、さらに新規事業を深化させていくものといえる。

⑷　黒字化したフランチャイズ事業の売却

　日本では珍しいが、アメリカではフランチャイズに加盟し、黒字化した時点で店舗を他者に売却する事業を専門的に行っている事業者も存在する。起業しては売却または上場により企業を手放し、また新たに起業するということを繰

り返す連続起業家（シリアルアントレプレナー）と呼ばれる者がいるが、この起業→売却というプロセスをフランチャイズで行う事業者である。

　成功率が上がっているとはいえ、フランチャイズに加盟して最も大変な作業は、早期に黒字化を達成することである。そこで、そのプロセスを担い、加盟希望者に売却することで加盟にかかる初期費用と売却費用の差額を利益として得るというビジネスモデルである。今後はこういった形態の企業も増えていくのではないかと考えられるが、フランチャイズ契約の内容によっては、事業譲渡や株式譲渡を禁止しているものや事業譲渡や株式譲渡をする際に一定の手続きを要求するものもあるので注意が必要である。仮にこのような事業を行いたいと考えるのであれば、フランチャイズ契約上事業譲渡や株式譲渡が可能なのかを確認しておく必要がある。また、自社の出資する別会社を設立した上でフランチャイズに加盟すると、事業譲渡だけでなく株式譲渡による売却も容易になり、選択肢が広がる。

　両利きの経営との関係では、探索として始めた事業を売却することで利益を得て、新たな探索や既存事業の深化のための資金を取得することが可能になる。

⑸　ノウハウの取得

　自社の将来進出したい事業分野のノウハウや経験を得るためにフランチャイズに加盟することも考えられる。例えば、食品メーカーが、将来的には自社の商品を提供する飲食店事業を展開したいと考え、飲食店経営や多店舗展開のノウハウなどを得るためにフランチャイズに加盟することが考えられる。

　この方法の注意点は競業避止義務にある。競業避止義務とは、現在のフランチャイズチェーンと同種の営業を行うことを契約期間中および契約期間満了後数年間禁止するものである。本部側からすると、加盟者に脱退後すぐに同種の営業をすることを許してしまうと、自らが築いてきたノウハウや技術が流出した上、顧客が奪われてしまう。そこで、競業避止義務を課すことについては合理性があるものとして認められている。

　もっとも、契約終了後にあまりに長期間、広範囲にわたる競業避止義務を課

すことは、加盟者の営業の自由の観点から許されないとされている。例えば、居酒屋チェーンに加盟し、脱退後3年間、全国であらゆる業種の飲食店を経営してはならない、などという契約条項は、無効となる可能性が高くなる。また、契約条項に競業避止義務がなかったとしても、信義則上競業避止義務があるとされた裁判例などもあるため、競業避止義務を定める契約条項がなかったとしても、そっくりそのまま看板だけ付け替えるような行為をすると違法と評価される可能性がある。

　ノウハウの取得を目的にフランチャイズに加盟する場合、後日抜け駆け的に同種の事業を行うと、トラブルになることが多い。事前承諾を求めることは、ノウハウを取得するために腰かけ的な加盟をするのではないかと懸念され、加盟を拒否される可能性も生じてしまうが、可能であればあらかじめ将来的に類似の事業を行いたいと考えている旨を本部に伝え、承諾を得ておくことが望ましい。

　また、ノウハウを取得することを目的とする場合であっても、マニュアルを引き続き使用し、同じ店舗で同じ従業員を雇用し、看板だけ付け替えるような態様で行うと、競業避止義務違反と認定されやすくなる。そのため、フランチャイズ加盟で得たマニュアルやそこに書かれた方法をそのまま流用するのではなく、参考にする程度にとどめなければ許容されないということをあらかじめ理解しておくべきである。

　両利きの経営との関係では、取得したノウハウを活かすことで、新たに探索を進めていくことが可能になる。

(6)　**まとめ**

　ここまで述べた内容をまとめたのが**図表 9-8** である。

図表 9-8

```
┌─ 現在の事業分野に近い分野の他事業への進出 ──────────┐
│  ・シナジーを得やすい                              │
└────────────────────────────┘

┌─ 安定した新事業やリスクヘッジ可能な新事業への進出 ──────┐
│  ・財政基盤の強化                                │
└────────────────────────────┘

┌─ メガフランチャイジー化 ──────────────────┐
│  ・リスクヘッジ、経営資源の有効活用                   │
└────────────────────────────┘

┌─ 黒字化したフランチャイズ事業の売却 ─────────────┐
│  ・加盟にかかる初期費用と売却費用の差額を取得            │
└────────────────────────────┘

┌─ ノウハウの取得 ───────────────────────┐
│  ・将来進出したい事業やフランチャイズ本部のノウハウを取得   │
└────────────────────────────┘
```

【2】 フランチャイズ選びの着眼点

　ゴールをイメージできたらいよいよ加盟するフランチャイズを選ぶことになる。どのようなフランチャイズがあるかについては、ウェブサイトでの検索が便利である。アントレ（https://entrenet.jp/）、フランチャイズ比較 .net（https://www.fc-hikaku.net/）、フランチャイズの窓口（https://www.fc-mado.com/）など、加盟希望者向けのサイトが複数あるので、これらを参照するとよい。展示会形式で様々なフランチャイズの話を聞くことのできる「フランチャイズ・ショー」なども開催されているので、そこで直接担当者から話を聞いたり、各種サイトから資料請求をした上、面談をするなどして加盟するフランチャイズを選定していくこととなる。

　加盟するフランチャイズを選ぶ上で最も重要なのは、本部による適切な運営がなされているかどうかである。その他にも、ゴールを本当に実現できるか、経営理念が合うか、その事業に本気で取り組むことができるのか、といった視

点が重要となる。

⑴ 本部による適切な運営がなされているか

　フランチャイズのメリットはブランド価値に加え、本部によるサポートが受けられることである。しかし、フランチャイズは多様な業種に及んでおり、その数も非常に増えている。本部も玉石混淆であり、加盟店への十分なサポート体制が整っていない本部も多くある。そこで、適切なサポートがなされるかどうかについて、しっかりと本部を見極める必要がある。

　フランチャイズへの加盟は、しばしば結婚に例えられる。その趣旨とするところは、結婚相手を選ぶくらいしっかりと悩んで、吟味して加盟をするべきである、と説明される。

　いくつかの判断基準があるが、まずは店舗数を参考にするとよい。100店舗程度出店されているか、ということは1つの基準となる。フランチャイズチェーンを展開していくためには、提供する商品やサービスを均質化し、オペレーションをマニュアル化した上で、加盟者への指導や加盟者からの要望やクレームに対応するなどしなければならず、自らが店舗を経営する場合とは必要な能力が大きく異なる。そのため、直営店での実績があるからといって、フランチャイズチェーンの本部としての適格があるとは限らず、フランチャイズチェーンの運営の実績があることは非常に重要である。100店舗程度の出店実績があれば、フランチャイズ運営のためのノウハウも十分に蓄積されていることが通常であるし、それだけの店舗数を維持できているということは、少なくとも成功事例も豊富にあると考えることができる。このように、店舗数の多さは1つの重要な基準となる。

　反面、店舗数が少ないフランチャイズチェーンであれば、出店場所の選択肢が増え、よい立地での出店がしやすい、本部の交渉力が弱く、比較的柔軟に加盟者ごとに要望に対応してくれる可能性があるなどのメリットがある。そのため、リスクを承知でこれらのメリットを重視し、店舗数の少ないフランチャイズチェーンに加盟することも考えられるところである。

　次に、フランチャイズチェーン化した年数も重要である。先に述べた店舗数

という基準からすれば、ある程度の数の出店をするためにはそれなりの期間がかかるので、必然とそれなりにフランチャイズチェーン化してからの期間も長くなるが、少なくとも５年程度は経っているのが望ましい。期間が長ければ、通常はそれだけ本部としての経験が豊富であるといえる。

また、チェーン化して１、２年程度の場合、加盟からずっと赤字だがとりあえずは黒字化を目指して撤退しないで続けている、という店舗も多く含まれる可能性があるため、店舗数がある程度あったとしても、事業として成功する可能性が高いと考えることできない。チェーン化して間もない段階では、加盟者の不満やフランチャイズ・システムの問題点も「まだ始まったばかりだから」として顕在化していないことも多い。

そのほかにも、加盟を検討して話をしている際に、マイナスな情報も開示しているか、答えづらい質問をした際に本部が誠実に回答してくれるか、などといった加盟希望者に対する本部の態度も重要である。フランチャイズについては、中小小売商業振興法や独占禁止法により、加盟希望者に対し一定の事項の開示が求められている。そのため、これらの法律により求められている事項の開示が適切になされているかがまず重要である。

一般社団法人日本フランチャイズチェーン協会は、フランチャイズ・システムの適正な発展を図るために独自に自主開示基準を策定している。この自主開示基準に従っている企業であれば、積極的な情報開示を行っていると評価できる。加盟希望者に対して誠実な対応をする本部であれば、加盟後も誠実に対応をする可能性が高い。

また、本部が収益を上げる仕組みも重要である。加盟金が低額に設定されたうえで、ロイヤルティや本部からの仕入れ、本部が提供するシステムの使用など、加盟者が事業を継続することが主な収益源となっている場合には、加盟者が長期間店舗を経営することを前提としていると考えられるので、「加盟金さえもらえればあとは知らない」というように、加盟後のサポートがなされない事態になる可能性は低下する。

他にも、加盟に際し熟慮する時間を与えなかったり、「弁護士に事前に相談したい」と言ったら嫌な顔をしたりするような本部にも注意が必要である。

(2)　ゴールを実現できるか

　先に述べたように、まずはフランチャイズへの加盟により何を実現したいのか、ゴールを明確にすることが重要だが、実際にそのフランチャイズへの加盟により定めたゴールを実現できるのかを十分に吟味する必要がある。

　ノウハウの取得を目的とするのであれば、競業避止義務の規定がどうなっているのかを十分に吟味する必要があるし、シナジーを得たいのであれば、具体的にどのようにすればどのようなシナジーが得られるのか、契約上、シナジーを得るための行為が禁止されていないのか、などといった点を十分に検討する必要がある。

　フランチャイズは直営と比べて撤退が容易ではないため、「大丈夫だろう」「何とかなるだろう」などといった甘い見通しで始めるべきではない。

(3)　経営理念の合致

　自社の経営理念や企業経営に関する考え方との間に不一致がないかも重要である。品質を重視する企業が低品質でも構わないのでとにかく数を売って利益を得るというビジネスモデルのフランチャイズに加盟した場合や、従業員を大事にしようと考える企業が従業員が過重労働になりやすいフランチャイズに加盟してしまうと、ジレンマが生じ、経営理念により従業員に示された企業の方向性がぼやけてしまう。フランチャイズは、ある程度長期間にわたり事業を行うことが想定されているのが通常なので、少しでも違和感があるフランチャイズには加盟すべきでない。

　両利きの経営の理論でも、既存事業と探索事業において、ビジョンを共有することが非常に重要であるとされている。

(4)　その事業に本気で取り組むことができるのか

　フランチャイズは、加盟したら終わりではない。加盟をしたらそれだけで事業の成功が約束されるものではない。加盟後、事業を成功させるためには、成功のために本気で取り組む必要がある。

　例えば、余剰人員がいるというだけの理由で、その者に加盟したフランチャ

イズ事業の責任者を任せてしまうケース、本部がどうにかしてくれるだろうと考えて、本気で成功のために努力をしないケースではとても成功は見込めない。フランチャイズ事業を任せることができるだけの人材がいるのかは重要である。

　また、事業内容も重要である。多角化の視点からシナジーが得られる事業に進出することも重要であるが、仮にシナジーが得られる要素に乏しかったとしても、フランチャイズ事業の責任者がその事業に真剣に取り組むことができるのであれば、成功する可能性は十分にある。

　ある中小企業では、本業が印刷会社であったが、フランチャイズに加盟するにあたり、フランチャイズ事業の責任者が以前から興味があり、やりたいと考えていた学習塾のフランチャイズを選択し、熱意をもって取り組んだことでフランチャイズ事業が成功したという例もある。

　両利きの経営において探索を成功させることは非常に難しい。フランチャイズへの加盟はあくまで新規事業の成功可能性を高めるものにとどまるのであって、真摯な努力は探索を成功させるために必須の条件となる。

⑸　まとめ

　以上をまとめたのが**図表9-9**である。

図表 9-9

```
┌─ 本部による適切な運営がなされているか ─────────┐
│                                               │
│  ・店舗数（100店舗程度が目安）                  │
│  ・年数（5年程度が目安）                        │
│  ・加盟希望者に対する態度の誠実さ               │
│  ・本部が収益を上げる仕組みの検討               │
└───────────────────────────────────────────────┘

┌─ ゴールを実現できるか ─────────────────────┐
│                                               │
│  ・設定したゴールの実現可能性の検討             │
└───────────────────────────────────────────────┘

┌─ 経営理念の合致 ───────────────────────────┐
│                                               │
│  ・違和感を感じるのであればやめる               │
└───────────────────────────────────────────────┘

┌─ その事業に本気で取り組むことができるか ──────┐
│                                               │
│  ・フランチャイズ事業を任せられる人材がいるか   │
│  ・担当者が熱意を持って取り組める事業分野か     │
└───────────────────────────────────────────────┘
```

【3】 専門家への相談

　フランチャイズに加入する際、専門家に相談することも非常に重要である。フランチャイズ本部は玉石混淆であり、そもそもビジネスモデルとして問題がないか、出店候補地に出店することで収益を上げることができるのか、自社の現状からして事業の成功が見込めるか、といった点については、中小企業診断士に相談し、客観的な視点から評価をしてもらうとよい。

　また、フランチャイズではフランチャイズ契約が本部と加盟者の間を規律する重要なルールとなるため、弁護士への相談は非常に重要である。トラブルになった後で契約書を持参して弁護士に相談したら、「契約上はどうにもできません」となることもある。フランチャイズに精通した弁護士に相談し、アドバイスを受けた上で加盟の可否を決めるべきである。

Ⅳ　最後に

　フランチャイズになじみがない、言葉は知っているがよくわからない、という企業も多いと思われる。しかし、フランチャイズには、外部資源が活用でき、事業の成功の可能性が高いという中小企業にとって非常に大きなメリットがある。

　もちろん、成功が約束されているわけではないので、慎重に本部を選んだ上で、「本部が助けてくれる」などと安易に考えずに、事業の成功のために精一杯努力することが要求される。それでも、メリットやデメリットを理解した上で上手に活用することができれば、経営資源が不足しがちな中小企業であっても、外部資源を活用することを通じて新規事業の成功の可能性を高め、両利きの経営における探索を成功させたり、探索を簡略化することで深化に注力することを可能にし、両利きの経営を実現することが可能になる。

（参考文献）
・『両利きの経営─「二兎を追う」戦略が未来を切り拓く』チャールズ・A・オライリー、マイケル・L・タッシュマン、他（東洋経済新報社　2019年）
・『改訂版　フランチャイズ契約の実務と書式』神田孝（三協法規出版　2018年）
・『メガフランチャイジー戦略─フランチャイズに加盟して成功する法』小林忠嗣、リンク創研（ダイヤモンド社　2002年）
・『儲かるフランチャイズビジネスの教科書　ここが違う！成功する人しない人』川上健一郎（興陽館　2018年）
・『フランチャイズ・アドバンテージ─FCビジネス起ち上げの極意』ドナルド・D.ボロイアン、パトリック・J.ボロイアン（ダイヤモンド社　1996年）
・『フランチャイズ・ビジネスの実際』内川昭比古（日本経済新聞出版　2005年）
・『中小企業のストックビジネス参入バイブル』小泉雅史（クロスメディア・パブリッシング　2019年）

第10章 M&A で探索を加速させる

香川　和孝

　前章までに、既存事業のサクセストラップを乗り越え、新規事業を探索することが両利きの経営において重要であることはおわかりいただけたかと思う。しかし、経営資源の限られた中小企業において、既存の経営資源のみで新規事業を探索していくのは難しい部分もあるだろう。第9章では外部連携の方法としてフランチャイズの活用について述べたが、本章ではさらに一歩踏み込み、中小企業が M&A を買い手として活用することで、外部の経営資源と連携し、成長を図っていく方法について述べる。

　本章の表題は「M&A は探索を加速させる」としたが、実は M&A は深化も進めることができる手法である。どのように M&A を活用すれば両利きの経営を実現できるのか、解説していきたい。

Ⅰ　中小企業の M&A の状況

【1】中小 M&A 市場の発展

　本章を始めるにあたり、M&A 市場の発展を確認しておきたい。株式会社レコフデータの調べによれば、わが国の M&A 件数は増加傾向で推移している。2020 年は新型コロナウイルス感染症の影響によって一時的に減少したものの、今後も件数は増加し続ける見込みである（図表 10-1）。

　M&A が増加している根底には、中小企業の経営者の高齢化と後継者不足の問題があることは周知の事実だろう。実際に経済産業省はこの問題の解決を図

図表 10-1　M&A件数の推移

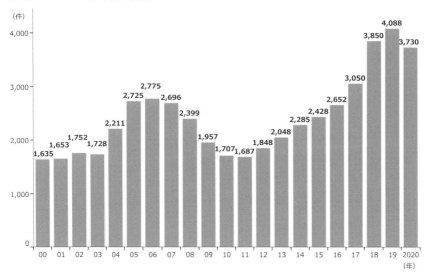

資料：（株）レコフデータ調べ

（出所：『2021年版　中小企業白書』中小企業庁）

ろうと 2019 年に「第三者承継支援総合パッケージ」を策定し、今後 10 年間で 60 万者の第三者承継（つまり M&A）の実現を目指している。また、これを受けて、2021 年には、親族内承継や第三者承継のワンストップ支援を行う総合窓口として「事業承継・引継ぎ支援センター」を立ち上げ各都道府県に設置した。経済産業省が目指しているところは、事業承継課題の解決とともに、業界再編にあると言える。端的に言えば、規模の小さい企業が、より大きな規模の企業と一緒になることで、生産性を向上させられるということである。詳細は後述するが、経済産業省が想定しているような M&A は、両利きの経営においては、深化に該当する。一方で、最近では成長戦略として M&A を捉えて、他社を積極的に買収する例も増加している。このとき、探索を狙って M&A を行うことで、スピード感をもって取り組むことが可能となる。

　このように中小企業の M&A 市場は活性化しているわけであるが、このような状況は中小企業経営者の M&A に対するイメージを確実に変化させている（図表 10-2）。

図表 10-2　10年前と比較したM&Aに対するイメージの変化

（1）買収することについて

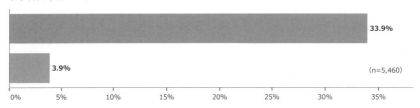

33.9%

3.9%

(n=5,460)

（2）売却（譲渡）することについて

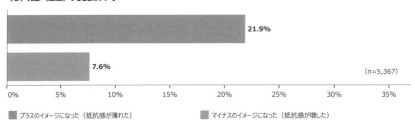

21.9%

7.6%

(n=5,367)

■ プラスのイメージになった（抵抗感が薄れた）　　　■ マイナスのイメージになった（抵抗感が増した）

資料：（株）東京商工リサーチ「中小企業の財務・経営及び事業承継に関するアンケート」
（注）M＆Aに対するイメージの変化について、「変わらない」と回答した者は表示していない。

（出所：『2021年版　中小企業白書』中小企業庁）

　特に買収することについてのイメージは約3人に1人の経営者がプラスのイメージになったと回答している。もはやハゲタカファンドのイメージを引きずってM&Aを避けるよりも、経営戦略の選択肢として検討をすべき状況であることは明らかである。

【2】中小企業のM&Aにおける手法

⑴　株式譲渡と事業譲渡

　M&Aを経営戦略に加えるとして、どのような手法があるのかを整理しておきたい。中小企業のM&Aは大別すれば株式譲渡と事業譲渡に分けられる。株式譲渡とは、売り手企業の株主（多くの場合その企業の社長や親族）からその株式を買い取り、支配権を得ることをいう。買い手側の企業が株式を買い取り、いわゆる親会社、子会社の関係になるケースが多いが、買い手企業の社長

図表 10-3　株式譲渡と事業譲渡のイメージ図

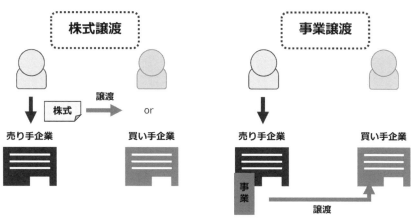

図表 10-4　M&A の実施形態

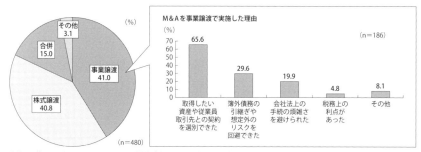

資料：三菱UFJリサーチ＆コンサルティング(株)「成長に向けた企業間連携等に関する調査」(2017年11月)
(注)1. 複数回実施している者については、直近のM&Aについて回答している。
　　　2.「M&Aを事業譲渡で実施した理由」については、複数回答のため、合計は必ずしも100%にならない。

(出所：『2018 年版　中小企業白書』中小企業庁)

　が個人で株式を買い取り、いわゆる兄弟会社とすることもある。これに対し、事業譲渡は、売り手企業が行う事業のうちの一部を、買い手企業がその運営に必要な資産を個別に選定し、購入することをいう。

　株式譲渡では、売り手企業に関わるすべての権利義務が買い手に移行することとなり、シンプルに手続きをすることができる。反面、簿外債務や未払い残業代、訴訟リスクなど、負の要素も引き受けなければならないのに注意が必要

である。

　一方、事業譲渡は必要な資産を個別に選定するため、買い手企業にとって不必要な資産は引き継がずにすむ。ただし、対外的な契約については、資産を引き継いだからといって、買い手企業に移行するものではないということには注意を要する。

　実際の株式譲渡と事業譲渡の活用頻度としては**図表10-4**のとおり、ほぼ同程度である。

(2)　広がるM&Aの解釈

　ところで、今さらながら、M&Aは何の略語かご存知だろうか。Merger and Acquisition、直訳すれば「合併と買収」である。しかし近年、AをAlliance、つまりアライアンス＝連携の略と捉え、M&Aを拡大的に解釈する試みがある。企業間連携には資本移動のない業務提携などもあるが、本稿ではジョイントベンチャーのような資本提携について触れたい。

　ジョイントベンチャー、合弁企業とは、複数の企業がお互いに出資をし合い、新しい会社を立ち上げて事業を行う形態である。前提に達成すべきプロジェクトがあって立ち上げられることが多い。M&Aは買い手側が完全に経営権を握るため、メリットも大きいがデメリットも大きい。一方で資本移動のない業務提携は簡単にできる反面、解消も簡単に可能であり、思うような効果が得られないことも多い。

　この点、ジョイントベンチャーは両者の中間のような位置づけであり、互いのいい部分を享受できる。またプロジェクトを前提として立ち上げられた場合には、目的意識がはっきりとしているため、出資者それぞれの異なる組織同士の融和も図りやすいと言った特徴がある。

Ⅱ　M&A を活用するための戦略

【1】本当に M&A は必要か

　ここまで読み進めて、M&A を活用してみようと思われたとしても、いきなり M&A をしてはいけない。M&A は単なる設備投資や、不動産の購入とは大きく異なる。M&A をすることが目的となってしまい、両利きの経営を実現させるための手段であるということと取り違えてしまえば、大きな痛手を負うことになる。本項では、どのように M&A の検討を進めるか見ていきたい。

⑴　M&A を戦略に落とし込む

　M&A の検討の前提としてまず取り組むべきは、全社戦略の更新である。会社全体としてどのような方向性に向かっていくのか、改めて策定する必要がある。両利きの経営で明らかにされたとおり、多くの企業において、かつて成功を収めた既存事業の成長が鈍化し、深化が限界に近づきつつある、しかもサクセストラップに陥っており、なかなか探索に目が向かないという状況なのではないだろうか。これを打開するために、まず事業ポートフォリオを見直し、新たな事業の探索をするということを全社戦略として決める必要があるだろう。

　全社戦略を策定する際には、あわせて事業領域であるドメインも更新しておきたい。ドメインとは誰に、何を、どのように提供するか、企業が戦う土俵がどこなのか、ということである。社長が個人の資産で買収するならばともかく、自社のドメインとあまりにも無関係な企業や事業を買収するのは、仮に儲かりそうだからと言っても避けた方が無難である。

　全社戦略が固まったら、次に決定すべきは事業戦略である。両利きの経営における探索を前提とするならば、既存事業とは異なる分野の事業を検討することになるだろう。そして、両利きの経営で示されたイノベーションストリームの観点から、戦略を検討しておきたい。イノベーションストリームとは、イノベーションの方向性を市場が既存か新規か、必要な組織能力が既存か新規かによって分類したものである（**図表 10-5**）。市場の観点においては、参入しよ

図表 10-5　イノベーションストリーム

市場	新規	領域D 既存の組織能力を使って、新しい異なる市場に対応する	領域B 新しい組織能力を開発し、かつ新市場に対応しなくてはならない最も破壊的な領域
	既存	領域A 既存の組織能力を拡大し続け、新しい製品・サービスを既存市場に提供する「深化」	領域C 既存の市場・顧客に新しい製品・サービスを届けるために、新しい組織能力を身につける必要が生じる
		既存	新規
		組織能力	

（出所：『両利きの経営』より筆者作成）

うとする市場の大きさや発展性、参入障壁の高さ、どのようなポジショニングを取るかなどの検討が必要だ。

　組織能力の観点では、参入しようとする市場に応じてどのようなものが必要となるのかについて検討を進める。

⑵　M&A を最適な戦略として選ぶ

　ここまで検討を行い、初めて M&A をするかしないかの検討に移る。全社戦略から導き出された事業戦略を実現させるために、既存の経営資源による成長（オーガニックグロース）で可能なのか、M&A による成長（M&A グロース）が必要なのか、という検討である。M&A は時間の節約や参入障壁の突破に非常に有効である反面、後述するが買収した企業の統合作業（PMI：Post Merger Integration）の難しさや、高値で買収してしまうリスクももちろんある。そのあたりも踏まえて判断したい。前述のイノベーションストリームの観点では、新たな市場あるいは組織能力の獲得にあたって、M&A が最適であるという結論が出たときに M&A が選択されるということになろう。あるいは、

サクセストラップに陥った既存事業ではイノベーションストリームに乗ることができないという消去法的な選択もあり得る。繰り返しになるが、手段と目的を誤ってはいけない。

【2】買収戦略

　M&A が最適な選択肢であると結論づけられたら、どのような相手をどのように買収するか検討を進める。

⑴　シナジー効果

　M&A を検討する際に、まず買収先の候補として挙げられるのが、シナジー効果が期待できる相手である。シナジー効果とは、自社と買収した企業とが相互に関係することで、新たな付加価値が生まれたり、生産性向上が図られたりすることで、1 ＋ 1 が 2 ではなく、3 や 4 になるような状態のことである。

　M&A を実行すれば、既存事業の売上・利益と買収した事業の売上・利益が合算されるため、総売上・総利益が増加するのは当たり前である。しかし、買収した事業の売上・利益は買収価格に織り込みであるため、単純に総売上・総利益が増加するだけでは、なかなか投資回収ができない。しかし、既存事業とのシナジー効果が生み出すことができれば、買収した事業は売り手が想定していた以上の価値を持つことになる。

　シナジー効果を得るポイントは、既存事業から少しひねった相手と言われている。代表的な考え方としては、**図表 10-6** のようなものがある。

　図表 10-6 のようなサプライチェーンの業界で、自社が卸売業であると想定した場合、自社で扱うような製品を製造する機能を持つ企業を買収すれば、仕入単価を下げ、価格競争力を強化することができる。このようにサプライチェーンの流れの前後にある役割同士の M&A を垂直統合という。卸売業が製造業を買収するような川上に向かう統合を川上統合、逆の方向の統合を川下統合と呼ぶ。

　これは前掲の**図表 10-5** のイノベーションストリームと照らし合わせると、

図表 10-6　シナジー効果を生む M&A の形態

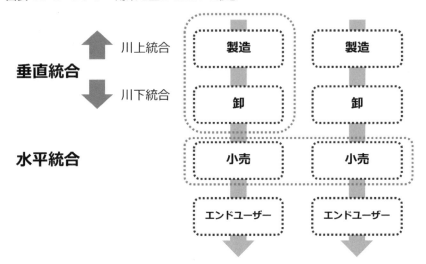

垂直統合は領域Ｃの「新しい組織能力を得て、既存市場に新しい製品・サービスを届ける」ことに該当する。正に両利きの経営における探索である。自社の経営資源のみを用いて探索をしようとすれば、新たな組織能力を開発しながら、既存事業の経営資源と掛け合わせる要素を、時間をかけながら模索していくことになるが、M&A であれば既存事業と掛け合わすことのできる要素を持つ企業を狙って買収できるため、取得した組織能力をすぐに活かすことが可能となる。

　垂直統合の場合、組織能力の取得が重要であるため、権利義務一切を承継する株式譲渡のスキームが適していることが多い。例えば、卸売業のマネジメントをしてきた買い手企業にとって、製造業の組織能力は未知の領域であり、既存事業と異なる事業の重要な資産を見極めるのは困難が伴うからである。このように異なる組織能力のマネジメントは難易度が高いことから、相手方にも経営責任を持ってもらえるジョイントベンチャーを採用することも選択肢と言える。

　他方、洋服の小売に強みのある企業が靴の小売に強みのある企業を買収すると言ったように、サプライチェーンにおける同じ役割を持つ横並び同士の

M&A を水平統合という。

　水平統合は、**図表 10-5** の領域 D「既存の組織能力を新しい異なる市場に対応する」ことに該当する。洋服も靴も広く捉えれば同じアパレル業界であり、組織能力は似ているが、マーケットは異なるため、探索に当てはまる。

　一方、中小企業における水平統合は、前述のとおり深化の要素を持つ場合が多い。例えば、隣接する地域にドミナント的に出店している同業他社を買収しエリア拡大を図る方法や、資格保有者や技術力を持つ人材の獲得を目的とする場合などである。このような水平統合は、どちらかと言えば同種の事業の拡大による効率化の要素が強い。同種の事業であれば、例えばバックオフィスは既存事業と共用できるため、事業譲渡スキームで必要な資産だけ指定して譲受できれば、効率的である。

　ところで、**図表 10-5** の領域 B「新しい組織能力で新しい市場に対応する」M&A はどのように分類されるのであろうか。このような M&A は、コングロマリット型と呼ばれる。いわゆる多角化である。組織能力も市場も既存事業との関連性が低いため、シナジー効果を利かせることが非常に難しい。さらに買収価格についても、いわゆる高値掴みをしてしまう可能性が高い。業界特性もマーケット特性も把握できていないため、買い手側で適正な価格の検証ができないからである。とは言え、探索を加速させるには有意義な手立てであることも間違いない。もしコングロマリット型 M&A をするのであれば、仮に損失となっても構わない範囲の少額で買収できる相手を選んだり、自社の内部資源で小さく事業をはじめて当たりをつけたりした後に買収を検討するなど、慎重な対応が求められる。垂直統合と同様にジョイントベンチャーによって進出を狙うのも有効である。

(2)　どこで相手を探すか

　どのような相手先を希望するか決定したところで、待っているだけでは何も始まらない。お相手探しが必要である。大手企業であれば、自社の戦略に適合し得る会社をリストアップし（ロングリストと呼ばれる）、諸条件を勘案しながら絞り込みをかけて（ショートリストと呼ばれる）、様々な手段で接触を

図っていくのがセオリーである。

　M&Aの活用で有名な日本電産創業者の永守重信氏は、自社の経営資源との掛け合わせによって大きなシナジー効果を得られると思った相手は、何年かけても口説き落とすそうだ。しかし、中小企業のM&Aにおいては、相手先を指名して買収することは非常に稀である。ある日突然、よく知らない中小企業から「御社を買収したい」と言われたら面食らうだろう。相手も同じ気持ちである。実際は相手候補を紹介してくれる可能性のある先に対して、自社が明確な戦略に基づいてM&Aを行うことを希望していることを伝えるのが近道である。

　相談先の候補として挙げられるのは、金融機関だろう。遠方の会社を買収することは、後々のマネジメントを考えればハードルが高いことも踏まえれば、特に地方銀行や信用金庫など、自社と同じエリアの情報量が多い金融機関へ意思表示をしておくことは重要である。金融機関は自社の経営資源も、相手の経営資源も把握しているために、しっかりとシナジー効果を想定した買収先を提案してくれる可能性が高い点も優先順位が高い理由である。買収資金の調達が必要であるならば、なおのこと都合がよい。金融機関の側からしても、昨今の低金利政策によって、資金を貸し出すことによって利益を得るビジネスモデルが成立しにくくなっており、手数料収入に繋がるような申し出はむしろ歓迎されるだろう。

⑶　まずM&Aをやってみる

　よりよいM&A案件を引き寄せるための方法として実は重要であるのが、まず小さなM&Aをやってみるということである。最初から素晴らしい会社を買収し、最大限にシナジー効果を発揮させるということは非常に難しい。素晴らしい会社であれば当然に投資額が大きくなり、投資額が大きくなればその分リスクが高まるからである。

　さらに言えば、前述した買収先を紹介してくれるM&A支援者は、M&Aを一度も経験していない社長に案件を紹介するのを躊躇しがちである。売り手企業にとってはM&Aは一生に一度のことであることが多いとすれば、一度

図表 10-7　M&A の実施件数

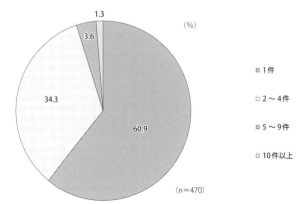

資料：三菱 UFJ リサーチ＆コンサルティング(株)「成長に向けた企業間連携等に関する調査」(2017 年 11 月)

(出所：『2018 年版　中小企業白書』中小企業庁)

M&A を経験した買い手と M&A が初めての買い手、どちらの方が安心感のある買い手かを考えてみれば、おわかりいただけるだろう。**図表 10-7** は M&A の実施件数であるが、実に 4 割の企業が 2 件以上の M&A を実施していることがわかる。

　卵が先か鶏が先かというような話ではあるが、このようにまず M&A 経験値を上げることが M&A 成功の近道と言える。

　それでは、最初に取り組むとすれば、どのような M&A が適しているのだろうか。それは、比較的投資が少額ですむ案件や、小さな企業の買収である。投資が少額であれば万が一、うまくいかなかったときにも損失を抑えることができるし、買収した組織が小さければマネジメントもやりやすい。買収価格の目利き力や、PMI の経験値を高めておき、M&A 支援者からよりよい案件を紹介してもらえるような環境を整えておきたい。

　また経験値という意味では、先に挙げたジョイントベンチャーも有効な選択肢である。出資の時点で、将来的にジョイントベンチャーを買収することも視野に入れていることを共同出資先に理解をしてもらった上で、自社側の出資比率を高くしておく必要があるが、疑似的な M&A の経験を得ることが可能で

ある。なお、この場合、前述のとおり深化に該当するような水平統合の事業ではなく、垂直統合や多角化のように、自社の既存事業と違う組織能力が必要とされる事業で行わないと、あまり意味がないと言える。

【3】 事業譲渡

　前項までは自社が買い手企業として M&A を活用する方法を説明してきたが、ここでは売り手側になる場合について解説したい。と言っても、会社を売却して経営から退くという話ではなく、事業譲渡あるいは、子会社の売却の検討である。

　M&A の検討の前提として全社戦略の更新が必要であると説明したが、その事業ポートフォリオの見直しの中で、事業の継続をすべきでないと判断される事業も場合によってはあるだろう。特に新型コロナウイルス感染症の影響など、外部環境が大きく変化した場合、核となる事業との関連性が低い事業（いわゆるノンコア事業）の問題が噴出し、撤退を余儀なくされるケースは多い。また、経営資源に限りのある中小企業が新たに探索をしていこうという状況において、経営資源をノンコア事業に振り分ける余裕がなくなるということも考えられる。

　事業の撤退を行う場合、設備があれば処分、建物を利用していれば原状回復などが必要となり、往々にして想定以上の撤退費用がかかる。そこで、売り手として M&A の活用を検討したい。自社にとっては不要な事業であっても、買い手側にとっては、その事業をより効率的に経営できるノウハウがあるならば、取得するメリットがある。従業員にとっても、ほぼ同じ環境で引き続き働けるのであれば、事業撤退により職場が失われるよりはよほどいいし、顧客も関係を維持できる。

　なお、すぐにではなくとも、探索が成功し、新規事業が利益の多くを創出するようになると、今まで中核事業であった既存事業の重要性が低下してしまうこともあるだろう。その場合は、祖業であったとしても、既存事業を事業譲渡するという選択肢もあり得るということに敢えて言及しておきたい。

「両利きの経営」の中で成功事例として取り上げられている世界最大手の飲料容器メーカーであるボール社は、祖業であるガラス事業を創業 115 年の段階で売却した。同社はガラス事業が衰退する市場において期待できる利益を生み出せなかったために、変化と存続の見極めの中で適切な判断をしたとしている。このように M&A を活用して両利きの経営を実現するには、買い手としての視点とともに、売り手としての視点も押さえておきたい。

【4】 M&A の留意点

　ここでは M&A を活用する際の留意点であるデュー・デリジェンスについて簡単に触れておきたい。デュー・デリジェンスは、デューデリあるいは DD とも略されるが、買い手企業が行う買収監査のことである。特に株式譲渡の場合、前述のとおり決算書からだけでは読み取れない、負の要素についても引き受けなければならない。そこで、事前に買収をしても問題ないか、買収価格として妥当かどうかを税理士や公認会計士によって税務や財務面を、弁護士によって法務や労務面をチェックするのである。

　両利きの経営の観点では、ビジネス DD も重要である。投資価格に見合うか、税務や法務などの問題点が無いかは最低限の確認事項であり、本来は、本当に既存事業の経営資源とのシナジー効果が期待できるのか、自社にとって探索に当てはまる事業なのかということを見極めなければ M&A をする意味がない。M&A 支援者から提供される情報を鵜呑みにするのではなく、自社でも情報を収集し、自社の戦略に立ち返って検討を重ねたい。

　ビジネス DD は言い換えれば経営分析である。そこで、中小企業診断士の活用を提案したい。中小企業診断士は経営診断の専門家であり、前述した税務、財務、法務、労務などの一定の専門知識を有している。中小企業の M&A においては、各論点をそれぞれの専門家に依頼するほどの費用をかけられない場合も多いだろう。ビジネス DD を含めて、買収後のトラブルを避けるための最低限のチェックを行える適任者であると考える。

　なお、デュー・デリジェンスによるチェックとともに行われるのが、表明保

証である。表明保証とは、売り手企業が買い手企業に対して、開示している内容に誤りがないことを表明し、それを保証するものである。これを買い手企業は信用して買収が行われるわけであるが、売り手企業はあまり多くのことを保証したくないし、意図せずに事実と異なる内容を開示している場合もある。そこで、昨今、買い手企業向けに「表明保証保険」が販売されるようになった。万が一、開示内容に誤りによる損害が生じた場合、保険契約に基づいて、買い手企業へ保険金が支払われるというものである。M&A を戦略に取り込むのであれば、このような保険も活用してリスクヘッジをすることも非常に重要と言える。

III　M&A は実行後がスタート

【1】PMI の重要性

　ここまでどのように M&A をするか、という観点で説明をしてきたが、M&A におけるもっとも重要な部分は、M&A をした後にある。つまり、PMIと呼ばれる統合のプロセスである。「結婚はゴールではなくスタート」と言いたいことは同じである。

　M&A を成功させるためには、前述したとおりシナジー効果を最大限高めなければならない。そのためには、当事者同士の経営戦略、販売や管理の体制、情報システムなどのインフラを整える必要がある。基本的には買い手が主導して行われることになるため、買収された側の従業員には構造的に劣等的な感情が生じやすい。

　そこで、クイックヒットと呼ばれる些細でポジティブな変化を早期に見せることが重要である。例えば、経営方針の発表会をする、パソコンやコピー機を入れ替える、新しい名刺を配布するなどが挙げられる。買収された側の従業員に、ひとまずポジティブな感情を抱いてもらうことが重要である。

　加えて言えば、買い手側はしっかりとコミュニケーションを取ることを重視したい。例えば社内用語 1 つ取っても、両社でニュアンスが異なっていたり、

図表 10-8　PMI における取組事項の優先順位

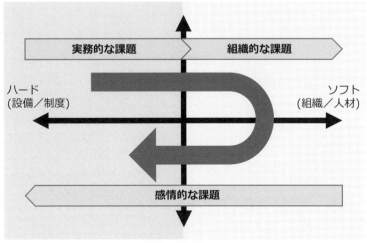

（出所：日本 M&A センター「FutureVol.13」を基に筆者作成）

　思いもよらない差異があったりするものである。相互に確認しながら、買い手側の状況を押し付けるだけでなく、お互いに新しいものを作り出すつもりで取り組んでいきたい。

　M&A 仲介の大手である日本 M&A センターは、具体的な PMI における取組事項について、**図表 10-8** のような区分で優先順位をつけて取り組んでいくことが有効であるとしている。

　まず感情の振れ幅が小さく、設備や制度などのハード面に関する実務的な部分から統合を開始する。例えば、勘定科目の統一などが挙げられる。

　次に、組織再編や経営ビジョンのすり合わせなど、組織や人材にかかわるソフト面のテーマで感情の振れ幅が小さいテーマへと進めていく。その後、感情の振れ幅が大きい内容へとシフトさせていく。

　まずはソフト面、例えば配置転換や業務ルールの見直しなどを行う。最終段階ではハード面、システムや拠点の統廃合を行う。

　探索を目的としたM&Aの場合、既存事業と異なる経営資源を得ることになるため、売り手側の状況が捉えにくいことも多いだろう。かと言って、放任状態にしてしまっては、いつまで経ってもシナジー効果を得ることはできない。深化を目的としたM&Aの場合、効率化を目的とするあまり買い手企業の事情を押し付けすぎてしまい、感情を無視することになって対立的になる可能性もある。感情的な課題の解決は容易なことではないため、決定的な対立が起こらないよう、しっかりと対応したい。買収した企業の従業者数が多くなければ、全従業員と直接面談する機会を設けて、率直に意見交換することも解決策の1つになるだろう。

【2】M&Aを両利きの経営に昇華するために

　前項では比較的実務面での統合にスポットをあてて説明をしたが、本項では両利きの経営の観点からさらに解説を加えたい。

　両利きの経営において、経営陣にはリーダーシップが求められている。これはM&Aを成功させる観点でも同じであることは言うまでもない。M&Aは買収を行った側の従業員にとっても、大きなストレスである。

　M&Aが実際に進んでいることは、確定的な段階になるまで従業員に明かすべきではないが、事業戦略としてM&Aによって新たな経営資源を取り組むべきという方針になったということは、社長から社内に共有できるはずである。探索をしていくのだという覚悟を事前に共有しておくことで、少しでも統合の際のストレスを抑えておきたい。

　探索を求めてM&Aを行う場合、買収の担当者は、両利きの経営における「探索ユニット」と呼ばれるものに該当することになる。「探索ユニット」には、既存の「深化ユニット」と共通のアイデンティティが求められる。

　ビジョン、価値観、文化を共有できていなければ、買収の担当者は既存事業とは全くの別働隊になってしまい、シナジー効果を得ることはできない。前述したPMIのそれぞれの過程において、ビジョン、価値観、文化が共有できるように意識的に取り組むことで、単なるM&Aではなく、両利きの経営へと

昇華させる意識が何より重要となる。

　ところで、この「探索ユニット」の運用、あるいは PMI を誰が担うかというのは中小企業においては、重要な問題である。上記では買収の担当者と説明したものの、大企業のように買収・新規事業開発専属チームといったものを組織できるほど人材に余裕がない中小企業においては、多くの場合で社長あるいは取締役がそれを担うケースが非常に多い。前述のとおり、両利きの経営には経営陣のリーダーシップが求められるため、PMI の過程において、経営陣自らによってビジョン、価値観、文化が共有できる点は、ある意味で中小企業の方が大企業よりも両利きの経営に向いていると言えるかもしれない。一方で、PMI を含めた探索に注力しすぎると、既存事業のマネジメントが手薄になりかねないことは注意点である。このような事態を避けるには、日ごろから事業活動を経営陣に依存しすぎないことが重要であろう。組織的な事業活動が成り立つように、適切に権限を委譲するなどの対策が必要となる。

　なお、ビジョン、価値観、文化の共有と言った経営陣が率先して取り組むべき部分や、PMI における感情の振れ幅が大きい内容はさておき、実務的な部分については、外部の専門家の知見を取り入れることも検討するといいだろう。例えば、前述したビジネス DD を中小企業診断士に依頼していた場合、引き続き PMI についてもアドバイスを得るというのは有効な選択肢である。繰り返しになるが、M&A は実行後が重要であるため、買収の工程においても PMI を含めた後工程まで意識しながら取り組むことが肝要である。

Ⅳ　成功事例から学ぶ

　最後に実際の M&A の事例から成功のためのポイントを学んでいきたい。なお、特定を避けるため、事実を基に内容を変更、脚色している部分がある点をご容赦いただきたい。

【1】メカトロニクス商社の垂直統合

（事例 1）

　買い手企業の A 社は 50 代の a 社長率いる社員 10 名のメカトロニクス商社である。営業力が強みであり、大手医療機器メーカーから検査機器の部品を受託している。部品に求められる精密さから国内の外注先に製造を任せてきたが値段が合わなくなってきており、やむなく中国で協力工場を探しているが、やはり性能面で問題が起きている。製造機能の獲得に M&A も検討したいと考えていた折、メインバンクである地方銀行から、買収先の候補として、同じ市内で製造業を営む B 社を紹介された。

　B 社は既に 70 代の b 社長が創業、長年にわたって金属製品の精密加工の技術を培ってきた。従業員は経理を担当する妻を含めて 7 名、うち技術者が 6 名である。市内に本社兼工場を所有しているが、最盛期から売上も従業員も減少しているため、一部が遊休資産になっている。利益は b 社長夫婦が給与を下げてなんとか確保している状況であり、順風満帆とは言い難い。

　早速、b 社長と面談の機会を持った a 社長はこう尋ねた。「弊社はビジネスを拡大していくために製造機能を持ちたいと考えています。現在、弊社が受注しているような製品を加工することはできますか」

　b 社長は申し訳なさそうに「加工は問題ないですが、値段は合わないと思います」との回答。しかし、a 社長は工場も見学させてもらった後、B 社の買収を決定する。決め手は工場に置かれていた古い機械であった。b 社長は高齢のために投資意欲が失われており、機械の更新をしていなかったが、様々な外注先と接する a 社長は、機械を新しいものに取り換えれば、生産性を向上させて希望の単価で部品が製造できることを見抜いていたのだ。

　さらに、敷地が余っていることもよかった。a 社長は B 社の従業員が工場の環境を維持できるように、逆に A 社を B 社の敷地に移転させ、両社の融和を図った。A 社の従業員は営業と経理しかいないため、別に会社

がどこにあるかは大した問題ではなかったのである。

　B 社の従業員は今までと同じ工場で働くことができ、新しい機械も導入してもらってモチベーションが高まり、生産性と技術力の向上に勤しんでいる。A 社にとっても、B 社に製造を発注することで、納期も短くすることができ、顧客から評価を高めることとなった。b 社長夫妻は 3 か月間の引き継ぎを経て引退、A 社の経理が B 社の経理も担当することとなり、人件費の削減もできて B 社単体の利益は大幅に増加した。

　a 社長は B 社の敷地にまだ余裕があるため、新たな M&A を模索中である。今度は最終製品をつくれるメーカーを探している。いわゆる川下統合である。ベンチャー企業に一部出資をする形でも構わないと思っているそうだ。B 社の敷地に移転してもらい、総合的な製造業グループをつくるのが a 社長の成長戦略である。

【2】 スクラップ業者の水平統合

（事例 2）

　買い手企業の C 社は 60 代の c 社長率いる従業員 20 名程度の鉄スクラップ業者である。40 代の息子が 5 年前に入社し取締役を務めており、事業承継の問題もない。大手企業の指定納入業者であり、比較的順調に経営をしているが、業界全体がシュリンクしており、漠然とした不安を抱えていた。

　一方、売り手企業の D 社は従業員 5 名のステンレススクラップ業者である。C 社とは同じ県の隣接する市同士という立地である。70 代の前社長と c 社長は業界の会合でもよく顔をあわせ、仲がよかったが、急に体調を崩して引退、ひとまず娘の d 社長が経営を承継した。株の承継はまだされていない。利益は業界平均を下回るものの、黒字を確保している状態である。

　きっかけは D 社の前社長が c 社長に連絡してきたことであった。「娘に経営を任せたものの、女性が社長を務められる業界ではない。よく知って

いるcさんにうちの会社の面倒を見てもらえないだろうか」今までM&Aなど考えたこともなかったc社長は面食らったが、元来、男気のある人物である。真剣に検討を開始した。

c社長の考えはこうである。自社の鉄スクラップとステンレススクラップは、基本的な事業構造は同じであり、仮に会社を買収したとしても、経営上で困ることはさほどないだろう。取引先は重なっているところもあるが、一部異なっている。それぞれに対してステンレス、あるいは鉄の納入を提案できるかもしれない。それに息子を経営者として派遣すれば、いい経験を積ませることもできそうだ。

この話を受ける決心をしたc社長はメインバンクに相談。買収資金を融資してもらうこととした。銀行の担当者から「いくら知り合いの会社とは言え、デュー・デリジェンスはした方がいい」とアドバイスされたc社長は、銀行から紹介された専門家に買収監査を依頼。未払い残業代が発覚したため、これを買収金額に織り込み、晴れて買収が成立した。

C社にとっては予想だにしない逆提案であったが、シュリンクする業界に漠然とした不安を抱えていたc社長にとっては、またとないチャンスであり、短い期間で戦略をまとめることができた。実際に重なっていなかったそれぞれの顧客に提案を行い、売上増加も果たすことができシナジー効果を得られている。D社の経営を任せた息子も、前社長が5名の従業員に丁寧に説明してくれたおかげで、なんとかコミュニケーションを取りながら、うまくやっているようであり、こちらの効果も見逃せない。何より友人のD社前社長の願いを叶えられたことを、c社長は非常に満足しているそうである。

【3】 医療法人の事業譲渡による選択と集中

(事例3)

最後に取り上げるのは事業譲渡の事例である。売り手のE会は60代のe理事長が代表を務める医療法人である。クリニックを開設し、長年、地

域に医療を提供してきた。約 20 年前にはデイサービス事業を開始して事業を拡大、高齢者に対する福祉サービスも提供している。しかし近年、相次ぐ介護報酬改定により利益率が悪化、人口減少により介護サービスの担い手も不足しているため人件費が上げざるを得ず、デイサービス事業は赤字となっていた。

　60 代ではあるものの、これからも医師として地域に医療を提供したいと考える e 理事長であったが、デイサービス事業を改善させるほどのモチベーションは保てなくなっていた。そこで、赤字が続くデイサービス事業の廃業を検討する。しかし、利用者はどうするのか、従業員はどうするのかと考えると決断できないでいた。

　そんな折、医療・福祉を専門で扱う M&A 仲介会社からのダイレクトメールが目に留まる。あまり乗り気ではなかったものの、e 理事長は仲介会社に連絡をしたところ、コンサルタントと名乗る人物がすぐにでも会いたいと言ってきた。そのコンサルタントと話をしたところ、デイサービスが所在する県を中心とした隣接する 3 県で福祉事業を展開している F 社が買収に興味を示しているとのこと。

　F 社の f 社長と面談の機会を持った e 理事長は、F 社が隣接する 3 県で福祉事業を展開しているため従業員の融通ができ人材不足を補っていること、資材やリース契約をまとめることでコスト削減をしていること、このエリアは新しくデイサービス施設を開設することに制限があるため既存施設の買収でなければ事業拡大ができないこと、といった F 社側の戦略や事情を聞かされて、非常に納得した。利用者へのサービスも原則そのまま、従業員も希望する人は全員継続雇用するといった条件面、赤字ではあるものの譲渡対象となるデイサービス施設の資産価値も加味して、それなりの買収金額を提示された e 理事長は、F 社にデイサービスを託すことにした。F 社の明確な戦略やノウハウがあれば、利用者にとっても、従業員にとっても、E 会がデイサービスを運営しているよりもきっと環境が改善するだろう、と感じたことも大きな要因であった。実は、e 理事長は撤退費用を覚悟していたため、むしろ譲渡対価を得られたことに内心驚いてい

たのだが、さすがにそれは顔に出さないようにしていたのである。

　さて、無事にデイサービス事業が譲渡され、譲渡対価を得たe理事長は
クリニックに新型の検査機器を入れることにした。デイサービス事業の心
配が無くなったことで、本業に注力し、さらにクリニックを地域から愛さ
れ、必要とされる存在にしたいと思い直したのである。E会にも、F社に
も、デイサービスの利用者と従業員にも、そしてクリニックの利用者にも
プラスとなる良縁となったM&Aであった。

【4】 事例のまとめ

　3つの事例はいかがだっただろうか。簡単にポイントをまとめて本章を終え
たい。

　まずメカトロニクス商社の事例は、既存事業の深化に限界を感じるなかで、
買収戦略を検討した上で、王道的なM&Aを行った事例と言える。商社とし
て様々な製造業の現場を見ることで、具体的にシナジー効果を想定できていた
ことが成功した要因であろう。業務提携などではなく、新たな組織能力を得る
ことで、探索が加速されたものと考えられる。

　注目したいのはPMIの観点である。工場の移転コストを踏まえれば、当然
の決断であったかもしれないが、買収した企業が買収された企業に移転すると
いうのは、買収された側からすれば、感情的なわだかまりを解消するのに随分
役立っただろう。

　さらに、まだ実現していないものの、新たなM&Aを検討している点もポ
イントである。両利きの経営は、深化と探索を両立させることが重要であるた
め、次の探索を検討しているのは非常にいい動きと言える。ジョイントベン
チャーも含めて柔軟に検討しているところも、a社長の経営能力の高さを表し
ている。

　次に、スクラップ業者の事例であるが、こちらは既存事業の深化に限界を感
じてはいたものの、M&A自体を検討しているわけではなかった点がメカトロ
ニクス商社の事例とは異なる。漠然とではあるが、深化ではない何かを検討し

ていたときに、目の前に現れたチャンスが取り組むべき探索であると理解し、決断をした c 社長の経営判断は評価されるべきである。たまたま水平の関係にある企業からの申し出であったということもあり、シナジー効果を想定しやすかったのも、成功要因であろう。また、相談したメインバンクが自社の状況を把握しながら、反対しなかったというのも、後押しになったものと考えられる。

　こちらも PMI の観点で示唆に富んでいる。買収した企業の経営を後継者候補である息子に任せ、探索ユニットに仕立てたという点は、偶然かもしれないが非常に合理的であった。息子にとっては、経営者としてのこの上ないトレーニングになるし、リーダーシップを発揮して、ビジョン、価値観、文化を共有できれば、両社の統合はより強固なものになるだろう。

　医療法人の事例は、買い手側の視点からまず見てみたい。この F 社は明確な深化の戦略をもってデイサービス事業を、地域を絞って買収していることがわかる。M&A が深化の生産性をさらに高める機能も持っていることに改めて言及しておきたい。

　さて、売り手側の医療法人であるが、デイサービス事業は同法人にとってまさにサクセストラップ状態にあったものと考えられる。おそらくはこのままデイサービス事業の深化を続けても、よい結果にはならなかっただろう。主力事業でなかったことと、e 理事長が真っ当な判断をしたことが奏功して、よいタイミングで売却できたのは法人全体としては非常によかったと考えられる。

　事例としては、周辺事業の売却によってまとまったキャッシュを得ることで、主力事業のクリニックのさらなる深化に取り組もうという内容であったが、もちろん新たな探索に利用しようという選択肢もあり得る。両利きの経営という観点では、むしろ探索に振り向けた方がいいだろう。

　以上のように、M&A は両利きの経営を実現させるための、非常に有効な戦略の 1 つである。様々な活用方法を検討し、M&A を実行に移して、良縁を得られることを願っている。

（参考文献）
・『M&A 戦略の立案プロセス』木俣貴光（中央経済社　2019 年）
・『M&A コンサルティングの実務』佐武伸（中央経済社　2012 年）
・中村公一「外部成長戦略と経営戦略論 -M&A の戦略とマネジメントを中心に」『経営力創成研究』第 7 号　2011 年　東洋大学、43-54 頁
・竹林信幸「戦略的 M&A における PMI の優先順位」『日本 M&A センター広報誌「Future」』Vol.13　2018 年　日本 M&A センター、8 頁
・Ansoff, H. I.（1965）Corporate Strategy, McGraw-Hill.（『企業戦略論』広田寿亮（産業能率大学出版部　1969 年））
・O'Reilly, C. A. & Tushman M. L.（2016）Lead and Disrupt: How to Solve the Innovation's Dilemma, The Board of Trustees of the Leland Stanford Junior University.（『両利きの経営』入山章栄（東洋経済新報社　2019 年））
・『2018 年版　中小企業白書』中小企業庁
・『2021 年版　中小企業白書』中小企業庁
・『第三者承継支援総合パッケージ』中小企業庁（2019 年）
https://www.meti.go.jp/press/2019/12/20191220012/20191220012-1.pdf

おわりに

　当書籍出版の執筆は、事業承継支援コンサルティング研究会の「第2回商業書籍出版プロジェクト」の活動として始まった。

　事業承継支援コンサルティング研究会は、一般社団法人東京都中小企業診断士協会の認定研究会である。会員は中小企業診断士であり、他に弁護士、社会保険労務士、公認会計士、税理士など専門家が参加している。

　当書籍は、中小企業経営者向けである。両利きの経営関連の書籍に登場する事例企業は、大企業（しかもグローバルな大企業）であり、中小企業には当てはめにくく見えるが、中小企業の経営革新を考えた場合に両利きの経営は有効な考え方である。筆者メンバーは、大企業と関わりがあり両利きの経営の書籍の事例に出てくる企業の実情がつかみやすく、経験を活かし中小企業診断士や弁護士の視点から中小企業に向けた提言にまとめている。

　経営革新は、古くから言われているが実現が難しい経営課題である。その解決策が「両利きの経営」であり当書に提言された施策である。

　企業100年時代を生き抜くための一助になれば幸いである。

中小企業診断士　福田　まゆみ

編 者

事業承継支援コンサルティング研究会・事業承継コンサルティング株式会社

　事業承継コンサルティング株式会社は、中小企業診断士と公認会計士を中心とするコンサルティング会社です。事業承継やM&Aのコンサルティング業務だけでなく、認定経営革新等支援機関として、事業承継税制（経営承継円滑化法の贈与税の納税猶予制度）や、ものづくり補助金、事業再構築補助金、経営資源引継ぎ補助金など申請サポートの実績が多数あります。

　また、東京都中小企業診断士診断士協会認定「事業承継支援コンサルティング研究会」を運営し、弁護士・税理士・ファイナンシャルプランナーなどの士業、銀行員・証券営業マン・生命保険セールスパーソンに対して事業承継支援スキル向上のための教育プログラムを提供しています。

　なお、事業承継支援に関心がある方々へ、小冊子「M&Aアドバイザリー業務に役立つ！事業承継支援の3つの提案」などの資料を無償で提供しています。Webサイトからお問い合わせください。

【Mail】info@jigyohikitsugi.com
【Web】https://jigyohikitsugi.com/kenkyu/

　　Webサイトは、| 承継　研究会 |で検索してください。

監修者

岸田康雄 （きしだ やすお）

　一橋大学大学院修了、公認会計士、税理士、国際公認投資アナリスト、一級ファイナンシャル・プランニング技能士、宅地建物取引士、中小企業診断士。平成28年経済産業省中小企業庁「事業承継ガイドライン小委員会」委員、日本公認会計士協会中小企業施策研究調査会「事業承継支援専門部会」委員、日本公認会計士協会東京会「公認会計士たる役員支援委員会」委員、東京都中小企業診断士協会認定「事業承継支援コンサルティング研究会」代表幹事。監査法人にて会計監査及び財務デュー・ディリジェンス業務に従事。その後、金融機関に在籍し、中小企業オーナーの相続対策から上場企業のM&Aまで、100件を超える事業承継と組織再編のアドバイスを行った。

村上　章（むらかみ あきら）

　中小企業診断士、行政書士。事業承継コンサルティング株式会社代表取締役、台東区中小企業診断士会会長。令和3年度経済産業省中小企業庁「PMI ガイドライン委員会」委員。全国 8000 店舗のパナソニック・ショップの事業承継支援を5年にわたり継続中。2017 年自民党の中小企業小規模事業者政策調査会にて、「パナソニック系列店の事業承継支援に向けた取り組みについて」と第して中小企業の事業承継に関する政策提言を行った。2018 年テレビ番組「たけしのテレビタックル」に事業承継支援の専門家として出演。現在、中小企業の事業承継コンサルティングを専門として活動している。

福田　まゆみ（ふくだ まゆみ）

　中小企業診断士　2018 年登録　東京都中小企業診断士協会中央支部所属。IT 系企業に勤務。メインフレーム関連のシステムおよび Web システム構築の提案、設計、開発に長年従事。

　診断士の主な活動は、セミナー講師（大学発スタートアップ・ベンチャー創業セミナー、FC システム構築塾）、販売促進支援、IT 活用による業務改善提案・支援、事業計画策定支援、補助金申請支援（事業再構築補助金、もの補助、IT 補助金など）、補助金審査（もの補助、テレワーク関連補助金、経営継続補助金）、公的機関の認定業務支援。

　保有資格：健康経営エキスパートアドバイザー、VEL（VE リーダー）

著者プロフィール

五藤 宏史（ごとう ひろし）
（序章・第4章執筆）

愛知県一宮市生まれ。中小企業（毛織物業）を営む実家で育った。早稲田大学大学院・理工学研究科修了後、キヤノン（株）に入社。海外企業との協業によるプリンター開発、製品プロジェクトマネジメントに多数携わり、製品コンセプト立案・設計から量産立上げまでを手掛けた（プロジェクトマネジメント2製品は社長賞受賞）。

2015年に中小企業診断士登録。2020年に五藤コンサルティングオフィスを開業。経営戦略・事業計画策定、創業支援、製品開発、マーケティング等が専門。現在、コンサルティング、補助金申請支援、研修講師、執筆活動等を行っている。

経営支援においては、知的資産経営のスキルを活かし「宝を掘り起こせ！」をテーマに日々取り組んでいる。

原田 豊（はらだ ゆたか）
（第1章執筆）

中小企業診断士
・ベルフェイス株式会社常勤監査役
・東京大学法学部卒、米国ボストン大学経営大学院修了（MBA）
・事業再生マネージャー、事業承継マネージャー（一般社団法人　金融検定協会認定）
・シニアモバイルシステムコンサルタント、モバイルシステム技術検定1級（一般社団法人　モバイルコンピューティング推進コンソーシアム認定）
・1985年電気通信事業法施行による通信自由化元年に国際電信電話株式会社（KDD）に入社、2007年KDDI株式会社経営管理部長、2012年株式会社ジュピターテレコム上席執行役員、2016年ジュピターショップチャンネル株式会社代表取締役副社長 兼 最高財務責任者（CFO）を経て、2021年ベルフェイス株式会社常勤監査役に就任。現在はスタートアップ・中小企業の成長支援、IPO支援、事業承継支援などに従事する。
・通信自由化後の業界再編、インターネット黎明期からの業界変動をつぶさに経験し、情報通信、放送・メディア、TV通販、Eコマースなど幅広い業界において、主に、経営管理、

財務経理、総務人事等のコーポレート業務に深い知見を有する。また、大企業間のM&A
やアライアンスに関する経営経験も豊富。

工藤 敦子（くどう あつこ）
（第2章執筆）

　大学卒業後16年間、映像・イベント制作会社、都市計
画研究所等に勤務した後、2003年弁護士登録し、小島国
際法律事務所（東京）に入所。英国スウォンジー大学留学
（法学修士課程卒）、ロンドンおよびタイ王国バンコクの法
律事務所にて研修勤務の経験あり。

　国際・国内企業法務全般、知的財産権法関連案件（特
許、商標、不正競争防止法）、紛争解決（システム開発関
連、企業不祥事、労働案件、船舶融資等）、国際・国内相
続案件を手掛ける。

　中小企業の経営者の小さな悩み事から紛争案件に至るま
で、お気軽に相談できる「社外法務部」となることを目指
し、きめ細やかな対応を心掛けている。

小松　豊（こまつ ゆたか）
（第3章執筆）

　中小企業診断士／経営学修士（MBA）／ファイナンシャ
ルプランナー

　大学卒業後、外資系IT企業、財閥系リース会社を経た
後、ITベンチャー立上げに加わり、その後外資系生命保
険会社へ転じ26年間勤務。保険会社在職中は、中小企業
から一部上場企業まで140社、個人で400世帯を顧客に持
ち、経営者の代替わり、相続に数多く関わる。そこで、事
業承継に関する支援と、同時に発生する相続にも深く関わ
る必要性を感じ、2021年6月に独立、株式会社ブレイン
サポートの代表取締役に就任。現在は、中小オーナー企業
を中心に、事業承継・M&A支援、相続対策、また、その
豊富な営業経験から、営業・マーケティング戦略支援、営
業マン教育等を行っている。「法人と個人の両方に寄り添うコンサルタント」を自身のテー
マにしている。

小林 雅彦（こばやし まさひこ）
（第5章執筆）

　大学卒業後、大手通信会社にて長年ITを活用した消費者向けマーケティングに従事。2020年に中小企業診断士に登録し開業。「みやびコンサルティングオフィス」代表。

　飲食店向けのマーケティング、新規事業開発、IT導入、人材育成支援が専門。経営コンサルティングの他にも、補助金申請支援、研修講師、執筆活動も行う。ビジネスゲーム「ビズストーム」認定研修インストラクター。イタリアにも精通し、実用イタリア語検定3級。

　中小企業の経営者に寄り添う支援スタイルが信条。

北谷 康生（きたたに やすき）
（第6章執筆）

　神戸大学経営学部卒業後、大手素材メーカーにて、新規事業開発、海外現地法人の立上げ・経営、経理、営業・マーケティング、労働組合役員、他に従事。海外現地法人では初代社長を務める。

　2001年、中小企業診断士登録。新規事業開発支援および海外進出支援が専門。経営コンサルティングの他、新規事業開発講座講師、補助金申請支援、執筆活動を行う。日本経営品質賞アセッサー、一般社団法人貿易アドバイザー協会認定貿易アドバイザー。京都市出身。

　スキルの前に「信頼口座」の蓄積が信条。

香川 和孝（かがわ かずたか）
（第 7 章・第 10 章執筆）

　慶應義塾大学卒業後、東京商工会議所に入所。経営指導員として数多くの中小企業支援に携わる。また、勤務の傍ら東洋大学大学院にて、小規模事業者の新事業展開についての研究に取り組む。中小企業経営者の高齢化と事業承継の必要性を身をもって実感し、自ら課題解決に取り組もうと M&A アドバイザリーに転じる。

　現在は横浜銀行系のシンクタンクである浜銀総合研究所で中小企業に対する各種計画策定コンサルティングおよび M&A 支援に従事。

　経営学修士、中小企業診断士、一般社団法人金融財政事情研究会認定 M&A シニアエキスパート。

須永 達也（すなが たつや）
（第 8 章執筆）

　20 歳より、映像制作会社とコンサート音響会社に勤務した後、22 歳よりラディックス株式会社に入社した。ラディックス株式会社は、年商約 450 億円の中堅の IT 機器商社である。従業員数 50 名以下の中小企業に向けての営業力を強みとし、大手競合が参入しづらい市場の中で、迅速なサポートときめ細かいサービスを提供している。

　入社から 10 年は営業職として勤務、11 年目からは事業企画室、人事部、総務部の部門長に就任。入社当時は 80 人程度の規模であったが、25 年の時を経て 1,500 人を超える規模になるなど、会社の成長を表（営業部門）と、裏（間接部門）で支え、様々な職務を横断的に経験した。

　また、2019 年に中小企業診断士の資格を取得してからは、顧客向けに IT 機器導入にともなう税制優遇や、補助金の支援を行うなど、顧客と直接対話を通じて実態に合った IT 戦略、立案などを行っている。社内外での IT 戦略および実行の経験を通じたノウハウを持つ。

松井　智（まつい さとし）

（第9章執筆）

　榎本・松井法律事務所パートナー弁護士。法科大学院修了後、司法修習を経て2011年弁護士登録（東京弁護士会）。2015年より上智大学法科大学院非常勤講師。2017年中小企業診断士登録。

　企業法務が中心だが、家事・刑事事件も幅広く手掛ける。飲食店の多店舗展開やフランチャイズ、事業承継を専門分野とする。

　「リスクをゼロにする」のではなく、「どのようにリスクと付き合っていくか」といった経営の視点も含めたアドバイスを心がけている。

中小企業の両利きの経営

2022年2月28日　初版発行

編　者　事業承継支援コンサルティング研究会

発行者　橋詰 守

発行所　株式会社 ロギカ書房
　　　　〒101-0052
　　　　東京都千代田区神田小川町2丁目8番地
　　　　進盛ビル303号
　　　　Tel 03（5244）5143
　　　　Fax 03（5244）5144
　　　　http://logicashobo.co.jp/

印刷・製本　藤原印刷株式会社
978-4-909090-70-6　C2034

プロとして装備すべき、
課題解決のための
フレームワークがここにある。

専門家のための
事業承継入門

専門家のための
事業承継入門
事例で学ぶ！
事業承継フレームワーク
事業承継支援研究会 編著

FRAMEWORK
プロとして装備すべき、
課題解決のための
フレームワークが
ここにある。

事業承継支援研究会 編

A5版・304頁・並製

定価：2,800円（税込）

第1章	解決すべき課題
第2章	後継者の決意と覚悟
第3章	事業の存続と成長
第4章	親族内承継
第5章	親族外承継
第6章	支援者の役割